HÚNGARO
VOCABULÁRIO

PORTUGUÊS BRASILEIRO

PORTUGUÊS HÚNGARO

Para alargar o seu léxico e apurar as suas competências linguísticas

9000 palavras

Vocabulário Português Brasileiro-Húngaro - 9000 palavras
Por Andrey Taranov

Os vocabulários da T&P Books destinam-se a ajudar a aprender, a memorizar, e a rever palavras estrangeiras. O dicionário é dividido em temas, cobrindo todas as principais esferas de atividades quotidianas, negócios, ciência, cultura, etc.

O processo de aprendizagem, utilizando os dicionários baseados em temáticas da T&P Books dá-lhe as seguintes vantagens:

- Informação de origem corretamente agrupada predetermina o sucesso em fases subsequentes da memorização de palavras
- Disponibilização de palavras derivadas da mesma raiz, o que permite a memorização de unidades de texto (em vez de palavras separadas)
- Pequenas unidades de palavras facilitam o processo de estabelecimento de vínculos associativos necessários para a consolidação do vocabulário
- O nível de conhecimento da língua pode ser estimado pelo número de palavras aprendidas

Copyright © 2019 T&P Books Publishing

Todos os direitos reservados. Nenhuma parte desta publicação pode ser reproduzida, total ou parcialmente, por quaisquer métodos ou processos, sejam eles eletrônicos, mecânicos, de fotocópia ou outros, sem a autorização escrita do editor. Esta publicação não pode ser divulgada, copiada ou distribuída em nenhum formato.

T&P Books Publishing
www.tpbooks.com

ISBN: 978-1-78767-274-1

Este livro também está disponível em formato E-book.
Por favor visite www.tpbooks.com ou as principais livrarias on-line.

VOCABULÁRIO HÚNGARO
palavras mais úteis

Os vocabulários da T&P Books destinam-se a ajudar a aprender, a memorizar, e a rever palavras estrangeiras. O vocabulário contém mais de 9000 palavras de uso comum organizadas tematicamente.

O vocabulário contém as palavras mais comummente usadas
Recomendado como adicional para qualquer curso de línguas
Satisfaz as necessidades dos iniciados e dos alunos avançados de línguas estrangeiras
Conveniente para o uso diário, sessões de revisão e atividades de auto-teste
Permite avaliar o seu vocabulário

Características especias do vocabulário

- As palavras estão organizadas de acordo com o seu significado, e não por ordem alfabética
- As palavras são apresentadas em três colunas para facilitar os processos de revisão e auto-teste
- As palavras compostas são divididas em pequenos blocos para facilitar o processo de aprendizagem
- O vocabulário oferece uma transcrição simples e adequada de cada palavra estrangeira

O vocabulário contém 256 tópicos incluindo:

Conceitos básicos, Números, Cores, Meses, Estações do ano, Unidades de medida, Roupas & Acessórios, Alimentos & Nutrição, Restaurante, Membros da Família, Parentes, Caráter, Sentimentos, Emoções, Doenças, Cidade, Passeios, Compras, Dinheiro, Casa, Lar, Escritório, Trabalho no Escritório, Importação & Exportação, Marketing, Pesquisa de Emprego, Esportes, Educação, Computador, Internet, Ferramentas, Natureza, Países, Nacionalidades e muito mais ...

TABELA DE CONTEÚDOS

Guia de pronunciação	11
Abreviaturas	13

CONCEITOS BÁSICOS — 14
Conceitos básicos. Parte 1 — 14

1. Pronomes — 14
2. Cumprimentos. Saudações. Despedidas — 14
3. Como se dirigir a alguém — 15
4. Números cardinais. Parte 1 — 15
5. Números cardinais. Parte 2 — 16
6. Números ordinais — 17
7. Números. Frações — 17
8. Números. Operações básicas — 17
9. Números. Diversos — 17
10. Os verbos mais importantes. Parte 1 — 18
11. Os verbos mais importantes. Parte 2 — 19
12. Os verbos mais importantes. Parte 3 — 20
13. Os verbos mais importantes. Parte 4 — 21
14. Cores — 21
15. Questões — 22
16. Preposições — 23
17. Palavras funcionais. Advérbios. Parte 1 — 23
18. Palavras funcionais. Advérbios. Parte 2 — 25

Conceitos básicos. Parte 2 — 27

19. Opostos — 27
20. Dias da semana — 29
21. Horas. Dia e noite — 29
22. Meses. Estações — 30
23. Tempo. Diversos — 31
24. Linhas e formas — 32
25. Unidades de medida — 33
26. Recipientes — 34
27. Materiais — 35
28. Metais — 36

O SER HUMANO — 37
O ser humano. O corpo — 37

29. Humanos. Conceitos básicos — 37
30. Anatomia humana — 37

31. Cabeça	38
32. Corpo humano	39

Vestuário & Acessórios 40

33. Roupa exterior. Casacos	40
34. Vestuário de homem & mulher	40
35. Vestuário. Roupa interior	41
36. Adereços de cabeça	41
37. Calçado	41
38. Têxtil. Tecidos	42
39. Acessórios pessoais	42
40. Vestuário. Diversos	43
41. Cuidados pessoais. Cosméticos	43
42. Joalheria	44
43. Relógios de pulso. Relógios	45

Alimentação. Nutrição 46

44. Comida	46
45. Bebidas	47
46. Vegetais	48
47. Frutos. Nozes	49
48. Pão. Bolaria	50
49. Pratos cozinhados	50
50. Especiarias	51
51. Refeições	52
52. Por a mesa	52
53. Restaurante	53

Família, parentes e amigos 54

54. Informação pessoal. Formulários	54
55. Membros da família. Parentes	54
56. Amigos. Colegas de trabalho	55
57. Homem. Mulher	56
58. Idade	56
59. Crianças	57
60. Casais. Vida de família	57

Caráter. Sentimentos. Emoções 59

61. Sentimentos. Emoções	59
62. Caráter. Personalidade	60
63. O sono. Sonhos	61
64. Humor. Riso. Alegria	62
65. Discussão, conversação. Parte 1	62
66. Discussão, conversação. Parte 2	63
67. Discussão, conversação. Parte 3	65
68. Acordo. Recusa	65
69. Sucesso. Boa sorte. Insucesso	66
70. Conflitos. Emoções negativas	66

| Medicina | 69 |

71.	Doenças	69
72.	Sintomas. Tratamentos. Parte 1	70
73.	Sintomas. Tratamentos. Parte 2	71
74.	Sintomas. Tratamentos. Parte 3	72
75.	Médicos	73
76.	Medicina. Drogas. Acessórios	73
77.	Fumar. Produtos tabágicos	74

HABITAT HUMANO	75
Cidade	75

78.	Cidade. Vida na cidade	75
79.	Instituições urbanas	76
80.	Sinais	77
81.	Transportes urbanos	78
82.	Turismo	79
83.	Compras	80
84.	Dinheiro	81
85.	Correios. Serviço postal	82

Moradia. Casa. Lar	83

86.	Casa. Habitação	83
87.	Casa. Entrada. Elevador	84
88.	Casa. Eletricidade	84
89.	Casa. Portas. Fechaduras	84
90.	Casa de campo	85
91.	Moradia. Mansão	85
92.	Castelo. Palácio	86
93.	Apartamento	86
94.	Apartamento. Limpeza	87
95.	Mobiliário. Interior	87
96.	Quarto de dormir	88
97.	Cozinha	88
98.	Casa de banho	89
99.	Eletrodomésticos	90
100.	Reparações. Renovação	90
101.	Canalizações	91
102.	Fogo. Deflagração	91

ATIVIDADES HUMANAS	93
Emprego. Negócios. Parte 1	93

103.	Escritório. O trabalho no escritório	93
104.	Processos negociais. Parte 1	94
105.	Processos negociais. Parte 2	95
106.	Produção. Trabalhos	96
107.	Contrato. Acordo	97
108.	Importação & Exportação	98

109. Finanças	98
110. Marketing	99
111. Publicidade	99
112. Banca	100
113. Telefone. Conversação telefônica	101
114. Telefone móvel	101
115. Estacionário	102
116. Vários tipos de documentos	102
117. Tipos de negócios	103

Emprego. Negócios. Parte 2	**106**
118. Espetáculo. Feira	106
119. Media	107
120. Agricultura	108
121. Construção. Processo de construção	109
122. Ciência. Investigação. Cientistas	110

Profissões e ocupações	**111**
123. Procura de emprego. Demissão	111
124. Gente de negócios	111
125. Profissões de serviços	112
126. Profissões militares e postos	113
127. Oficiais. Padres	114
128. Profissões agrícolas	114
129. Profissões artísticas	115
130. Várias profissões	115
131. Ocupações. Estatuto social	117

Desportos	**118**
132. Tipos de desportos. Desportistas	118
133. Tipos de desportos. Diversos	119
134. Ginásio	119
135. Hóquei	120
136. Futebol	120
137. Esqui alpino	122
138. Tênis. Golfe	122
139. Xadrez	122
140. Boxe	123
141. Desportos. Diversos	123

Educação	**126**
142. Escola	126
143. Colégio. Universidade	127
144. Ciências. Disciplinas	128
145. Sistema de escrita. Ortografia	128
146. Línguas estrangeiras	129

147.	Personagens de contos de fadas	130
148.	Signos do Zodíaco	131

Artes 132

149.	Teatro	132
150.	Cinema	133
151.	Pintura	134
152.	Literatura & Poesia	135
153.	Circo	135
154.	Música. Música popular	136

Descanso. Entretenimento. Viagens 138

155.	Viagens	138
156.	Hotel	138
157.	Livros. Leitura	139
158.	Caça. Pesca	141
159.	Jogos. Bilhar	141
160.	Jogos. Jogar cartas	142
161.	Casino. Roleta	142
162.	Descanso. Jogos. Diversos	143
163.	Fotografia	143
164.	Praia. Natação	144

EQUIPAMENTO TÉCNICO. TRANSPORTES 146
Equipamento técnico. Transportes 146

165.	Computador	146
166.	Internet. E-mail	147
167.	Eletricidade	148
168.	Ferramentas	148

Transportes 151

169.	Avião	151
170.	Comboio	152
171.	Barco	153
172.	Aeroporto	154
173.	Bicicleta. Motocicleta	155

Carros 156

174.	Tipos de carros	156
175.	Carros. Carroçaria	156
176.	Carros. Habitáculo	157
177.	Carros. Motor	158
178.	Carros. Batidas. Reparação	159
179.	Carros. Estrada	160
180.	Sinais de trânsito	161

| PESSOAS. EVENTOS | 162 |
| Eventos | 162 |

181. Férias. Evento	162
182. Funerais. Enterro	163
183. Guerra. Soldados	163
184. Guerra. Ações militares. Parte 1	164
185. Guerra. Ações militares. Parte 2	166
186. Armas	167
187. Povos da antiguidade	169
188. Idade média	169
189. Líder. Chefe. Autoridades	171
190. Estrada. Caminho. Direções	172
191. Violação da lei. Criminosos. Parte 1	173
192. Violação da lei. Criminosos. Parte 2	174
193. Polícia. Lei. Parte 1	175
194. Polícia. Lei. Parte 2	176

NATUREZA	178
A Terra. Parte 1	178

195. Espaço sideral	178
196. A Terra	179
197. Pontos cardeais	180
198. Mar. Oceano	180
199. Nomes de Mares e Oceanos	181
200. Montanhas	182
201. Nomes de montanhas	183
202. Rios	183
203. Nomes de rios	184
204. Floresta	184
205. Recursos naturais	185

A Terra. Parte 2	187

206. Tempo	187
207. Tempo extremo. Catástrofes naturais	188
208. Ruídos. Sons	188
209. Inverno	189

Fauna	191

210. Mamíferos. Predadores	191
211. Animais selvagens	191
212. Animais domésticos	192
213. Cães. Raças de cães	193
214. Sons produzidos pelos animais	194
215. Animais jovens	194
216. Pássaros	195
217. Pássaros. Canto e sons	196
218. Peixes. Animais marinhos	196
219. Anfíbios. Répteis	197

220.	Insetos	198
221.	Animais. Partes do corpo	198
222.	Ações dos animais	199
223.	Animais. Habitats	199
224.	Cuidados com os animais	200
225.	Animais. Diversos	201
226.	Cavalos	201

Flora 203

227.	Árvores	203
228.	Arbustos	203
229.	Cogumelos	204
230.	Frutos. Bagas	204
231.	Flores. Plantas	205
232.	Cereais, grãos	206
233.	Vegetais. Verduras	207

GEOGRAFIA REGIONAL 208
Países. Nacionalidades 208

234.	Europa Ocidental	208
235.	Europa Central e de Leste	210
236.	Países da ex-URSS	211
237.	Asia	212
238.	América do Norte	214
239.	América Central do Sul	214
240.	Africa	215
241.	Austrália. Oceania	216
242.	Cidades	216
243.	Política. Governo. Parte 1	217
244.	Política. Governo. Parte 2	219
245.	Países. Diversos	220
246.	Grupos religiosos mais importantes. Confissões	220
247.	Religiões. Padres	222
248.	Fé. Cristianismo. Islão	222

TEMAS DIVERSOS 225

249.	Várias palavras úteis	225
250.	Modificadores. Adjetivos. Parte 1	226
251.	Modificadores. Adjetivos. Parte 2	228

500 VERBOS PRINCIPAIS 231

252.	Verbos A-B	231
253.	Verbos C-D	232
254.	Verbos E-J	235
255.	Verbos L-P	237
256.	Verbos Q-Z	239

GUIA DE PRONUNCIAÇÃO

Alfabeto fonético T&P	Exemplo Húngaro	Exemplo Português
[ɒ]	takaró [tɒkɒroː]	chamar
[aː]	bátor [baːtor]	rapaz
[ɛ]	öreg [ørɛg]	mesquita
[eː]	csésze [tʃeːsɛ]	plateia
[i]	viccel [vitsɛl]	sinônimo
[iː]	híd [hiːd]	cair
[o]	komoly [komoj]	lobo
[oː]	óvoda [oːvodɒ]	albatroz
[ø]	könny [køɲː]	orgulhoso
[øː]	rendőr [rɛndøːr]	orgulhoso
[u]	tud [tud]	bonita
[uː]	bútor [buːtor]	blusa
[y]	üveg [yvɛg]	questionar
[yː]	tűzoltó [tyːzoltoː]	vermelho

Consoantes

[b]	borsó [borʃoː]	barril
[c]	kutya [kucɒ]	Tchim-tchim!
[ts]	recept [rɛtsɛpt]	tsé-tsé
[tʃ]	bocsát [botʃaːt]	Tchau!
[d]	dal [dɒl]	dentista
[dz]	edző [ɛdzøː]	pizza
[dʒ]	dzsem [dʒɛm]	adjetivo
[f]	feltétel [fɛlteːtɛl]	safári
[g]	régen [reːgɛn]	gosto
[h]	homok [homok]	[h] aspirada
[j]	játszik [jaːtsik]	Vietnã
[ʎ]	negyven [nɛɟvɛn]	jingle
[k]	katalógus [kɒtɒloːguʃ]	aquilo
[l]	olcsó [oltʃoː]	libra
[m]	megment [mɛgmɛnt]	magnólia
[n]	négyzet [neːɟzɛt]	natureza
[ŋ]	senki [ʃɛŋki]	alcançar
[ɲ]	kanyar [kɒɲɒr]	ninhada
[p]	pizsama [piʒɒmɒ]	presente
[r]	köröm [kørøm]	riscar

Alfabeto fonético T&P	Exemplo Húngaro	Exemplo Português
[s]	**szoknya** [sokɲɒ]	sanita
[ʃ]	**siet** [ʃiɛt]	mês
[t]	**táska** [taːjkɒ]	tulipa
[v]	**vezető** [vɛzɛtøː]	fava
[z]	**frizura** [frizurɒ]	sésamo
[ʒ]	**mazsola** [mɒʒolɒ]	talvez

ABREVIATURAS
usadas no vocabulário

Abreviaturas do Português

adj	- adjetivo
adv	- advérbio
anim.	- animado
conj.	- conjunção
desp.	- esporte
etc.	- Etcetera
ex.	- por exemplo
f	- nome feminino
f pl	- feminino plural
fem.	- feminino
inanim.	- inanimado
m	- nome masculino
m pl	- masculino plural
m, f	- masculino, feminino
masc.	- masculino
mat.	- matemática
mil.	- militar
pl	- plural
prep.	- preposição
pron.	- pronome
sb.	- sobre
sing.	- singular
v aux	- verbo auxiliar
vi	- verbo intransitivo
vi, vt	- verbo intransitivo, transitivo
vr	- verbo reflexivo
vt	- verbo transitivo

CONCEITOS BÁSICOS

Conceitos básicos. Parte 1

1. Pronomes

eu	én	[e:n]
você	te	[tɛ]
ele, ela	ő	[ø:]
nós	mi	[mi]
vocês	ti	[ti]
eles, elas	ők	[ø:k]

2. Cumprimentos. Saudações. Despedidas

Oi!	Szervusz!	[sɛrvus]
Olá!	Szervusztok!	[sɛrvustok]
Bom dia!	Jó reggelt!	[jo: rɛggɛlt]
Boa tarde!	Jó napot!	[jo: nɒpot]
Boa noite!	Jó estét!	[jo: ɛʃte:t]
cumprimentar (vt)	köszönt	[køsønt]
Oi!	Szia!	[siɒ]
saudação (f)	üdvözlet	[ydvøzlɛt]
saudar (vt)	üdvözöl	[ydvøzøl]
Tudo bem?	Hogy vagy?	[hoɟ vɒɟ]
E aí, novidades?	Mi újság?	[mi u:jʃa:g]
Tchau! Até logo!	Viszontlátásra!	[visont la:ta:ʃrɒ]
Até breve!	A közeli viszontlátásra!	[ɒ køzɛli visont la:ta:ʃrɒ]
Adeus! (sing.)	Isten veled!	[iʃtɛn vɛlɛd]
Adeus! (pl)	Isten vele!	[iʃtɛn vɛlɛ]
despedir-se (dizer adeus)	elbúcsúzik	[ɛlbu:tʃu:zik]
Até mais!	Viszlát!	[visla:t]
Obrigado! -a!	Köszönöm!	[køsønøm]
Muito obrigado! -a!	Köszönöm szépen!	[køsønøm se:pɛn]
De nada	Kérem.	[ke:rɛm]
Não tem de quê	szóra sem érdemes	[so:rɒ ʃɛm e:rdɛmɛʃ]
Não foi nada!	nincs mit	[nintʃ mit]
Desculpa! -pe!	Bocsánat!	[botʃa:nɒt]
desculpar (vt)	bocsát	[botʃa:t]
desculpar-se (vr)	bocsánatot kér	[botʃa:nɒtot ke:r]
Me desculpe	bocsánatot kérek	[botʃa:nɒtot ke:rɛk]

Desculpe!	Elnézést!	[ɛlneːzeːʃt]
perdoar (vt)	bocsát	[botʃaːt]
por favor	kérem szépen	[keːrɛm seːpɛn]
Não se esqueça!	Ne felejtse!	[nɛ fɛlɛjtʃɛ]
Com certeza!	Persze!	[pɛrsɛ]
Claro que não!	Persze nem!	[pɛrsɛ nɛm]
Está bem! De acordo!	Jól van!	[joːl vɒn]
Chega!	Elég!	[ɛleːg]

3. Como se dirigir a alguém

senhor	Uram	[urɒm]
senhora	Asszonyom	[ɒssonøm]
senhorita	Fiatalasszony	[fiɒtɒl ɒssoɲ]
jovem	Fiatalember	[fiɒtɒl ɛmbɛr]
menino	Kisfiú	[kiʃfiuː]
menina	Kislány	[kiʃlaːɲ]

4. Números cardinais. Parte 1

zero	nulla	[nullɒ]
um	egy	[ɛɟ]
dois	kettő, két	[kɛttøː], [keːt]
três	három	[haːrom]
quatro	négy	[neːɟ]
cinco	öt	[øt]
seis	hat	[hɒt]
sete	hét	[heːt]
oito	nyolc	[ɲolts]
nove	kilenc	[kilɛnts]
dez	tíz	[tiːz]
onze	tizenegy	[tizɛnɛɟ]
doze	tizenkettő	[tizɛŋkɛttøː]
treze	tizenhárom	[tizɛnhaːrom]
catorze	tizennégy	[tizɛnneːɟ]
quinze	tizenöt	[tizɛnøt]
dezesseis	tizenhat	[tizɛnhɒt]
dezessete	tizenhét	[tizɛnheːt]
dezoito	tizennyolc	[tizɛɲɲølts]
dezenove	tizenkilenc	[tizɛŋkilɛnts]
vinte	húsz	[huːs]
vinte e um	huszonegy	[husonɛɟ]
vinte e dois	huszonkettő	[huson kɛttøː]
vinte e três	huszonhárom	[huson haːrom]
trinta	harminc	[hɒrmints]
trinta e um	harmincegy	[hɒrmintsɛɟ]

trinta e dois	harminckettő	[hɒrmints kɛttø:]
trinta e três	harminchárom	[hɒrmintsha:rom]
quarenta	negyven	[nɛɟvɛn]
quarenta e um	negyvenegy	[nɛɟvɛnɛɟ]
quarenta e dois	negyvenkettő	[nɛɟvɛn kɛttø:]
quarenta e três	negyvenhárom	[nɛɟvɛn ha:rom]
cinquenta	ötven	[øtvɛn]
cinquenta e um	ötvenegy	[øtvɛnɛɟ]
cinquenta e dois	ötvenkettő	[øtvɛn kɛttø:]
cinquenta e três	ötvenhárom	[øtvɛn ha:rom]
sessenta	hatvan	[hɒtvɒn]
sessenta e um	hatvanegy	[hɒtvɒnɛɟ]
sessenta e dois	hatvankettő	[hɒtvɒn kɛttø:]
sessenta e três	hatvanhárom	[hɒtvɒn ha:rom]
setenta	hetven	[hɛtvɛn]
setenta e um	hetvenegy	[hɛtvɛnɛɟ]
setenta e dois	hetvenkettő	[hɛtvɛn kɛttø:]
setenta e três	hetvenhárom	[hɛtvɛn ha:rom]
oitenta	nyolcvan	[ɲoltsvɒn]
oitenta e um	nyolcvanegy	[ɲoltsvɒnɛɟ]
oitenta e dois	nyolcvankettő	[ɲoltsvɒn kɛttø:]
oitenta e três	nyolcvanhárom	[ɲoltsvɒn ha:rom]
noventa	kilencven	[kilɛntsvɛn]
noventa e um	kilencvenegy	[kilɛntsvɛnɛɟ]
noventa e dois	kilencvenkettő	[kilɛntsvɛn kɛttø:]
noventa e três	kilencvenhárom	[kilɛntsvɛn ha:rom]

5. Números cardinais. Parte 2

cem	száz	[sa:z]
duzentos	kétszáz	[ke:tsa:z]
trezentos	háromszáz	[ha:romsa:z]
quatrocentos	négyszáz	[ne:ɟsa:z]
quinhentos	ötszáz	[øtsa:z]
seiscentos	hatszáz	[hɒtsa:z]
setecentos	hétszáz	[he:tsa:z]
oitocentos	nyolcszáz	[ɲoltssa:z]
novecentos	kilencszáz	[kilɛntssa:z]
mil	ezer	[ɛzɛr]
dois mil	kétezer	[ke:tɛzɛr]
três mil	háromezer	[ha:romɛzɛr]
dez mil	tízezer	[ti:zɛzɛr]
cem mil	százezer	[sa:zɛzɛr]
um milhão	millió	[millio:]
um bilhão	milliárd	[millia:rd]

6. Números ordinais

primeiro (adj)	első	[ɛlʃø:]
segundo (adj)	második	[ma:ʃodik]
terceiro (adj)	harmadik	[hɒrmɒdik]
quarto (adj)	negyedik	[nɛɟɛdik]
quinto (adj)	ötödik	[øtødik]
sexto (adj)	hatodik	[hɒtodik]
sétimo (adj)	hetedik	[hɛtɛdik]
oitavo (adj)	nyolcadik	[ɲoltsɒdik]
nono (adj)	kilencedik	[kilɛntsɛdik]
décimo (adj)	tizedik	[tizɛdik]

7. Números. Frações

fração (f)	tört	[tørt]
um meio	fél	[fe:l]
um terço	egy harmad	[ɛɟ hɒrmɒd]
um quarto	egy negyed	[ɛɟ nɛɟɛd]
um oitavo	egy nyolcad	[ɛɟ ɲøltsɒd]
um décimo	egy tized	[ɛɟ tizɛd]
dois terços	két harmad	[ke:t hɒrmɒd]
três quartos	három negyed	[ha:rom nɛɟɛd]

8. Números. Operações básicas

subtração (f)	kivonás	[kivona:ʃ]
subtrair (vi, vt)	kivon	[kivon]
divisão (f)	osztás	[osta:ʃ]
dividir (vt)	oszt	[ost]
adição (f)	összeadás	[øssɛɒda:ʃ]
somar (vt)	összead	[øssɛɒd]
adicionar (vt)	hozzáad	[hozza:ɒd]
multiplicação (f)	szorzás	[sorza:ʃ]
multiplicar (vt)	megszoroz	[mɛgsoroz]

9. Números. Diversos

algarismo, dígito (m)	számjegy	[sa:mjɛɟ]
número (m)	szám	[sa:m]
numeral (m)	számnév	[sa:mne:v]
menos (m)	mínusz	[mi:nus]
mais (m)	plusz	[plus]
fórmula (f)	formula	[formulɒ]
cálculo (m)	kiszámítás	[kisa:mi:ta:ʃ]
contar (vt)	számol	[sa:mol]

| calcular (vt) | összeszámol | [øssɛsa:mol] |
| comparar (vt) | összehasonlít | [øssɛhɒʃonli:t] |

| Quanto? | Mennyi? | [mɛɲɲi] |
| Quantos? -as? | Hány? | [ha:ɲ] |

soma (f)	összeg	[øssɛg]
resultado (m)	eredmény	[ɛrɛdme:ɲ]
resto (m)	maradék	[mɒrɒde:k]

alguns, algumas ...	néhány	[ne:ha:ɲ]
pouco (~ tempo)	kevés ...	[kɛve:ʃ]
resto (m)	egyéb	[ɛɟe:b]
um e meio	másfél	[ma:ʃfe:l]
dúzia (f)	tucat	[tutsɒt]

ao meio	ketté	[kɛtte:]
em partes iguais	egyenlően	[ɛɟɛnlø:ɛn]
metade (f)	fél	[fe:l]
vez (f)	egyszer	[ɛcsɛr]

10. Os verbos mais importantes. Parte 1

abrir (vt)	nyit	[ɲit]
acabar, terminar (vt)	befejez	[bɛfɛjɛz]
aconselhar (vt)	tanácsol	[tɒna:tʃol]
adivinhar (vt)	kitalál	[kitɒla:l]
advertir (vt)	figyelmeztet	[fiɟɛlmɛztɛt]

ajudar (vt)	segít	[ʃɛgi:t]
almoçar (vi)	ebédel	[ɛbe:dɛl]
alugar (~ um apartamento)	bérel	[be:rɛl]
amar (pessoa)	szeret	[sɛrɛt]
ameaçar (vt)	fenyeget	[fɛɲɛgɛt]

anotar (escrever)	feljegyez	[fɛljɛɟɛz]
apressar-se (vr)	siet	[ʃiɛt]
arrepender-se (vr)	sajnál	[ʃɒjna:l]
assinar (vt)	aláír	[ɒla:i:r]
brincar (vi)	viccel	[vitsɛl]

brincar, jogar (vi, vt)	játszik	[ja:tsik]
buscar (vt)	keres	[kɛrɛʃ]
caçar (vi)	vadászik	[vɒda:sik]
cair (vi)	esik	[ɛʃik]
cavar (vt)	ás	[a:ʃ]
chamar (~ por socorro)	hív	[hi:v]

chegar (vi)	érkezik	[e:rkɛzik]
chorar (vi)	sír	[ʃi:r]
começar (vt)	kezd	[kɛzd]
comparar (vt)	összehasonlít	[øssɛhɒʃonli:t]
concordar (dizer "sim")	beleegyezik	[bɛlɛɛɟɛzik]
confiar (vt)	rábíz	[ra:bi:z]

confundir (equivocar-se)	összetéveszt	[øssɛte:vɛst]
conhecer (vt)	ismer	[iʃmɛr]
contar (fazer contas)	számol	[sa:mol]
contar com ...	számít ...re	[sa:mi:t ...rɛ]
continuar (vt)	folytat	[fojtɒt]

controlar (vt)	ellenőriz	[ɛllɛnø:riz]
convidar (vt)	meghív	[mɛghi:v]
correr (vi)	fut	[fut]
criar (vt)	teremt	[tɛrɛmt]
custar (vt)	kerül	[kɛryl]

11. Os verbos mais importantes. Parte 2

dar (vt)	ad	[ɒd]
dar uma dica	céloz	[tse:loz]
decorar (enfeitar)	díszít	[di:si:t]
defender (vt)	véd	[ve:d]
deixar cair (vt)	leejt	[lɛɛjt]

descer (para baixo)	lemegy	[lɛmɛɟ]
desculpar-se (vr)	bocsánatot kér	[botʃa:nɒtot ke:r]
dirigir (~ uma empresa)	irányít	[ira:ni:t]
discutir (notícias, etc.)	megbeszél	[mɛgbɛse:l]

disparar, atirar (vi)	lő	[lø:]
dizer (vt)	mond	[mond]
duvidar (vt)	kételkedik	[ke:tɛlkɛdik]
encontrar (achar)	talál	[tɒla:l]
enganar (vt)	csal	[tʃɒl]

entender (vt)	ért	[e:rt]
entrar (na sala, etc.)	bemegy	[bɛmɛɟ]
enviar (uma carta)	felad	[fɛlɒd]
errar (enganar-se)	hibázik	[hiba:zik]
escolher (vt)	választ	[va:lɒst]

esconder (vt)	rejt	[rɛjt]
escrever (vt)	ír	[i:r]
esperar (aguardar)	vár	[va:r]
esperar (ter esperança)	remél	[rɛme:l]
esquecer (vt)	elfelejt	[ɛlfɛlɛjt]

estudar (vt)	tanul	[tɒnul]
exigir (vt)	követel	[køvɛtɛl]
existir (vi)	létezik	[le:tɛzik]
explicar (vt)	magyaráz	[mɒɟɒra:z]

falar (vi)	beszélget	[bɛse:lgɛt]
faltar (a la escuela, etc.)	elmulaszt	[ɛlmulɒst]
fazer (vt)	csinál	[tʃina:l]
ficar em silêncio	hallgat	[hɒllgɒt]
gabar-se (vr)	dicsekedik	[ditʃɛkɛdik]
gostar (apreciar)	tetszik	[tɛtsik]

gritar (vi)	kiabál	[kiɒbaːl]
guardar (fotos, etc.)	megőriz	[mɛgøːriz]
informar (vt)	tájékoztat	[taːjeːkoztɒt]
insistir (vi)	ragaszkodik	[rɒgɒskodik]
insultar (vt)	megsért	[mɛgʃeːrt]
interessar-se (vr)	érdeklődik	[eːrdɛkløːdik]
ir (a pé)	megy	[mɛɟ]
ir nadar	úszni megy	[uːsni mɛɟ]
jantar (vi)	vacsorázik	[vɒtʃoraːzik]

12. Os verbos mais importantes. Parte 3

ler (vt)	olvas	[olvɒʃ]
libertar, liberar (vt)	felszabadít	[fɛlsɒbɒdiːt]
matar (vt)	megöl	[mɛgøl]
mencionar (vt)	megemlít	[mɛgɛmliːt]
mostrar (vt)	mutat	[mutɒt]
mudar (modificar)	változtat	[vaːltoztɒt]
nadar (vi)	úszik	[uːsik]
negar-se a ... (vr)	lemond	[lɛmond]
objetar (vt)	ellentmond	[ɛllɛntmond]
observar (vt)	figyel	[fiɟɛl]
ordenar (mil.)	parancsol	[pɒrɒntʃol]
ouvir (vt)	hall	[hɒll]
pagar (vt)	fizet	[fizɛt]
parar (vi)	megáll	[mɛgaːll]
parar, cessar (vt)	abbahagy	[ɒbbɒhɒɟ]
participar (vi)	részt vesz	[reːst vɛs]
pedir (comida, etc.)	rendel	[rɛndɛl]
pedir (um favor, etc.)	kér	[keːr]
pegar (tomar)	vesz	[vɛs]
pegar (uma bola)	fog	[fog]
pensar (vi, vt)	gondol	[gondol]
perceber (ver)	észrevesz	[eːsrɛvɛs]
perdoar (vt)	bocsát	[botʃaːt]
perguntar (vt)	kérdez	[keːrdɛz]
permitir (vt)	enged	[ɛŋgɛd]
pertencer a ... (vi)	tartozik	[tɒrtozik]
planejar (vt)	tervez	[tɛrvɛz]
poder (~ fazer algo)	tud	[tud]
possuir (uma casa, etc.)	rendelkezik	[rɛndɛlkɛzik]
preferir (vt)	többre becsül	[tøbbrɛ bɛtʃyl]
preparar (vt)	készít	[keːsiːt]
prever (vt)	előre lát	[ɛløːrɛ laːt]
prometer (vt)	ígér	[iːgeːr]
pronunciar (vt)	kiejt	[kiɛjt]
propor (vt)	javasol	[jɒvɒʃol]

punir (castigar)	büntet	[byntɛt]
quebrar (vt)	tör	[tør]
queixar-se de ...	panaszkodik	[pɒnɒskodik]
querer (desejar)	akar	[ɒkɒr]

13. Os verbos mais importantes. Parte 4

ralhar, repreender (vt)	szid	[sid]
recomendar (vt)	ajánl	[ɒjaːnl]
repetir (dizer outra vez)	ismétel	[iʃmeːtɛl]
reservar (~ um quarto)	rezervál	[rɛzɛrvaːl]
responder (vt)	válaszol	[vaːlɒsol]
rezar, orar (vi)	imádkozik	[imaːdkozik]
rir (vi)	nevet	[nɛvɛt]
roubar (vt)	lop	[lop]
saber (vt)	tud	[tud]
sair (~ de casa)	kimegy	[kimɛɟ]
salvar (resgatar)	megment	[mɛgmɛnt]
seguir (~ alguém)	követ	[køvɛt]
sentar-se (vr)	leül	[lɛyl]
ser necessário	szükség van	[sykʃeːg vɒn]
ser, estar	van	[vɒn]
significar (vt)	jelent	[jɛlɛnt]
sorrir (vi)	mosolyog	[moʃojog]
subestimar (vt)	aláértékel	[ɒlaːeːrteːkɛl]
surpreender-se (vr)	csodálkozik	[tʃodaːlkozik]
tentar (~ fazer)	próbál	[proːbaːl]
ter (vt)	van	[vɒn]
ter fome	éhes van	[eːhɛʃ vɒn]
ter medo	fél	[feːl]
ter sede	szomjas van	[somjɒʃ vɒn]
tocar (com as mãos)	érint	[eːrint]
tomar café da manhã	reggelizik	[rɛggɛlizik]
trabalhar (vi)	dolgozik	[dolgozik]
traduzir (vt)	fordít	[fordiːt]
unir (vt)	egyesít	[ɛɟɛʃiːt]
vender (vt)	elad	[ɛlɒd]
ver (vt)	lát	[laːt]
virar (~ para a direita)	fordul	[fordul]
voar (vi)	repül	[rɛpyl]

14. Cores

cor (f)	szín	[siːn]
tom (m)	árnyalat	[aːrɲɒlɒt]
tonalidade (m)	tónus	[toːnuʃ]

arco-íris (m)	szivárvány	[siva:rva:ɲ]
branco (adj)	fehér	[fɛhe:r]
preto (adj)	fekete	[fɛkɛtɛ]
cinza (adj)	szürke	[syrkɛ]
verde (adj)	zöld	[zøld]
amarelo (adj)	sárga	[ʃa:rgɒ]
vermelho (adj)	piros	[piroʃ]
azul (adj)	kék	[ke:k]
azul claro (adj)	világoskék	[vila:goʃke:k]
rosa (adj)	rózsaszínű	[ro:ʒɒsi:ny:]
laranja (adj)	narancssárga	[nɒrɒntʃ ʃa:rgɒ]
violeta (adj)	lila	[lilɒ]
marrom (adj)	barna	[bɒrnɒ]
dourado (adj)	arany	[ɒrɒɲ]
prateado (adj)	ezüstös	[ɛzyʃtøʃ]
bege (adj)	bézs	[be:ʒ]
creme (adj)	krémszínű	[kre:msi:ny:]
turquesa (adj)	türkizkék	[tyrkiske:k]
vermelho cereja (adj)	meggyszínű	[mɛɟ si:ny:]
lilás (adj)	lila	[lilɒ]
carmim (adj)	málnaszínű	[ma:lnɒ si:ny:]
claro (adj)	világos	[vila:goʃ]
escuro (adj)	sötét	[ʃøte:t]
vivo (adj)	élénk	[e:le:ŋk]
de cor	színes	[si:nɛʃ]
a cores	színes	[si:nɛʃ]
preto e branco (adj)	feketefehér	[fɛkɛtɛfɛhe:r]
unicolor (de uma só cor)	egyszínű	[ɛcsi:ny:]
multicolor (adj)	sokszínű	[ʃoksi:ny:]

15. Questões

Quem?	Ki?	[ki]
O que?	Mi?	[mi]
Onde?	Hol?	[hol]
Para onde?	Hová?	[hova:]
De onde?	Honnan?	[honnɒn]
Quando?	Mikor?	[mikor]
Para quê?	Minek?	[minɛk]
Por quê?	Miért?	[mie:rt]
Para quê?	Miért?	[mie:rt]
Como?	Hogy? Hogyan?	[hoɟ], [hoɟɒn]
Qual (~ é o problema?)	Milyen?	[mijɛn]
Qual (~ deles?)	Melyik?	[mɛjik]
A quem?	Kinek?	[kinɛk]
De quem?	Kiről?	[kirø:l]

| Do quê? | Miről? | [mirø:l] |
| Com quem? | Kivel? | [kivɛl] |

Quantos? -as?	Hány?	[ha:ɲ]
Quanto?	Mennyi?	[mɛɲɲi]
De quem? (masc.)	Kié?	[kie:]

16. Preposições

com (prep.)	val, -vel	[-vɒl, -vɛl]
sem (prep.)	nélkül	[ne:lkyl]
a, para (exprime lugar)	ba, -be	[bɒ, -bɛ]
sobre (ex. falar ~)	ról, -ről	[ro:l, -rø:l]
antes de ...	előtt	[ɛlø:tt]
em frente de ...	előtt	[ɛlø:tt]

debaixo de ...	alatt	[ɒlɒtt]
sobre (em cima de)	fölött	[føløtt]
em ..., sobre ...	n	[n]
de, do (sou ~ Rio de Janeiro)	ból, -ből	[bo:l, -bø:l]
de (feito ~ pedra)	ból, -ből	[bo:l, -bø:l]

| em (~ 3 dias) | múlva | [mu:lvɒ] |
| por cima de ... | keresztül | [kɛrɛstyl] |

17. Palavras funcionais. Advérbios. Parte 1

Onde?	Hol?	[hol]
aqui	itt	[itt]
lá, ali	ott	[ott]

| em algum lugar | valahol | [vɒlɒhol] |
| em lugar nenhum | sehol | [ʃɛhol] |

| perto de ... | mellett, nál, -nél | [mɛllɛtt], [na:l, -ne:l] |
| perto da janela | az ablaknál | [ɒz ɒblɒkna:l] |

Para onde?	Hová?	[hova:]
aqui	ide	[idɛ]
para lá	oda	[odɒ]
daqui	innen	[innɛn]
de lá, dali	onnan	[onnɒn]

| perto | közel | [køzɛl] |
| longe | messze | [mɛssɛ] |

perto de ...	mellett	[mɛllɛtt]
à mão, perto	a közelben	[ɒ køzɛlbɛn]
não fica longe	nem messze	[nɛm mɛssɛ]

| esquerdo (adj) | bal | [bɒl] |
| à esquerda | balra | [bɒlrɒ] |

para a esquerda	balra	[bɒlrɒ]
direito (adj)	jobb	[jobb]
à direita	jobbra	[jobbrɒ]
para a direita	jobbra	[jobbrɒ]
em frente	elöl	[ɛløl]
da frente	elülső	[ɛlylʃø:]
adiante (para a frente)	előre	[ɛlø:rɛ]
atrás de ...	hátul	[ha:tul]
de trás	hátulról	[ha:tulro:l]
para trás	hátra	[ha:trɒ]
meio (m), metade (f)	közép	[køze:p]
no meio	középen	[køze:pɛn]
do lado	oldalról	[oldɒlro:l]
em todo lugar	mindenütt	[mindɛnytt]
por todos os lados	körül	[køryl]
de dentro	belülről	[bɛlylrø:l]
para algum lugar	valahova	[vɒlɒhovɒ]
diretamente	egyenesen	[ɛɟɛnɛʃɛn]
de volta	visszafelé	[vissɒfɛle:]
de algum lugar	valahonnan	[vɒlɒhonnɒn]
de algum lugar	valahonnan	[vɒlɒhonnɒn]
em primeiro lugar	először	[ɛlø:sør]
em segundo lugar	másodszor	[ma:ʃodsor]
em terceiro lugar	harmadszor	[hɒrmɒdsor]
de repente	hirtelen	[hirtɛlɛn]
no início	eleinte	[ɛlɛintɛ]
pela primeira vez	először	[ɛlø:sør]
muito antes de ...	jóval ... előtt	[jo:vɒl ... ɛlø:tt]
de novo	újra	[u:jrɒ]
para sempre	mindörökre	[mindørøkrɛ]
nunca	soha	[ʃohɒ]
de novo	ismét	[iʃme:t]
agora	most	[moʃt]
frequentemente	gyakran	[ɟɒkrɒn]
então	akkor	[ɒkkor]
urgentemente	sürgősen	[ʃyrgø:ʃɛn]
normalmente	általában	[a:ltɒla:bɒn]
a propósito, ...	apropó	[ɒpropo:]
é possível	lehetséges	[lɛhɛtʃe:gɛʃ]
provavelmente	valószínűleg	[vɒlo:si:ny:lɛg]
talvez	talán	[tɒla:n]
além disso, ...	azon kívül ...	[ɒzon ki:vyl]
por isso ...	ezért	[ɛze:rt]
apesar de ...	nek ellenére	[nɛk ɛllɛne:rɛ]
graças a ...	... köszenhetően	[køsɛnhɛtø:ɛn]
que (pron.)	mi	[mi]

que (conj.)	ami	[ɒmi]
algo	valami	[vɒlɒmi]
alguma coisa	valami	[vɒlɒmi]
nada	semmi	[ʃɛmmi]

quem	ki	[ki]
alguém (~ que ...)	valaki	[vɒlɒki]
alguém (com ~)	valaki	[vɒlɒki]

ninguém	senki	[ʃɛŋki]
para lugar nenhum	sehol	[ʃɛhol]
de ninguém	senkié	[ʃɛŋkie:]
de alguém	valakié	[vɒlɒkie:]

tão	így	[i:ɟ]
também (gostaria ~ de ...)	is	[iʃ]
também (~ eu)	is	[iʃ]

18. Palavras funcionais. Advérbios. Parte 2

Por quê?	Miért?	[mie:rt]
por alguma razão	valamiért	[vɒlɒmie:rt]
porque ...	azért, mert ...	[ɒze:rt], [mɛrt]
por qualquer razão	valamiért	[vɒlɒmie:rt]

e (tu ~ eu)	és	[e:ʃ]
ou (ser ~ não ser)	vagy	[vɒɟ]
mas (porém)	de	[dɛ]
para (~ a minha mãe)	... céljából	[tse:ja:bo:l]

muito, demais	túl	[tu:l]
só, somente	csak	[tʃɒk]
exatamente	pontosan	[pontoʃɒn]
cerca de (~ 10 kg)	körülbelül	[kørylbɛlyl]

aproximadamente	körülbelül	[kørylbɛlyl]
aproximado (adj)	megközelítő	[mɛgkøzɛli:tø:]
quase	majdnem	[mɒjdnɛm]
resto (m)	a többi	[ɒ tøbbi]

cada (adj)	minden	[mindɛn]
qualquer (adj)	bármilyen	[ba:rmijɛn]
muito, muitos, muitas	sok	[ʃok]
muitas pessoas	sokan	[ʃokɒn]
todos	mindenki	[mindɛŋki]

em troca de ...	ért cserébe	[e:rt tʃɛre:bɛ]
em troca	viszonzásul	[visonza:ʃul]
à mão	kézzel	[ke:zzɛl]
pouco provável	aligha	[ɒlighɒ]

provavelmente	valószínűleg	[vɒlo:si:ny:lɛg]
de propósito	szándékosan	[sa:nde:koʃɒn]
por acidente	véletlenül	[ve:lɛtlɛnyl]

muito	**nagyon**	[nɒɟøn]
por exemplo	**például**	[peːldaːul]
entre	**között**	[køzøtt]
entre (no meio de)	**körében**	[køreːbɛn]
tanto	**annyi**	[ɒɲɲi]
especialmente	**különösen**	[kylønøʃɛn]

Conceitos básicos. Parte 2

19. Opostos

rico (adj)	gazdag	[gɒzdɒg]
pobre (adj)	szegény	[sɛge:ɲ]
doente (adj)	beteg	[bɛtɛg]
bem (adj)	egészséges	[ɛge:ʃɛgɛʃ]
grande (adj)	nagy	[nɒɟ]
pequeno (adj)	kicsi	[kitʃi]
rapidamente	gyorsan	[ɟørʃɒn]
lentamente	lassan	[lɒʃɒn]
rápido (adj)	gyors	[ɟørʃ]
lento (adj)	lassú	[lɒʃu:]
alegre (adj)	vidám	[vida:m]
triste (adj)	szomorú	[somoru:]
juntos (ir ~)	együtt	[ɛɟytt]
separadamente	külön	[kyløn]
em voz alta (ler ~)	hangosan	[hɒŋgoʃɒn]
para si (em silêncio)	magában	[mɒga:bɒn]
alto (adj)	magas	[mɒgɒʃ]
baixo (adj)	alacsony	[ɒlɒtʃoɲ]
profundo (adj)	mély	[me:j]
raso (adj)	sekély	[ʃɛke:j]
sim	igen	[igɛn]
não	nem	[nɛm]
distante (adj)	távoli	[ta:voli]
próximo (adj)	közeli	[køzɛli]
longe	messze	[mɛssɛ]
à mão, perto	közel	[køzɛl]
longo (adj)	hosszú	[hossu:]
curto (adj)	rövid	[røvid]
bom (bondoso)	kedves	[kɛdvɛʃ]
mal (adj)	gonosz	[gonos]
casado (adj)	nős	[nø:ʃ]

solteiro (adj)	nőtlen	[nø:tlɛn]
proibir (vt)	tilt	[tilt]
permitir (vt)	enged	[ɛŋgɛd]
fim (m)	vég	[ve:g]
início (m)	kezdet	[kɛzdɛt]
esquerdo (adj)	bal	[bɒl]
direito (adj)	jobb	[jobb]
primeiro (adj)	első	[ɛlʃø:]
último (adj)	utolsó	[utolʃo:]
crime (m)	bűncselekmény	[by:ntʃɛlɛkme:ɲ]
castigo (m)	büntetés	[byntɛte:ʃ]
ordenar (vt)	parancsol	[pɒrɒntʃol]
obedecer (vt)	engedelmeskedik	[ɛŋgɛdɛlmɛʃkɛdik]
reto (adj)	egyenes	[ɛɟɛnɛʃ]
curvo (adj)	ferde	[fɛrdɛ]
paraíso (m)	paradicsom	[pɒrɒditʃom]
inferno (m)	pokol	[pokol]
nascer (vi)	születik	[sylɛtik]
morrer (vi)	meghal	[mɛghɒl]
forte (adj)	erős	[ɛrø:ʃ]
fraco, débil (adj)	gyenge	[ɟɛŋgɛ]
velho, idoso (adj)	öreg	[ørɛg]
jovem (adj)	fiatal	[fiɒtɒl]
velho (adj)	régi	[re:gi]
novo (adj)	új	[u:j]
duro (adj)	kemény	[kɛme:ɲ]
macio (adj)	puha	[puhɒ]
quente (adj)	meleg	[mɛlɛg]
frio (adj)	hideg	[hidɛg]
gordo (adj)	kövér	[køve:r]
magro (adj)	sovány	[ʃova:ɲ]
estreito (adj)	keskeny	[kɛʃkɛɲ]
largo (adj)	széles	[se:lɛʃ]
bom (adj)	jó	[jo:]
mau (adj)	rossz	[ross]
valente, corajoso (adj)	bátor	[ba:tor]
covarde (adj)	gyáva	[ɟa:vɒ]

20. Dias da semana

segunda-feira (f)	hétfő	[heːtføː]
terça-feira (f)	kedd	[kɛdd]
quarta-feira (f)	szerda	[sɛrdɒ]
quinta-feira (f)	csütörtök	[ʧytørtøk]
sexta-feira (f)	péntek	[peːntɛk]
sábado (m)	szombat	[sombɒt]
domingo (m)	vasárnap	[vɒʃaːrnɒp]
hoje	ma	[mɒ]
amanhã	holnap	[holnɒp]
depois de amanhã	holnapután	[holnɒputaːn]
ontem	tegnap	[tɛgnɒp]
anteontem	tegnapelőtt	[tɛgnɒpɛløːtt]
dia (m)	nap	[nɒp]
dia (m) de trabalho	munkanap	[muŋkɒnɒp]
feriado (m)	ünnepnap	[ynnɛpnɒp]
dia (m) de folga	szabadnap	[sɒbɒdnɒp]
fim (m) de semana	hétvég	[heːtveːg]
o dia todo	egész nap	[ɛgeːs nɒp]
no dia seguinte	másnap	[maːʃnɒp]
há dois dias	két nappal ezelőtt	[keːt nɒppɒl ɛzɛløːtt]
na véspera	az előző nap	[ɒz ɛløːzøː nɒp]
diário (adj)	napi	[nɒpi]
todos os dias	naponta	[nɒpontɒ]
semana (f)	hét	[heːt]
na semana passada	a múlt héten	[ɒ muːlt heːtɛn]
semana que vem	a következő héten	[ɒ køvɛtkɛzøː heːtɛn]
semanal (adj)	heti	[hɛti]
toda semana	hetente	[hɛtɛntɛ]
duas vezes por semana	kétszer hetente	[keːtsɛr hɛtɛntɛ]
toda terça-feira	minden kedd	[mindɛn kɛdd]

21. Horas. Dia e noite

manhã (f)	reggel	[rɛggɛl]
de manhã	reggel	[rɛggɛl]
meio-dia (m)	délidő	[deːlidøː]
à tarde	délután	[deːlutaːn]
tardinha (f)	este	[ɛʃtɛ]
à tardinha	este	[ɛʃtɛ]
noite (f)	éjszak	[eːjsɒk]
à noite	éjjel	[eːjjɛl]
meia-noite (f)	éjfél	[eːjfeːl]
segundo (m)	másodperc	[maːʃodpɛrts]
minuto (m)	perc	[pɛrts]
hora (f)	óra	[oːrɒ]

meia hora (f)	félóra	[feːloːrɒ]
quarto (m) de hora	negyedóra	[nɛɟɛdoːrɒ]
quinze minutos	tizenöt perc	[tizɛnøt pɛrts]
vinte e quatro horas	teljes nap	[tɛjɛʃ nɒp]
nascer (m) do sol	napkelte	[nɒpkɛltɛ]
amanhecer (m)	virradat	[virrɒdɒt]
madrugada (f)	kora reggel	[korɒ rɛggɛl]
pôr-do-sol (m)	naplemente	[nɒplɛmɛntɛ]
de madrugada	kora reggel	[korɒ rɛggɛl]
esta manhã	ma reggel	[mɒ rɛggɛl]
amanhã de manhã	holnap reggel	[holnɒp rɛggɛl]
esta tarde	ma nappal	[mɒ nɒppɒl]
à tarde	délután	[deːlutaːn]
amanhã à tarde	holnap délután	[holnɒp deːlutaːn]
esta noite, hoje à noite	ma este	[mɒ ɛʃtɛ]
amanhã à noite	holnap este	[holnɒp ɛʃtɛ]
às três horas em ponto	pont három órakor	[pont haːrom oːrɒkor]
por volta das quatro	körülbelül négy órakor	[køryːlbɛlyl neːɟ oːrɒkor]
às doze	tizenkét órára	[tizɛŋkeːt oːraːrɒ]
em vinte minutos	húsz perc múlva	[huːs pɛrts muːlvɒ]
em uma hora	egy óra múlva	[ɛɟ oːrɒ muːlvɒ]
a tempo	időben	[idøːbɛn]
... um quarto para	háromnegyed	[haːromnɛɟɛd]
dentro de uma hora	egy óra folyamán	[ɛɟ oːrɒ fojɒmaːn]
a cada quinze minutos	minden tizenöt perc	[mindɛn tizɛnøt pɛrts]
as vinte e quatro horas	éjjel nappal	[eːjjɛl nɒppɒl]

22. Meses. Estações

janeiro (m)	január	[jɒnuaːr]
fevereiro (m)	február	[fɛbruaːr]
março (m)	március	[maːrtsiuʃ]
abril (m)	április	[aːpriliʃ]
maio (m)	május	[maːjuʃ]
junho (m)	június	[juːniuʃ]
julho (m)	július	[juːliuʃ]
agosto (m)	augusztus	[ɒugustuʃ]
setembro (m)	szeptember	[sɛptɛmbɛr]
outubro (m)	október	[oktoːbɛr]
novembro (m)	november	[novɛmbɛr]
dezembro (m)	december	[dɛtsɛmbɛr]
primavera (f)	tavasz	[tɒvɒs]
na primavera	tavasszal	[tɒvɒssɒl]
primaveril (adj)	tavaszi	[tɒvɒsi]
verão (m)	nyár	[ɲaːr]

| no verão | nyáron | [ɲaːron] |
| de verão | nyári | [ɲaːri] |

outono (m)	ősz	[øːs]
no outono	ősszel	[øːssɛl]
outonal (adj)	őszi	[øːsi]

inverno (m)	tél	[teːl]
no inverno	télen	[teːlɛn]
de inverno	téli	[teːli]
mês (m)	hónap	[hoːnɒp]
este mês	ebben a hónapban	[ɛbbɛn ɒ hoːnɒpbɒn]
mês que vem	a következő hónapban	[ɒ køvɛtkɛzøː hoːnɒpbɒn]
no mês passado	a múlt hónapban	[ɒ muːlt hoːnɒpbɒn]

um mês atrás	egy hónappal ezelőtt	[ɛɟ hoːnɒppɒl ɛzɛløːtt]
em um mês	egy hónap múlva	[ɛɟ hoːnɒp muːlvɒ]
em dois meses	két hónap múlva	[keːt hoːnɒp muːlvɒ]
todo o mês	az egész hónap	[ɒz ɛgeːs hoːnɒp]
um mês inteiro	az egész hónap	[ɒz ɛgeːs hoːnɒp]

mensal (adj)	havi	[hɒvi]
mensalmente	havonta	[hɒvontɒ]
todo mês	minden hónap	[mindɛn hoːnɒp]
duas vezes por mês	kétszer havonta	[keːtsɛr hɒvontɒ]

ano (m)	év	[eːv]
este ano	ebben az évben	[ɛbbɛn ɒz eːvbɛn]
ano que vem	a következő évben	[ɒ køvɛtkɛzøː eːvbɛn]
no ano passado	a múlt évben	[ɒ muːlt eːvbɛn]
há um ano	egy évvel ezelőtt	[ɛɟ eːvvɛl ɛzɛløːtt]
em um ano	egy év múlva	[ɛɟ eːv muːlvɒ]
dentro de dois anos	két év múlva	[keːt eːv muːlvɒ]
todo o ano	az egész év	[ɒz ɛgeːs eːv]
um ano inteiro	az egész év	[ɒz ɛgeːs eːv]

cada ano	minden év	[mindɛn eːv]
anual (adj)	évi	[eːvi]
anualmente	évente	[eːvɛntɛ]
quatro vezes por ano	négyszer évente	[neːɟsɛr eːvɛntɛ]

data (~ de hoje)	nap	[nɒp]
data (ex. ~ de nascimento)	dátum	[daːtum]
calendário (m)	naptár	[nɒptaːr]

meio ano	fél év	[feːl eːv]
seis meses	félév	[feːleːv]
estação (f)	évszak	[eːvsɒk]
século (m)	század	[saːzɒd]

23. Tempo. Diversos

| tempo (m) | idő | [idøː] |
| momento (m) | pillanat | [pillɒnɒt] |

instante (m)	pillanat	[pillɒnɒt]
instantâneo (adj)	pillanatnyi	[pillɒnɒtni]
lapso (m) de tempo	szakasz	[sɒkɒs]
vida (f)	élet	[eːlɛt]
eternidade (f)	örökkévalóság	[ørøkkeːvɒloːʃaːg]

época (f)	korszak	[korsɒk]
era (f)	korszak	[korsɒk]
ciclo (m)	ciklus	[tsikluʃ]
período (m)	időköz	[idøːkøz]
prazo (m)	határidő	[hɒtaːridøː]

futuro (m)	jövő	[jøvøː]
futuro (adj)	jövő	[jøvøː]
da próxima vez	máskor	[maːʃkor]
passado (m)	múlt	[muːlt]
passado (adj)	elmúlt	[ɛlmuːlt]
na última vez	legutóbb	[lɛgutoːbb]
mais tarde	később	[keːʃøːbb]
depois de ...	után	[utaːn]
atualmente	mostanában	[moʃtɒnaːbɒn]
agora	most	[moʃt]
imediatamente	azonnal	[ɒzonnɒl]
em breve	hamarosan	[hɒmɒroʃɒn]
de antemão	előre	[ɛløːrɛ]

há muito tempo	régen	[reːgɛn]
recentemente	nemrég	[nɛmreːg]
destino (m)	sors	[ʃorʃ]
recordações (f pl)	emlék	[ɛmleːk]
arquivo (m)	irattár	[irɒttaːr]
durante ...	... közben	[køzbɛn]
durante muito tempo	sokáig	[ʃokaːig]
pouco tempo	röviden	[røvidɛn]
cedo (levantar-se ~)	korán	[koraːn]
tarde (deitar-se ~)	későn	[keːʃøːn]

para sempre	örökre	[ørøkrɛ]
começar (vt)	kezd	[kɛzd]
adiar (vt)	elhalaszt	[ɛlhɒlɒst]

ao mesmo tempo	egyszerre	[ɛcsɛrrɛ]
permanentemente	állandóan	[aːllɒndoːɒn]
constante (~ ruído, etc.)	állandó	[aːllɒndoː]
temporário (adj)	ideiglenes	[idɛiglɛnɛʃ]

às vezes	néha	[neːhɒ]
raras vezes, raramente	ritkán	[ritkaːn]
frequentemente	gyakran	[ɟɒkrɒn]

24. Linhas e formas

quadrado (m)	négyzet	[neːɟzɛt]
quadrado (adj)	négyszögletes	[neːɟsøglɛtɛʃ]

círculo (m)	kör	[kør]
redondo (adj)	kerek	[kɛrɛk]
triângulo (m)	háromszög	[haːromsøg]
triangular (adj)	háromszögű	[haːromsøgyː]

oval (f)	tojásidom	[tojaːʃidom]
oval (adj)	ovális	[ovaːliʃ]
retângulo (m)	téglalap	[teːglɒlɒp]
retangular (adj)	derékszögű	[dɛreːksøgyː]

pirâmide (f)	gúla	[guːlɒ]
losango (m)	rombusz	[rombus]
trapézio (m)	trapéz	[trɒpeːz]
cubo (m)	kocka	[kotskɒ]
prisma (m)	prizma	[prizmɒ]

circunferência (f)	körvonal	[kørvonɒl]
esfera (f)	gömb	[gømb]
globo (m)	gömb	[gømb]
diâmetro (m)	átmérő	[aːtmeːrøː]
raio (m)	sugár	[ʃugaːr]
perímetro (m)	kerület	[kɛrylɛt]
centro (m)	középpont	[køzeːppont]

horizontal (adj)	vízszintes	[viːzsintɛʃ]
vertical (adj)	függőleges	[fyggøːlɛgɛʃ]
paralela (f)	párhuzamos egyenes	[paːrhuzɒmoʃ ɛɟɛnɛʃ]
paralelo (adj)	párhuzamos	[paːrhuzɒmoʃ]

linha (f)	vonal	[vonɒl]
traço (m)	vonal	[vonɒl]
reta (f)	egyenes	[ɛɟɛnɛʃ]
curva (f)	görbe	[gørbɛ]
fino (linha ~a)	vékony	[veːkoɲ]
contorno (m)	körvonal	[kørvonɒl]

interseção (f)	metszés	[mɛtseːʃ]
ângulo (m) reto	derékszög	[dɛreːksøg]
segmento (m)	körszelet	[kørsɛlɛt]
setor (m)	szektor	[sɛktor]
lado (de um triângulo, etc.)	oldal	[oldɒl]
ângulo (m)	szög	[søg]

25. Unidades de medida

peso (m)	súly	[ʃuːj]
comprimento (m)	hosszúság	[hossuːʃaːg]
largura (f)	szélesség	[seːlɛʃeːg]
altura (f)	magasság	[mɒgɒʃaːg]
profundidade (f)	mélység	[meːjʃeːg]
volume (m)	térfogat	[teːrfogɒt]
área (f)	terület	[tɛrylɛt]
grama (m)	gramm	[grɒmm]
miligrama (m)	milligramm	[milligrɒmm]

quilograma (m)	kilógramm	[kilo:grɒmm]
tonelada (f)	tonna	[tonnɒ]
libra (453,6 gramas)	font	[font]
onça (f)	uncia	[untsiɒ]
metro (m)	méter	[me:tɛr]
milímetro (m)	milliméter	[millime:tɛr]
centímetro (m)	centiméter	[tsɛntime:tɛr]
quilômetro (m)	kilométer	[kilome:tɛr]
milha (f)	mérföld	[me:rføld]
polegada (f)	hüvelyk	[hyvɛjk]
pé (304,74 mm)	láb	[la:b]
jarda (914,383 mm)	yard	[jard]
metro (m) quadrado	négyzetméter	[ne:ɟzɛtme:tɛr]
hectare (m)	hektár	[hɛkta:r]
litro (m)	liter	[litɛr]
grau (m)	fok	[fok]
volt (m)	volt	[volt]
ampère (m)	amper	[ɒmpɛr]
cavalo (m) de potência	lóerő	[lo:ɛrø:]
quantidade (f)	mennyiség	[mɛnɲiʃe:g]
um pouco de ...	egy kicsit ...	[ɛɟ: kitʃit]
metade (f)	fél	[fe:l]
dúzia (f)	tucat	[tutsɒt]
peça (f)	darab	[dɒrɒb]
tamanho (m), dimensão (f)	méret	[me:rɛt]
escala (f)	lépték	[le:pte:k]
mínimo (adj)	minimális	[minima:liʃ]
menor, mais pequeno	legkisebb	[lɛgkiʃɛbb]
médio (adj)	közép	[køze:p]
máximo (adj)	maximális	[mɒksima:liʃ]
maior, mais grande	legnagyobb	[lɛgnɒɟøbb]

26. Recipientes

pote (m) de vidro	befőttes üveg	[bɛfø:tɛs yvɛg]
lata (~ de cerveja)	bádogdoboz	[ba:dogdoboz]
balde (m)	vödör	[vødør]
barril (m)	hordó	[hordo:]
bacia (~ de plástico)	tál	[ta:l]
tanque (m)	tartály	[tɒrta:j]
cantil (m) de bolso	kulacs	[kulɒtʃ]
galão (m) de gasolina	kanna	[kɒnnɒ]
cisterna (f)	ciszterna	[tsistɛrnɒ]
caneca (f)	bögre	[bøgrɛ]
xícara (f)	csésze	[tʃe:sɛ]

pires (m)	csészealj	[tʃeːsɛɒj]
copo (m)	pohár	[pohaːr]
taça (f) de vinho	borospohár	[boroʃpohaːr]
panela (f)	lábas	[laːbɒʃ]
garrafa (f)	üveg	[yvɛg]
gargalo (m)	nyak	[ɲɒk]
jarra (f)	butélia	[buteːliɒ]
jarro (m)	korsó	[korʃoː]
recipiente (m)	edény	[ɛdeːɲ]
pote (m)	köcsög	[køtʃøg]
vaso (m)	váza	[vaːzɒ]
frasco (~ de perfume)	kölnisüveg	[kølniʃyvɛg]
frasquinho (m)	üvegcse	[yvɛgtʃɛ]
tubo (m)	tubus	[tubuʃ]
saco (ex. ~ de açúcar)	zsák	[ʒaːk]
sacola (~ plastica)	zacskó	[zɒtʃkoː]
maço (de cigarros, etc.)	csomag	[tʃomɒg]
caixa (~ de sapatos, etc.)	doboz	[doboz]
caixote (~ de madeira)	láda	[laːdɒ]
cesto (m)	kosár	[koʃaːr]

27. Materiais

material (m)	anyag	[ɒɲɒg]
madeira (f)	fa	[fɒ]
de madeira	fa, fából való	[fɒ], [faːboːl vɒloː]
vidro (m)	üveg	[yvɛg]
de vidro	üveges	[yvɛgɛʃ]
pedra (f)	kő	[køː]
de pedra	köves	[køvɛʃ]
plástico (m)	műanyag	[myːɒɲɒg]
plástico (adj)	műanyagos	[myːɒɲɒgoʃ]
borracha (f)	gumi	[gumi]
de borracha	gumi	[gumi]
tecido, pano (m)	szövet	[søvɛt]
de tecido	szövetből készült	[søvɛtbøːl keːsyːlt]
papel (m)	papír	[pɒpiːr]
de papel	papír	[pɒpiːr]
papelão (m)	karton	[kɒrton]
de papelão	karton	[kɒrton]
polietileno (m)	polietilén	[poliɛtileːn]
celofane (m)	celofán	[tsɛlofaːn]

madeira (f) compensada	furnérlap	[furne:rlɒp]
porcelana (f)	porcelán	[pɒrtsɛla:n]
de porcelana	porcelán	[pɒrtsɛla:n]
argila (f), barro (m)	agyag	[ɒɟɒg]
de barro	agyag	[ɒɟɒg]
cerâmica (f)	kerámia	[kɛra:miɒ]
de cerâmica	kerámiai	[kɛra:miɒi]

28. Metais

metal (m)	fém	[fe:m]
metálico (adj)	fémes	[fe:mɛʃ]
liga (f)	ötvözet	[øtvøzɛt]
ouro (m)	arany	[ɒrɒɲ]
de ouro	arany	[ɒrɒɲ]
prata (f)	ezüst	[ɛzyʃt]
de prata	ezüst, ezüstös	[ɛzyʃt], [ɛzyʃtøʃ]
ferro (m)	vas	[vɒʃ]
de ferro	vas	[vɒʃ]
aço (m)	acél	[ɒtse:l]
de aço (adj)	acél	[ɒtse:l]
cobre (m)	réz	[re:z]
de cobre	réz	[re:z]
alumínio (m)	alumínium	[ɒlumi:nium]
de alumínio	alumínium	[ɒlumi:nium]
bronze (m)	bronz	[bronz]
de bronze	bronz	[bronz-]
latão (m)	sárgaréz	[ʃa:rgɒre:z]
níquel (m)	nikkel	[nikkɛl]
platina (f)	platina	[plɒtinɒ]
mercúrio (m)	higany	[higɒɲ]
estanho (m)	ón	[o:n]
chumbo (m)	ólom	[o:lom]
zinco (m)	horgany	[horgɒɲ]

O SER HUMANO

O ser humano. O corpo

29. Humanos. Conceitos básicos

ser (m) humano	ember	[ɛmbɛr]
homem (m)	férfi	[fe:rfi]
mulher (f)	nő	[nø:]
criança (f)	gyerek	[ɟɛrɛk]
menina (f)	lány	[la:ɲ]
menino (m)	fiú	[fiu:]
adolescente (m)	kamasz	[kɒmɒs]
velho (m)	öregember	[ørɛgɛmbɛr]
velha (f)	öregasszony	[ørɛgɒssoɲ]

30. Anatomia humana

organismo (m)	szervezet	[sɛrvɛzɛt]
coração (m)	szív	[si:v]
sangue (m)	vér	[ve:r]
artéria (f)	ütőér	[ytø:e:r]
veia (f)	véna	[ve:nɒ]
cérebro (m)	agy	[ɒɟ]
nervo (m)	ideg	[idɛg]
nervos (m pl)	idegek	[idɛgɛk]
vértebra (f)	csigolya	[tʃigojɒ]
coluna (f) vertebral	gerinc	[gɛrints]
estômago (m)	gyomor	[ɟømor]
intestinos (m pl)	bélcsatorna	[be:ltʃɒtornɒ]
intestino (m)	bél	[be:l]
fígado (m)	máj	[ma:j]
rim (m)	vese	[vɛʃɛ]
osso (m)	csont	[tʃont]
esqueleto (m)	csontváz	[tʃontva:z]
costela (f)	borda	[bordɒ]
crânio (m)	koponya	[kopoɲɒ]
músculo (m)	izom	[izom]
bíceps (m)	bicepsz	[bitsɛps]
tendão (m)	ín	[i:n]
articulação (f)	ízület	[i:zylɛt]

pulmões (m pl)	tüdő	[tydø:]
órgãos (m pl) genitais	nemi szervek	[nɛmi sɛrvɛk]
pele (f)	bőr	[bø:r]

31. Cabeça

cabeça (f)	fej	[fɛj]
rosto, cara (f)	arc	[ɒrts]
nariz (m)	orr	[orr]
boca (f)	száj	[sa:j]

olho (m)	szem	[sɛm]
olhos (m pl)	szem	[sɛm]
pupila (f)	pupilla	[pupillɒ]
sobrancelha (f)	szemöldök	[sɛmøldøk]
cílio (f)	szempilla	[sɛmpillɒ]
pálpebra (f)	szemhéj	[sɛmhe:j]

língua (f)	nyelv	[ɲɛlv]
dente (m)	fog	[fog]
lábios (m pl)	ajak	[ɒjɒk]
maçãs (f pl) do rosto	pofacsont	[pofɒtʃont]
gengiva (f)	íny	[i:ɲ]
palato (m)	szájpadlás	[sa:jpɒdla:ʃ]

narinas (f pl)	orrlyuk	[orrjuk]
queixo (m)	áll	[a:ll]
mandíbula (f)	állkapocs	[a:llkɒpotʃ]
bochecha (f)	orca	[ortsɒ]

testa (f)	homlok	[homlok]
têmpora (f)	halánték	[hɒla:nte:k]
orelha (f)	fül	[fyl]
costas (f pl) da cabeça	tarkó	[tɒrko:]
pescoço (m)	nyak	[ɲɒk]
garganta (f)	torok	[torok]

cabelo (m)	haj	[hɒj]
penteado (m)	frizura	[frizurɒ]
corte (m) de cabelo	hajvágás	[hɒjva:ga:ʃ]
peruca (f)	paróka	[pɒro:kɒ]

bigode (m)	bajusz	[bɒjus]
barba (f)	szakáll	[sɒka:ll]
ter (~ barba, etc.)	visel	[viʃɛl]
trança (f)	copf	[tsopf]
suíças (f pl)	pofaszakáll	[pofɒsɒka:ll]

ruivo (adj)	vörös hajú	[vørøʃ hɒju:]
grisalho (adj)	ősz hajú	[ø:s hɒju:]
careca (adj)	kopasz	[kopɒs]
calva (f)	kopaszság	[kopɒʃa:g]
rabo-de-cavalo (m)	lófarok	[lo:fɒrok]
franja (f)	sörény	[ʃøre:ɲ]

32. Corpo humano

mão (f)	kéz, kézfej	[ke:z], [ke:sfɛj]
braço (m)	kar	[kɒr]
dedo (m)	ujj	[ujj]
polegar (m)	hüvelykujj	[hyvɛjkujj]
dedo (m) mindinho	kisujj	[kiʃujj]
unha (f)	köröm	[kørøm]
punho (m)	ököl	[økøl]
palma (f)	tenyér	[tɛne:r]
pulso (m)	csukló	[ʧuklo:]
antebraço (m)	alkar	[ɒlkɒr]
cotovelo (m)	könyök	[køɲøk]
ombro (m)	váll	[va:ll]
perna (f)	láb	[la:b]
pé (m)	talp	[tɒlp]
joelho (m)	térd	[te:rd]
panturrilha (f)	lábikra	[la:bikrɒ]
quadril (m)	csípő	[ʧi:pø:]
calcanhar (m)	sarok	[ʃɒrok]
corpo (m)	test	[tɛʃt]
barriga (f), ventre (m)	has	[hɒʃ]
peito (m)	mell	[mɛll]
seio (m)	mell	[mɛll]
lado (m)	oldal	[oldɒl]
costas (dorso)	hát	[ha:t]
região (f) lombar	derék	[dɛre:k]
cintura (f)	derék	[dɛre:k]
umbigo (m)	köldök	[køldøk]
nádegas (f pl)	far	[fɒr]
traseiro (m)	fenék	[fɛne:k]
sinal (m), pinta (f)	anyajegy	[ɒɲɒjɛɟ]
tatuagem (f)	tetoválás	[tɛtova:la:ʃ]
cicatriz (f)	forradás	[forrɒda:ʃ]

Vestuário & Acessórios

33. Roupa exterior. Casacos

roupa (f)	ruha	[ruhɒ]
roupa (f) exterior	felsőruha	[fɛlʃø:ruhɒ]
roupa (f) de inverno	téli ruha	[te:li ruhɒ]
sobretudo (m)	kabát	[kɒba:t]
casaco (m) de pele	bunda	[bundɒ]
jaqueta (f) de pele	bekecs	[bɛkɛtʃ]
casaco (m) acolchoado	pehelykabát	[pɛhɛj kɒba:t]
casaco (m), jaqueta (f)	zeke	[zɛkɛ]
impermeável (m)	ballonkabát	[bɒllɔŋkɒba:t]
a prova d'água	vízhatlan	[vi:zhɒtlɒn]

34. Vestuário de homem & mulher

camisa (f)	ing	[iŋg]
calça (f)	nadrág	[nɒdra:g]
jeans (m)	farmernadrág	[fɒrmɛrnɒdra:g]
paletó, terno (m)	zakó	[zɒko:]
terno (m)	kosztüm	[kostym]
vestido (ex. ~ de noiva)	ruha	[ruhɒ]
saia (f)	szoknya	[sokɲɒ]
blusa (f)	blúz	[blu:z]
casaco (m) de malha	kardigán	[kɒrdiga:n]
casaco, blazer (m)	blézer	[ble:zɛr]
camiseta (f)	trikó	[triko:]
short (m)	rövidnadrág	[røvidnɒdra:g]
training (m)	sportruha	[ʃportruhɒ]
roupão (m) de banho	köntös	[køntøʃ]
pijama (m)	pizsama	[piʒɒmɒ]
suéter (m)	pulóver	[pulo:vɛr]
pulôver (m)	pulóver	[pulo:vɛr]
colete (m)	mellény	[mɛlle:ɲ]
fraque (m)	frakk	[frɒkk]
smoking (m)	szmoking	[smokiŋg]
uniforme (m)	egyenruha	[ɛɟɛnruhɒ]
roupa (f) de trabalho	munkaruha	[muŋkɒruhɒ]
macacão (m)	kezeslábas	[kɛzɛʃla:bɒʃ]
jaleco (m), bata (f)	köpeny	[køpɛɲ]

35. Vestuário. Roupa interior

roupa (f) íntima	fehérnemű	[fɛhe:rnɛmy:]
camiseta (f)	alsóing	[ɒlʃo:iŋg]
meias (f pl)	zokni	[zokni]
camisola (f)	hálóing	[ha:lo:iŋg]
sutiã (m)	melltartó	[mɛlltɒrto:]
meias longas (f pl)	térdzokni	[te:rdzokni]
meias-calças (f pl)	harisnya	[hɒriʃnɒ]
meias (~ de nylon)	harisnya	[hɒriʃnɒ]
maiô (m)	fürdőruha	[fyrdø:ruhɒ]

36. Adereços de cabeça

chapéu (m), touca (f)	sapka	[ʃɒpkɒ]
chapéu (m) de feltro	kalap	[kɒlɒp]
boné (m) de beisebol	baseball sapka	[bɛjsbɒll ʃɒpkɒ]
boina (~ italiana)	sport sapka	[ʃport ʃɒpkɒ]
boina (ex. ~ basca)	svájci sapka	[ʃva:jtsi ʃɒpkɒ]
capuz (m)	csuklya	[tʃukjɒ]
chapéu panamá (m)	panamakalap	[pɒnɒmɒ kɒlɒp]
touca (f)	kötött sapka	[køtøtt ʃɒpkɒ]
lenço (m)	kendő	[kɛndø:]
chapéu (m) feminino	női kalap	[nø:i kɒlɒp]
capacete (m) de proteção	sisak	[ʃiʃɒk]
bibico (m)	pilótasapka	[pilo:tɒ ʃɒpkɒ]
capacete (m)	sisak	[ʃiʃɒk]
chapéu-coco (m)	keménykalap	[kɛme:ɲkɒlɒp]

37. Calçado

calçado (m)	cipő	[tsipø:]
botinas (f pl), sapatos (m pl)	bakancs	[bɒkɒntʃ]
sapatos (de salto alto, etc.)	félcipő	[fe:ltsipø:]
botas (f pl)	csizma	[tʃizmɒ]
pantufas (f pl)	papucs	[pɒputʃ]
tênis (~ Nike, etc.)	edzőcipő	[ɛdzø:tsipø:]
tênis (~ Converse)	tornacipő	[tornɒtsipø:]
sandálias (f pl)	szandál	[sɒndɑ:l]
sapateiro (m)	cipész	[tsipe:s]
salto (m)	sarok	[ʃɒrok]
par (m)	pár	[pa:r]
cadarço (m)	cipőfűző	[tsipø:fy:zø:]
amarrar os cadarços	befűz	[bɛfy:z]

| calçadeira (f) | cipőkanál | [tsipø:kɔna:l] |
| graxa (f) para calçado | cipőkrém | [tsipø:kre:m] |

38. Têxtil. Tecidos

algodão (m)	pamut	[pɒmut]
de algodão	pamut	[pɒmut]
linho (m)	len	[lɛn]
de linho	len	[lɛn]

seda (f)	selyem	[ʃɛjɛm]
de seda	selyem	[ʃɛjɛm]
lã (f)	gyapjú	[ɟopju:]
de lã	gyapjú	[ɟopju:]

veludo (m)	bársony	[ba:rʃoɲ]
camurça (f)	szarvasbőr	[sɒrvɒʃbø:r]
veludo (m) cotelê	kordbársony	[kordba:rʃoɲ]

nylon (m)	nejlon	[nɛjlon]
de nylon	nejlon	[nɛjlon]
poliéster (m)	poliészter	[polie:stɛr]
de poliéster	poliészter	[polie:stɛr]

couro (m)	bőr	[bø:r]
de couro	bőr	[bø:r]
pele (f)	szőrme	[sø:rmɛ]
de pele	szőrme	[sø:rmɛ]

39. Acessórios pessoais

luva (f)	kesztyű	[kɛscy:]
mitenes (f pl)	egyujjas kesztyű	[ɛɟujjɒʃ kɛscy:]
cachecol (m)	sál	[ʃa:l]

óculos (m pl)	szemüveg	[sɛmyvɛg]
armação (f)	keret	[kɛrɛt]
guarda-chuva (m)	esernyő	[ɛʃɛrɲø:]
bengala (f)	sétabot	[ʃe:tɒbot]
escova (f) para o cabelo	hajkefe	[hɒjkɛfɛ]
leque (m)	legyező	[lɛɟɛzø:]

gravata (f)	nyakkendő	[ɲɒkkɛndø:]
gravata-borboleta (f)	csokornyakkendő	[tʃokorɲɒkkɛndø:]
suspensórios (m pl)	nadrágtartó	[nɒdra:gtɒrto:]
lenço (m)	zsebkendő	[ʒɛbkɛndø:]

pente (m)	fésű	[fe:ʃy:]
fivela (f) para cabelo	hajcsat	[hɒjtʃɒt]
grampo (m)	hajtű	[hɒjty:]
fivela (f)	csat	[tʃɒt]
cinto (m)	öv	[øv]

alça (f) de ombro	táskaszíj	[taːʃkɒsiːj]
bolsa (f)	táska	[taːʃkɒ]
bolsa (feminina)	kézitáska	[keːzitaːʃkɒ]
mochila (f)	hátizsák	[haːtiʒaːk]

40. Vestuário. Diversos

moda (f)	divat	[divɒt]
na moda (adj)	divatos	[divɒtoʃ]
estilista (m)	divattervező	[divɒt tɛrvɛzøː]
colarinho (m)	gallér	[gɒlleːr]
bolso (m)	zseb	[ʒɛb]
de bolso	zseb	[ʒɛb]
manga (f)	ruhaujj	[ruhɒujj]
ganchinho (m)	akasztó	[ɒkɒstoː]
bragueta (f)	slicc	[ʃlits]
zíper (m)	cipzár	[tsipzaːr]
colchete (m)	kapocs	[kɒpotʃ]
botão (m)	gomb	[gomb]
botoeira (casa de botão)	gomblyuk	[gombjuk]
soltar-se (vr)	elszakad	[ɛlsɒkɒd]
costurar (vi)	varr	[vɒrr]
bordar (vt)	hímez	[hiːmɛz]
bordado (m)	hímzés	[hiːmzeːʃ]
agulha (f)	tű	[tyː]
fio, linha (f)	cérna	[tseːrnɒ]
costura (f)	varrás	[vɒrraːʃ]
sujar-se (vr)	bepiszkolódik	[bɛpiskoloːdik]
mancha (f)	folt	[folt]
amarrotar-se (vr)	gyűrődik	[ɟyːrøːdik]
rasgar (vt)	megszakad	[mɛgsɒkɒd]
traça (f)	molylepke	[mojlɛpkɛ]

41. Cuidados pessoais. Cosméticos

pasta (f) de dente	fogkrém	[fogkreːm]
escova (f) de dente	fogkefe	[fokkɛfɛ]
escovar os dentes	fogat mos	[fogɒt moʃ]
gilete (f)	borotva	[borotvɒ]
creme (m) de barbear	borotvakrém	[borotvɒkreːm]
barbear-se (vr)	borotválkozik	[borotvaːlkozik]
sabonete (m)	szappan	[sɒppɒn]
xampu (m)	sampon	[ʃɒmpon]
tesoura (f)	olló	[olloː]
lixa (f) de unhas	körömreszelő	[kørømrɛsɛløː]

corta-unhas (m)	körömvágó	[kørømva:go:]
pinça (f)	csipesz	[tʃipɛs]

cosméticos (m pl)	kozmetika	[kozmɛtikɒ]
máscara (f)	maszk	[mɒsk]
manicure (f)	manikűr	[mɒniky:r]
fazer as unhas	manikűrözik	[mɒniky:røzik]
pedicure (f)	pedikűr	[pɛdiky:r]

bolsa (f) de maquiagem	piperetáska	[pipɛrɛta:ʃkɒ]
pó (de arroz)	púder	[pu:dɛr]
pó (m) compacto	púderdoboz	[pu:dɛrdoboz]
blush (m)	arcpirosító	[ɒrtspiroʃi:to:]

perfume (m)	illatszer	[illɒtsɛr]
água-de-colônia (f)	parfüm	[pɒrfym]
loção (f)	arcápoló	[ɒrtsa:polo:]
colônia (f)	kölnivíz	[kølnivi:z]

sombra (f) de olhos	szemhéjfesték	[sɛmhe:jfɛʃte:k]
delineador (m)	szemceruza	[sɛmtsɛruzɒ]
máscara (f), rímel (m)	szempillafesték	[sɛmpillɒfɛʃte:k]

batom (m)	rúzs	[ru:ʒ]
esmalte (m)	körömlakk	[kørømlɒkk]
laquê (m), spray fixador (m)	hajrögzítő	[hɒjrøgzi:tø:]
desodorante (m)	dezodor	[dɛzodor]

creme (m)	krém	[kre:m]
creme (m) de rosto	arckrém	[ɒrtskre:m]
creme (m) de mãos	kézkrém	[ke:skre:m]
creme (m) antirrugas	ránc elleni krém	[ra:nts ɛllɛni kre:m]
de dia	nappali	[nɒppɒli]
da noite	éjjeli	[e:jjɛli]

absorvente (m) interno	tampon	[tɒmpon]
papel (m) higiênico	vécépapír	[ve:tse:pɒpi:r]
secador (m) de cabelo	hajszárító	[hɒjsa:ri:to:]

42. Joalheria

joias (f pl)	ékszerek	[e:ksɛrɛk]
precioso (adj)	drágakő	[dra:gakø:]
marca (f) de contraste	fémjelzés	[fe:mjɛlze:ʃ]

anel (m)	gyűrű	[ɟy:ry:]
aliança (f)	jegygyűrű	[jɛɟy:ry:]
pulseira (f)	karkötő	[kɒrkøtø:]

brincos (m pl)	fülbevaló	[fylbɛvɒlo:]
colar (m)	nyaklánc	[ɲɒkla:nts]
coroa (f)	korona	[koronɒ]
colar (m) de contas	gyöngydíszítés	[ɟøɲɟdi:si:te:ʃ]
diamante (m)	briliáns	[brilia:nʃ]

esmeralda (f)	smaragd	[ʃmɒrɒgd]
rubi (m)	rubin	[rubin]
safira (f)	zafír	[zɒfir]
pérola (f)	gyöngy	[ɟøɲɟ]
âmbar (m)	borostyán	[borɒʃcaːn]

43. Relógios de pulso. Relógios

relógio (m) de pulso	karóra	[kɒroːrɒ]
mostrador (m)	számlap	[saːmlɒp]
ponteiro (m)	mutató	[mutɒtoː]
bracelete (em aço)	karkötő	[kɒrkøtøː]
bracelete (em couro)	óraszíj	[oːrɒsiːj]

pilha (f)	elem	[ɛlɛm]
acabar (vi)	lemerül	[lɛmɛryl]
trocar a pilha	kicseréli az elemet	[kitʃɛreːli ɒz ɛlɛmɛt]
estar adiantado	siet	[ʃiɛt]
estar atrasado	késik	[keːʃik]

relógio (m) de parede	fali óra	[fɒli oːrɒ]
ampulheta (f)	homokóra	[homokoːrɒ]
relógio (m) de sol	napóra	[nɒpoːrɒ]
despertador (m)	ébresztőóra	[eːbrɛstøːoːrɒ]
relojoeiro (m)	órás	[oːraːʃ]
reparar (vt)	javít	[jɒviːt]

Alimentação. Nutrição

44. Comida

carne (f)	hús	[hu:ʃ]
galinha (f)	csirke	[ʧirkɛ]
frango (m)	csirke	[ʧirkɛ]
pato (m)	kacsa	[kɒtʃɒ]
ganso (m)	liba	[libɒ]
caça (f)	vadhús	[vɒdhu:ʃ]
peru (m)	pulyka	[pujkɒ]
carne (f) de porco	sertés	[ʃɛrte:ʃ]
carne (f) de vitela	borjúhús	[borju:hu:ʃ]
carne (f) de carneiro	birkahús	[birkɒhu:ʃ]
carne (f) de vaca	marhahús	[mɒrhɒhu:ʃ]
carne (f) de coelho	nyúl	[ɲu:l]
linguiça (f), salsichão (m)	kolbász	[kolba:s]
salsicha (f)	virsli	[virʃli]
bacon (m)	húsos szalonna	[hu:ʃoʃ sɒlonnɒ]
presunto (m)	sonka	[ʃoŋkɒ]
pernil (m) de porco	sonka	[ʃoŋkɒ]
patê (m)	pástétom	[pa:ʃte:tom]
fígado (m)	máj	[ma:j]
guisado (m)	darált hús	[dɒra:lt hu:ʃ]
língua (f)	nyelv	[ɲɛlv]
ovo (m)	tojás	[toja:ʃ]
ovos (m pl)	tojások	[toja:ʃok]
clara (f) de ovo	tojásfehérje	[toja:ʃfɛhe:rjɛ]
gema (f) de ovo	tojássárgája	[toja:ʃa:rga:jɒ]
peixe (m)	hal	[hɒl]
mariscos (m pl)	tenger gyümölcsei	[tɛŋgɛr ɟymøltʃɛi]
caviar (m)	halikra	[hɒlikrɒ]
caranguejo (m)	tarisznyarák	[tɒrisɲɒra:k]
camarão (m)	garnélarák	[gɒrne:lɒra:k]
ostra (f)	osztriga	[ostrigɒ]
lagosta (f)	languszta	[lɒŋgustɒ]
polvo (m)	nyolckarú polip	[ɲoltskɒru: polip]
lula (f)	kalmár	[kɒlma:r]
esturjão (m)	tokhal	[tokhɒl]
salmão (m)	lazac	[lɒzɒts]
halibute (m)	óriás laposhal	[o:ria:ʃ lɒpoʃhɒl]
bacalhau (m)	tőkehal	[tø:kɛhɒl]
cavala, sarda (f)	makréla	[mɒkre:lɒ]

atum (m)	tonhal	[tonhɒl]
enguia (f)	angolna	[ɒŋgolnɒ]
truta (f)	pisztráng	[pistraːŋg]
sardinha (f)	szardínia	[sɒrdiːniɒ]
lúcio (m)	csuka	[t͡ʃukɒ]
arenque (m)	hering	[hɛriŋg]
pão (m)	kenyér	[kɛneːr]
queijo (m)	sajt	[ʃɒjt]
açúcar (m)	cukor	[tsukor]
sal (m)	só	[ʃoː]
arroz (m)	rizs	[riʒ]
massas (f pl)	makaróni	[mɒkɒroːni]
talharim, miojo (m)	metélttészta	[mɛteːltteːstɒ]
manteiga (f)	vaj	[vɒj]
óleo (m) vegetal	olaj	[olɒj]
óleo (m) de girassol	napraforgóolaj	[nɒprɒforgoːolɒj]
margarina (f)	margarin	[mɒrgɒrin]
azeitonas (f pl)	olajbogyó	[olɒjboɟøː]
azeite (m)	olívaolaj	[oliːvɒ olɒj]
leite (m)	tej	[tɛj]
leite (m) condensado	sűrített tej	[ʃyːriːtɛtt tɛj]
iogurte (m)	joghurt	[jogurt]
creme (m) azedo	tejföl	[tɛjføl]
creme (m) de leite	tejszín	[tɛjsiːn]
maionese (f)	majonéz	[mɒjoneːz]
creme (m)	krém	[kreːm]
grãos (m pl) de cereais	dara	[dɒrɒ]
farinha (f)	liszt	[list]
enlatados (m pl)	konzerv	[konzɛrv]
flocos (m pl) de milho	kukoricapehely	[kukoritsɒpɛhɛj]
mel (m)	méz	[meːz]
geleia (m)	dzsem	[d͡ʒɛm]
chiclete (m)	rágógumi	[raːgoːgumi]

45. Bebidas

água (f)	víz	[viːz]
água (f) potável	ivóvíz	[ivoːviːz]
água (f) mineral	ásványvíz	[aːʃvaːɲviːz]
sem gás (adj)	szóda nélkül	[soːdɒ neːlkyl]
gaseificada (adj)	szóda	[soːdɒ]
com gás	szóda	[soːdɒ]
gelo (m)	jég	[jeːg]
com gelo	jeges	[jɛgɛʃ]

não alcoólico (adj)	alkoholmentes	[ɒlkoholmɛntɛʃ]
refrigerante (m)	alkoholmentes ital	[ɒlkoholmɛntɛʃ itɒl]
refresco (m)	üdítő	[y:di:tø:]
limonada (f)	limonádé	[limona:de:]
bebidas (f pl) alcoólicas	szeszesitalok	[sɛsɛʃ itɒlok]
vinho (m)	bor	[bor]
vinho (m) branco	fehérbor	[fɛhe:rbor]
vinho (m) tinto	vörösbor	[vørøʃbor]
licor (m)	likőr	[likø:r]
champanhe (m)	pezsgő	[pɛʒgø:]
vermute (m)	vermut	[vɛrmut]
uísque (m)	whisky	[viski]
vodca (f)	vodka	[vodkɒ]
gim (m)	gin	[dʒin]
conhaque (m)	konyak	[koɲɒk]
rum (m)	rum	[rum]
café (m)	kávé	[ka:ve:]
café (m) preto	feketekávé	[fɛkɛtɛ ka:ve:]
café (m) com leite	tejeskávé	[tɛjɛʃka:ve:]
cappuccino (m)	tejszínes kávé	[tɛjsi:nɛʃ ka:ve:]
café (m) solúvel	neszkávé	[nɛska:ve:]
leite (m)	tej	[tɛj]
coquetel (m)	koktél	[kokte:l]
batida (f), milkshake (m)	tejkoktél	[tɛjkokte:l]
suco (m)	lé	[le:]
suco (m) de tomate	paradicsomlé	[pɒrɒditʃomle:]
suco (m) de laranja	narancslé	[nɒrɒntʃle:]
suco (m) fresco	frissen kifacsart lé	[friʃɛn kifɒtʃɒrt le:]
cerveja (f)	sör	[ʃør]
cerveja (f) clara	világos sör	[vila:goʃ ʃør]
cerveja (f) preta	barna sör	[bɒrnɒ ʃør]
chá (m)	tea	[tɛɒ]
chá (m) preto	feketetea	[fɛkɛtɛ tɛɒ]
chá (m) verde	zöldtea	[zølt tɛɒ]

46. Vegetais

vegetais (m pl)	zöldségek	[zøldʃe:gɛk]
verdura (f)	zöldség	[zøldʃe:g]
tomate (m)	paradicsom	[pɒrɒditʃom]
pepino (m)	uborka	[uborkɒ]
cenoura (f)	sárgarépa	[ʃa:rgɒre:pɒ]
batata (f)	krumpli	[krumpli]
cebola (f)	hagyma	[hɒɟmɒ]
alho (m)	fokhagyma	[fokhɒɟmɒ]

couve (f)	káposzta	[kaːpostɒ]
couve-flor (f)	karfiol	[kɒrfiol]
couve-de-bruxelas (f)	kelbimbó	[kɛlbimboː]
brócolis (m pl)	brokkoli	[brokkoli]
beterraba (f)	cékla	[tseːklɒ]
berinjela (f)	padlizsán	[pɒdliʒaːn]
abobrinha (f)	cukkini	[tsukkini]
abóbora (f)	tök	[tøk]
nabo (m)	répa	[reːpɒ]
salsa (f)	petrezselyem	[pɛtrɛʒɛjɛm]
endro, aneto (m)	kapor	[kɒpor]
alface (f)	saláta	[ʃɒlaːtɒ]
aipo (m)	zeller	[zɛllɛr]
aspargo (m)	spárga	[ʃpaːrgɒ]
espinafre (m)	spenót	[ʃpɛnoːt]
ervilha (f)	borsó	[borʃoː]
feijão (~ soja, etc.)	bab	[bɒb]
milho (m)	kukorica	[kukoritsɒ]
feijão (m) roxo	bab	[bɒb]
pimentão (m)	paprika	[pɒprikɒ]
rabanete (m)	hónapos retek	[hoːnɒpoʃ rɛtɛk]
alcachofra (f)	articsóka	[ɒrtitʃoːkɒ]

47. Frutos. Nozes

fruta (f)	gyümölcs	[ɟymølʧ]
maçã (f)	alma	[ɒlmɒ]
pera (f)	körte	[kørtɛ]
limão (m)	citrom	[tsitrom]
laranja (f)	narancs	[nɒrɒnʧ]
morango (m)	eper	[ɛpɛr]
tangerina (f)	mandarin	[mɒndɒrin]
ameixa (f)	szilva	[silvɒ]
pêssego (m)	őszibarack	[øːsibɒrɒtsk]
damasco (m)	sárgabarack	[ʃaːrgɒbɒrɒtsk]
framboesa (f)	málna	[maːlnɒ]
abacaxi (m)	ananász	[ɒnɒnaːs]
banana (f)	banán	[bɒnaːn]
melancia (f)	görögdinnye	[gørøgdiɲɲɛ]
uva (f)	szőlő	[søːløː]
ginja (f)	meggy	[mɛɟɟ]
cereja (f)	cseresznye	[ʧɛrɛsɲɛ]
melão (m)	dinnye	[diɲɲɛ]
toranja (f)	citrancs	[tsitrɒnʧ]
abacate (m)	avokádó	[ɒvokaːdoː]
mamão (m)	papaya	[pɒpɒjɒ]
manga (f)	mangó	[mɒŋgoː]

romã (f)	gránátalma	[graːnaːtɒlmɒ]
groselha (f) vermelha	pirosribizli	[piroʃribizli]
groselha (f) negra	feketeribizli	[fɛkɛtɛ ribizli]
groselha (f) espinhosa	egres	[ɛgrɛʃ]
mirtilo (m)	fekete áfonya	[fɛkɛtɛ aːfoɲɒ]
amora (f) silvestre	szeder	[sɛdɛr]

passa (f)	mazsola	[mɒʒolɒ]
figo (m)	füge	[fygɛ]
tâmara (f)	datolya	[dɒtojɒ]

amendoim (m)	földimogyoró	[føldimoɟøroː]
amêndoa (f)	mandula	[mɒndulɒ]
noz (f)	dió	[dioː]
avelã (f)	mogyoró	[moɟøroː]
coco (m)	kókuszdió	[koːkusdioː]
pistaches (m pl)	pisztácia	[pistaːtsiɒ]

48. Pão. Bolaria

pastelaria (f)	édesipari áruk	[eːdɛʃipɒri aːruk]
pão (m)	kenyér	[kɛneːr]
biscoito (m), bolacha (f)	sütemény	[ʃytɛmeːɲ]

chocolate (m)	csokoládé	[tʃokolaːdeː]
de chocolate	csokoládé	[tʃokolaːdeː]
bala (f)	cukorka	[tsukorkɒ]
doce (bolo pequeno)	torta	[tortɒ]
bolo (m) de aniversário	torta	[tortɒ]

| torta (f) | töltött lepény | [tøltøtt lɛpeːɲ] |
| recheio (m) | töltelék | [tøltɛleːk] |

geleia (m)	lekvár	[lɛkvaːr]
marmelada (f)	gyümölcsszelé	[ɟymølʧ ʒɛleː]
wafers (m pl)	ostya	[oʃcɒ]
sorvete (m)	fagylalt	[fɒɟlɒlt]

49. Pratos cozinhados

prato (m)	étel	[eːtɛl]
cozinha (~ portuguesa)	konyha	[koɲhɒ]
receita (f)	recept	[rɛtsɛpt]
porção (f)	adag	[ɒdɒg]

| salada (f) | saláta | [ʃolaːtɒ] |
| sopa (f) | leves | [lɛvɛʃ] |

caldo (m)	erőleves	[ɛrøːlɛvɛʃ]
sanduíche (m)	szendvics	[sɛndviʧ]
ovos (m pl) fritos	tojásrántotta	[tojaːʃraːntottɒ]
hambúrguer (m)	hamburger	[hɒmburgɛr]

bife (m)	bifsztek	[bifstɛk]
acompanhamento (m)	köret	[kørɛt]
espaguete (m)	spagetti	[ʃpɒgɛtti]
purê (m) de batata	burgonyapüré	[burgoɲɒpyre:]
pizza (f)	pizza	[pitsɒ]
mingau (m)	kása	[ka:ʃɒ]
omelete (f)	tojáslepény	[toja:ʃlɛpe:ɲ]
fervido (adj)	főtt	[fø:tt]
defumado (adj)	füstölt	[fyʃtølt]
frito (adj)	sült	[ʃylt]
seco (adj)	aszalt	[ɒsɒlt]
congelado (adj)	fagyasztott	[fɒɟostott]
em conserva (adj)	ecetben eltett	[ɛtsɛtbɛn ɛltɛtt]
doce (adj)	édes	[e:dɛʃ]
salgado (adj)	sós	[ʃo:ʃ]
frio (adj)	hideg	[hidɛg]
quente (adj)	meleg	[mɛlɛg]
amargo (adj)	keserű	[kɛʃɛry:]
gostoso (adj)	finom	[finom]
cozinhar em água fervente	főz	[fø:z]
preparar (vt)	készít	[ke:si:t]
fritar (vt)	süt	[ʃyt]
aquecer (vt)	melegít	[mɛlɛgi:t]
salgar (vt)	sóz	[ʃo:z]
apimentar (vt)	borsoz	[borʃoz]
ralar (vt)	reszel	[rɛsɛl]
casca (f)	héj	[he:j]
descascar (vt)	hámoz	[ha:moz]

50. Especiarias

sal (m)	só	[ʃo:]
salgado (adj)	sós	[ʃo:ʃ]
salgar (vt)	sóz	[ʃo:z]
pimenta-do-reino (f)	feketebors	[fɛkɛtɛ borʃ]
pimenta (f) vermelha	pirospaprika	[piroʃpɒprikɒ]
mostarda (f)	mustár	[muʃta:r]
raiz-forte (f)	torma	[tormɒ]
condimento (m)	fűszer	[fy:sɛr]
especiaria (f)	fűszer	[fy:sɛr]
molho (~ inglês)	szósz	[so:s]
vinagre (m)	ecet	[ɛtsɛt]
anis estrelado (m)	ánizs	[a:nis]
manjericão (m)	bazsalikom	[bɒʒɒlikom]
cravo (m)	szegfű	[sɛgfy:]
gengibre (m)	gyömbér	[ɟømbe:r]
coentro (m)	koriander	[koriɒndɛr]

canela (f)	fahéj	[fɒhe:j]
gergelim (m)	szezámmag	[sɛza:mmɒg]
folha (f) de louro	babérlevél	[bɒbe:rlɛve:l]
páprica (f)	paprika	[pɒprikɒ]
cominho (m)	kömény	[køme:ɲ]
açafrão (m)	sáfrány	[ʃa:fra:ɲ]

51. Refeições

comida (f)	étel	[e:tɛl]
comer (vt)	eszik	[ɛsik]
café (m) da manhã	reggeli	[rɛggɛli]
tomar café da manhã	reggelizik	[rɛggɛlizik]
almoço (m)	ebéd	[ɛbe:d]
almoçar (vi)	ebédel	[ɛbe:dɛl]
jantar (m)	vacsora	[vɒtʃorɒ]
jantar (vi)	vacsorázik	[vɒtʃora:zik]
apetite (m)	étvágy	[e:tva:ɟ]
Bom apetite!	Jó étvágyat!	[jo: e:tva:ɟot]
abrir (~ uma lata, etc.)	nyit	[ɲit]
derramar (~ líquido)	kiönt	[kiønt]
derramar-se (vr)	kiömlik	[kiømlik]
ferver (vi)	forr	[forr]
ferver (vt)	forral	[forrɒl]
fervido (adj)	forralt	[forrɒlt]
esfriar (vt)	lehűt	[lɛhy:t]
esfriar-se (vr)	lehűl	[lɛhy:l]
sabor, gosto (m)	íz	[i:z]
fim (m) de boca	utóíz	[uto:i:z]
emagrecer (vi)	lefogy	[lɛfoɟ]
dieta (f)	diéta	[die:tɒ]
vitamina (f)	vitamin	[vitɒmin]
caloria (f)	kalória	[kɒlo:riɒ]
vegetariano (m)	vegetáriánus	[vɛgɛta:ria:nuʃ]
vegetariano (adj)	vegetáriánus	[vɛgɛta:ria:nuʃ]
gorduras (f pl)	zsír	[ʒi:r]
proteínas (f pl)	fehérje	[fɛhe:rjɛ]
carboidratos (m pl)	szénhidrát	[se:nhidra:t]
fatia (~ de limão, etc.)	szelet	[sɛlɛt]
pedaço (~ de bolo)	szelet	[sɛlɛt]
migalha (f), farelo (m)	morzsa	[morʒɒ]

52. Por a mesa

colher (f)	kanál	[kɒna:l]
faca (f)	kés	[ke:ʃ]

garfo (m)	villa	[vilɒ]
xícara (f)	csésze	[tʃeːsɛ]
prato (m)	tányér	[taːneːr]
pires (m)	csészealj	[tʃeːsɛɒj]
guardanapo (m)	szalvéta	[sɒlveːtɒ]
palito (m)	fogpiszkáló	[fokpiskaːloː]

53. Restaurante

restaurante (m)	étterem	[eːttɛrɛm]
cafeteria (f)	kávézó	[kaːveːzoː]
bar (m), cervejaria (f)	bár	[baːr]
salão (m) de chá	tea szalon	[tɛɒ sɒlon]
garçom (m)	pincér	[pintseːr]
garçonete (f)	pincérnő	[pintseːrnøː]
barman (m)	bármixer	[baːrmiksɛr]
cardápio (m)	étlap	[eːtlɒp]
lista (f) de vinhos	borlap	[borlɒp]
reservar uma mesa	asztalt foglal	[ɒstɒlt foglɒl]
prato (m)	étel	[eːtɛl]
pedir (vt)	rendel	[rɛndɛl]
fazer o pedido	rendel	[rɛndɛl]
aperitivo (m)	aperitif	[ɒpɛritif]
entrada (f)	előétel	[ɛløːeːtɛl]
sobremesa (f)	desszert	[dɛssɛrt]
conta (f)	számla	[saːmlɒ]
pagar a conta	számlát fizet	[saːmlaːt fizɛt]
dar o troco	visszajáró pénzt ad	[vissɒjaːroː peːnzt ɒd]
gorjeta (f)	borravaló	[borrɒvɒloː]

Família, parentes e amigos

54. Informação pessoal. Formulários

nome (m)	név	[ne:v]
sobrenome (m)	vezetéknév	[vɛzɛte:k ne:v]
data (f) de nascimento	születési dátum	[sylɛte:ʃi da:tum]
local (m) de nascimento	születési hely	[sylɛte:ʃi hɛj]
nacionalidade (f)	nemzetiség	[nɛmzɛtiʃe:g]
lugar (m) de residência	lakcím	[lɒktsi:m]
país (m)	ország	[orsa:g]
profissão (f)	foglalkozás	[foglɒlkoza:ʃ]
sexo (m)	nem	[nɛm]
estatura (f)	magasság	[mɒgɒʃa:g]
peso (m)	súly	[ʃu:j]

55. Membros da família. Parentes

mãe (f)	anya	[ɒɲɒ]
pai (m)	apa	[ɒpɒ]
filho (m)	fiú	[fiu:]
filha (f)	lány	[la:ɲ]
caçula (f)	fiatalabb lány	[fiɒtɒlɒbb la:ɲ]
caçula (m)	fiatalabb fiú	[fiɒtɒlɒbb fiu:]
filha (f) mais velha	idősebb lány	[idø:ʃɛbb la:ɲ]
filho (m) mais velho	idősebb fiú	[idø:ʃɛbb fiu:]
irmão (m) mais velho	báty	[ba:c]
irmão (m) mais novo	öcs	[øtʃ]
irmã (f) mais velha	nővér	[nø:ve:r]
irmã (f) mais nova	húg	[hu:g]
primo (m)	unokabáty	[unokɒ ba:c]
prima (f)	unokanővér	[unokɒ nø:ve:r]
mamãe (f)	anya	[ɒɲɒ]
papai (m)	apa	[ɒpɒ]
pais (pl)	szülők	[sylø:k]
criança (f)	gyerek	[ɟɛrɛk]
crianças (f pl)	gyerekek	[ɟɛrɛkɛk]
avó (f)	nagyanya	[nɒɟɒɲɒ]
avô (m)	nagyapa	[nɒɟɒpɒ]
neto (m)	unoka	[unokɒ]
neta (f)	unoka	[unokɒ]
netos (pl)	unokák	[unoka:k]

tio (m)	bácsi	[bɒ:tʃi]
tia (f)	néni	[ne:ni]
sobrinho (m)	unokaöcs	[unokɒøtʃ]
sobrinha (f)	unokahúg	[unokɒhu:g]

sogra (f)	anyós	[ɒɲø:ʃ]
sogro (m)	após	[ɒpo:ʃ]
genro (m)	vő	[vø:]
madrasta (f)	mostohaanya	[moʃtohɒɒɲɒ]
padrasto (m)	mostohaapa	[moʃtohɒɒpɒ]

criança (f) de colo	csecsemő	[tʃɛtʃɛmø:]
bebê (m)	csecsemő	[tʃɛtʃɛmø:]
menino (m)	kisgyermek	[kiɟʝɛrmɛk]

mulher (f)	feleség	[fɛlɛʃe:g]
marido (m)	férj	[fe:rj]
esposo (m)	házastárs	[ha:zɒʃta:rʃ]
esposa (f)	hitves	[hitvɛʃ]

casado (adj)	nős	[nø:ʃ]
casada (adj)	férjnél	[fe:rjne:l]
solteiro (adj)	nőtlen	[nø:tlɛn]
solteirão (m)	nőtlen ember	[nø:tlɛn ɛmbɛr]
divorciado (adj)	elvált	[ɛlva:lt]
viúva (f)	özvegy	[øzvɛɟ]
viúvo (m)	özvegy	[øzvɛɟ]

parente (m)	rokon	[rokon]
parente (m) próximo	közeli rokon	[køzɛli rokon]
parente (m) distante	távoli rokon	[ta:voli rokon]
parentes (m pl)	rokonok	[rokonok]

órfão (m), órfã (f)	árva	[a:rvɒ]
tutor (m)	gyám	[ɟa:m]
adotar (um filho)	örökbe fogad	[ørøkbɛ fogɒd]
adotar (uma filha)	örökbe fogad	[ørøkbɛ fogɒd]

56. Amigos. Colegas de trabalho

amigo (m)	barát	[bɒra:t]
amiga (f)	barátnő	[bɒra:tnø:]
amizade (f)	barátság	[bɒra:tʃa:g]
ser amigos	barátkozik	[bɒra:tkozik]

amigo (m)	barát	[bɒra:t]
amiga (f)	barátnő	[bɒra:tnø:]
parceiro (m)	partner	[pɒrtnɛr]

chefe (m)	főnök	[fø:nøk]
superior (m)	főnök	[fø:nøk]
subordinado (m)	alárendelt	[ɒla:rɛndɛlt]
colega (m, f)	kolléga	[kolle:gɒ]
conhecido (m)	ismerős	[iʃmɛrø:ʃ]

companheiro (m) de viagem	útitárs	[u:tita:rʃ]
colega (m) de classe	osztálytárs	[osta:jta:rʃ]
vizinho (m)	szomszéd	[somse:d]
vizinha (f)	szomszéd	[somse:d]
vizinhos (pl)	szomszédok	[somse:dok]

57. Homem. Mulher

mulher (f)	nő	[nø:]
menina (f)	lány	[la:ɲ]
noiva (f)	mennyasszony	[mɛɲɒssoɲ]
bonita, bela (adj)	szép	[se:p]
alta (adj)	magas	[mɒgɒʃ]
esbelta (adj)	karcsú	[kɒrtʃu:]
baixa (adj)	alacsony	[ɒlɒtʃoɲ]
loira (f)	szőke nő	[sø:kɛ nø:]
morena (f)	barna nő	[bɒrnɒ nø:]
de senhora	női	[nø:i]
virgem (f)	szűz	[sy:z]
grávida (adj)	terhes	[tɛrhɛʃ]
homem (m)	férfi	[fe:rfi]
loiro (m)	szőke férfi	[sø:kɛ fe:rfi]
moreno (m)	barna férfi	[bɒrnɒ fe:rfi]
alto (adj)	magas	[mɒgɒʃ]
baixo (adj)	alacsony	[ɒlɒtʃoɲ]
rude (adj)	goromba	[gorombɒ]
atarracado (adj)	zömök	[zømøk]
robusto (adj)	erős	[ɛrø:ʃ]
forte (adj)	erős	[ɛrø:ʃ]
força (f)	erő	[ɛrø:]
gordo (adj)	kövér	[køve:r]
moreno (adj)	barna	[bɒrnɒ]
esbelto (adj)	jó alakú	[jo: ɒlɒku:]
elegante (adj)	elegáns	[ɛlɛga:nʃ]

58. Idade

idade (f)	kor	[kor]
juventude (f)	ifjúság	[ifju:ʃa:g]
jovem (adj)	fiatal	[fiɒtɒl]
mais novo (adj)	fiatalabb	[fiɒtɒlɒbb]
mais velho (adj)	idősebb	[idø:ʃɛbb]
jovem (m)	fiatalember	[fiɒtɒl ɛmbɛr]
adolescente (m)	kamasz	[kɒmɒs]

rapaz (m)	fickó	[fitsko:]
velho (m)	öregember	[ørɛgɛmbɛr]
velha (f)	öregasszony	[ørɛgɒssoɲ]
adulto	felnőtt	[fɛlnø:tt]
de meia-idade	középkorú	[køze:pkoru:]
idoso, de idade (adj)	idős	[idø:ʃ]
velho (adj)	öreg	[ørɛg]
aposentadoria (f)	nyugdíj	[ɲugdi:j]
aposentar-se (vr)	nyugdíjba megy	[ɲugdi:jbɒ mɛɟ]
aposentado (m)	nyugdíjas	[ɲugdi:jɒʃ]

59. Crianças

criança (f)	gyerek	[ɟɛrɛk]
crianças (f pl)	gyerekek	[ɟɛrɛkɛk]
gêmeos (m pl), gêmeas (f pl)	ikrek	[ikrɛk]
berço (m)	bölcső	[bølʧø:]
chocalho (m)	csörgő	[ʧørgø:]
fralda (f)	pelenka	[pɛlɛŋkɒ]
chupeta (f), bico (m)	cucli	[tsutsli]
carrinho (m) de bebê	gyerekkocsi	[ɟɛrɛkkoʧi]
jardim (m) de infância	óvoda	[o:vodɒ]
babysitter, babá (f)	dajka	[dɒjkɒ]
infância (f)	gyermekkor	[ɟɛrmɛkkor]
boneca (f)	baba	[bɒbɒ]
brinquedo (m)	játék	[ja:te:k]
jogo (m) de montar	építő játék	[e:pi:tø: ja:te:k]
bem-educado (adj)	jól nevelt	[jol nɛvɛlt]
malcriado (adj)	neveletlen	[nɛvɛlɛtlɛn]
mimado (adj)	elkényeztetett	[ɛlke:nɛztɛtɛtt]
ser travesso	csintalankodik	[ʧintɒlɒŋkodik]
travesso, traquinas (adj)	csintalan	[ʧintɒlɒn]
travessura (f)	csintalanság	[ʧintɒlɒnʃa:g]
criança (f) travessa	kópé	[ko:pe:]
obediente (adj)	engedelmes	[ɛŋgɛdɛlmɛʃ]
desobediente (adj)	engedetlen	[ɛŋgɛdɛtlɛn]
dócil (adj)	okos	[okoʃ]
inteligente (adj)	okos	[okoʃ]
prodígio (m)	csodagyerek	[ʧodɒɟɛrɛk]

60. Casais. Vida de família

beijar (vt)	csókol	[ʧo:kol]
beijar-se (vr)	csókolózik	[ʧo:kolo:zik]

Português	Húngaro	Pronúncia
família (f)	család	[tʃɒlaːd]
familiar (vida ~)	családos	[tʃɒlaːdoʃ]
casal (m)	pár	[paːr]
matrimônio (m)	házasság	[haːzɒʃaːg]
lar (m)	otthon	[otthon]
dinastia (f)	dinasztia	[dinɒstiɒ]
encontro (m)	randevú	[rɒndɛvuː]
beijo (m)	csók	[tʃoːk]
amor (m)	szerelem	[sɛrɛlɛm]
amar (pessoa)	szeret	[sɛrɛt]
amado, querido (adj)	szerető	[sɛrɛtøː]
ternura (f)	gyengédség	[ɟɛŋgeːdʃeːg]
afetuoso (adj)	gyengéd	[ɟɛŋgeːd]
fidelidade (f)	hűség	[hyːʃeːg]
fiel (adj)	hűséges	[hyːʃeːgɛʃ]
cuidado (m)	gondoskodás	[gondoʃkodaːʃ]
carinhoso (adj)	gondos	[gondoʃ]
recém-casados (pl)	fiatal házasok	[fiɒtɒl haːzɒʃok]
lua (f) de mel	mézeshetek	[meːzɛʃ hɛtɛk]
casar-se (com um homem)	férjhez megy	[feːrjhɛz mɛɟ]
casar-se (com uma mulher)	feleségül vesz	[fɛlɛʃeːgyl vɛs]
casamento (m)	lakodalom	[lɒkodɒlom]
bodas (f pl) de ouro	aranylakodalom	[ɒrɒɲlɒkodɒlom]
aniversário (m)	évforduló	[eːvforduloː]
amante (m)	szerető	[sɛrɛtøː]
amante (f)	szerető	[sɛrɛtøː]
adultério (m), traição (f)	megcsalás	[mɛgtʃɒlaːʃ]
cometer adultério	megcsal	[mɛgtʃɒl]
ciumento (adj)	féltékeny	[feːlteːkɛɲ]
ser ciumento, -a	féltékenykedik	[feːlteːkɛɲkɛdik]
divórcio (m)	válás	[vaːlaːʃ]
divorciar-se (vr)	elválik	[ɛlvaːlik]
brigar (discutir)	veszekedik	[vɛsɛkɛdik]
fazer as pazes	békül	[beːkyl]
juntos (ir ~)	együtt	[ɛɟytt]
sexo (m)	szex	[sɛks]
felicidade (f)	boldogság	[boldogʃaːg]
feliz (adj)	boldog	[boldog]
infelicidade (f)	boldogtalanság	[boldogtɒlɒnʃaːg]
infeliz (adj)	boldogtalan	[boldogtɒlɒn]

Caráter. Sentimentos. Emoções

61. Sentimentos. Emoções

sentimento (m)	érzelem	[e:rzɛlɛm]
sentimentos (m pl)	érzelmek	[e:rzɛlmɛk]
sentir (vt)	érez	[e:rɛz]
fome (f)	éhség	[e:hʃe:g]
ter fome	éhes van	[e:hɛʃ vɒn]
sede (f)	szomjúság	[somju:ʃa:g]
ter sede	szomjas van	[somjɒʃ vɒn]
sonolência (f)	álmosság	[a:lmoʃa:g]
estar sonolento	álmos van	[a:lmoʃ vɒn]
cansaço (m)	fáradtság	[fa:rɒttʃa:g]
cansado (adj)	fáradt	[fa:rɒtt]
ficar cansado	elfárad	[ɛlfa:rɒd]
humor (m)	kedv	[kɛdv]
tédio (m)	unalom	[unɒlom]
entediar-se (vr)	unatkozik	[unɒtkozik]
reclusão (isolamento)	magány	[mɒga:ɲ]
isolar-se (vr)	magányba vonul	[mɒga:ɲbɒ vonul]
preocupar (vt)	nyugtalanít	[ɲugtɒlɒni:t]
estar preocupado	nyugtalankodik	[ɲugtɒlɒŋkodik]
preocupação (f)	nyugtalanság	[ɲugtɒlɒnʃa:g]
ansiedade (f)	aggodalom	[ɒggodɒlom]
preocupado (adj)	nyugtalan	[ɲugtɒlɒn]
estar nervoso	izgul	[izgul]
entrar em pânico	pánikba esik	[pa:nikbɒ ɛʃik]
esperança (f)	remény	[rɛme:ɲ]
esperar (vt)	remél	[rɛme:l]
certeza (f)	biztosság	[biztoʃa:g]
certo, seguro de …	biztos	[biztoʃ]
indecisão (f)	bizonytalanság	[bizoɲtɒlɒnʃa:g]
indeciso (adj)	bizonytalan	[bizoɲtɒlɒn]
bêbado (adj)	részeg	[re:sɛg]
sóbrio (adj)	józan	[jo:zɒn]
fraco (adj)	gyenge	[ɟɛŋgɛ]
feliz (adj)	boldog	[boldog]
assustar (vt)	megijeszt	[mɛgijɛst]
fúria (f)	dühöngés	[dyhøŋge:ʃ]
ira, raiva (f)	düh	[dy]
depressão (f)	depresszió	[dɛprɛssio:]
desconforto (m)	kényelmetlenségérzet	[ke:nɛlmɛtlɛnʃe:g e:rzɛt]

conforto (m)	kényelem	[ke:nɛlɛm]
arrepender-se (vr)	sajnál	[ʃɒjna:l]
arrependimento (m)	sajnálom	[ʃɒjna:lom]
azar (m), má sorte (f)	balszerencse	[bɒlsɛrɛntʃɛ]
tristeza (f)	keserűség	[kɛʃɛry:ʃe:g]

vergonha (f)	szégyen	[se:ɟɛn]
alegria (f)	vidámság	[vida:mʃa:g]
entusiasmo (m)	lelkesedés	[lɛlkɛʃede:ʃ]
entusiasta (m)	lelkesedő	[lɛlkɛʃedø:]
mostrar entusiasmo	lelkesedik	[lɛlkɛʃedik]

62. Caráter. Personalidade

caráter (m)	jellem	[jɛllɛm]
falha (f) de caráter	jellemhiba	[jɛllɛmhibɒ]
mente (f)	értelem	[e:rtɛlɛm]
razão (f)	ész	[e:s]

consciência (f)	lelkiismeret	[lɛlki:ʃmɛrɛt]
hábito, costume (m)	szokás	[soka:ʃ]
habilidade (f)	képesség	[ke:pɛʃe:g]
saber (~ nadar, etc.)	tud	[tud]

paciente (adj)	türelmes	[tyrɛlɛm]
impaciente (adj)	türelmetlen	[tyrɛlmɛtlɛn]
curioso (adj)	kíváncsi	[ki:va:ntʃi]
curiosidade (f)	kíváncsiság	[ki:vɒntʃiʃa:g]

modéstia (f)	szerénység	[sɛre:ɲʃe:g]
modesto (adj)	szerény	[sɛre:ɲ]
imodesto (adj)	szemérmetlen	[sɛme:rmɛtlɛn]

| preguiçoso (adj) | lusta | [luʃtɒ] |
| preguiçoso (m) | lusta | [luʃtɒ] |

astúcia (f)	ravaszság	[rɒvɒʃa:g]
astuto (adj)	ravasz	[rɒvɒs]
desconfiança (f)	bizalmatlanság	[bizɒlmɒtlɒnʃa:g]
desconfiado (adj)	bizalmatlan	[bizɒlmɒtlɒn]

generosidade (f)	bőkezűség	[bø:kɛzy:ʃe:g]
generoso (adj)	bőkezű	[bø:kɛzy:]
talentoso (adj)	tehetséges	[tɛhɛtʃe:gɛʃ]
talento (m)	tehetség	[tɛhɛtʃe:g]

corajoso (adj)	bátor	[ba:tor]
coragem (f)	bátorság	[ba:torʃa:g]
honesto (adj)	becsületes	[bɛtʃylɛtɛʃ]
honestidade (f)	becsületesség	[bɛtʃylɛtɛʃe:g]

prudente, cuidadoso (adj)	óvatos	[o:vɒtoʃ]
valoroso (adj)	bátor	[ba:tor]
sério (adj)	komoly	[komoj]

severo (adj)	szigorú	[sigoru:]
decidido (adj)	határozott	[hɒtɑ:rozott]
indeciso (adj)	határozatlan	[hɒtɑ:rozotlɒn]
tímido (adj)	félénk	[fe:le:ŋk]
timidez (f)	félénkség	[fe:le:ŋkʃe:g]
confiança (f)	bizalom	[bizɒlom]
confiar (vt)	bízik	[bi:zik]
crédulo (adj)	bizalomteljes	[bizɒlomtɛjɛʃ]
sinceramente	őszintén	[ø:sinte:n]
sincero (adj)	őszinte	[ø:sintɛ]
sinceridade (f)	őszinteség	[ø:sintɛʃe:g]
aberto (adj)	nyílt	[ɲi:lt]
calmo (adj)	csendes	[tʃɛndɛʃ]
franco (adj)	nyílt	[ɲi:lt]
ingênuo (adj)	naiv	[nɒiv]
distraído (adj)	szórakozott	[so:rɒkozott]
engraçado (adj)	nevetséges	[nɛvɛtʃe:gɛʃ]
ganância (f)	kapzsiság	[kɒpʒiʃɑ:g]
ganancioso (adj)	kapzsi	[kɒpʒi]
avarento, sovina (adj)	zsugori	[ʒugori]
mal (adj)	gonosz	[gonos]
teimoso (adj)	makacs	[mɒkɒtʃ]
desagradável (adj)	kellemetlen	[kɛllɛmɛtlɛn]
egoísta (m)	önző	[ønzø:]
egoísta (adj)	önző	[ønzø:]
covarde (m)	gyáva	[ɟɑ:vɒ]
covarde (adj)	gyáva	[ɟɑ:vɒ]

63. O sono. Sonhos

dormir (vi)	alszik	[ɒlsik]
sono (m)	alvás	[ɒlvɑ:ʃ]
sonho (m)	álom	[ɑ:lom]
sonhar (ver sonhos)	álmodik	[ɑ:lmodik]
sonolento (adj)	álmos	[ɑ:lmoʃ]
cama (f)	ágy	[ɑ:ɟ]
colchão (m)	matrac	[mɒtrɒts]
cobertor (m)	takaró	[tɒkɒro:]
travesseiro (m)	párna	[pɑ:rnɒ]
lençol (m)	lepedő	[lɛpɛdø:]
insônia (f)	álmatlanság	[ɑ:lmɒtlɒnʃɑ:g]
sem sono (adj)	álmatlan	[ɑ:lmɒtlɒn]
sonífero (m)	altató	[ɒltɒto:]
tomar um sonífero	altatót bevesz	[ɒltɒto:t bɛvɛs]
estar sonolento	álmos van	[ɑ:lmoʃ vɒn]
bocejar (vi)	ásít	[ɑ:ʃi:t]

ir para a cama	ágyba megy	[aːɟbɒ mɛɟ]
fazer a cama	megágyaz	[mɛgaːɟoz]
adormecer (vi)	elalszik	[ɛlɒlsik]

pesadelo (m)	rémálom	[reːmaːlom]
ronco (m)	horkolás	[horkolaːʃ]
roncar (vi)	horkol	[horkol]

despertador (m)	ébresztőóra	[eːbrɛstøːoːrɒ]
acordar, despertar (vt)	ébreszt	[eːbrɛst]
acordar (vi)	ébred	[eːbrɛd]
levantar-se (vr)	felkel	[fɛlkɛl]
lavar-se (vr)	mosakodik	[moʃɒkodik]

64. Humor. Riso. Alegria

humor (m)	humor	[humor]
senso (m) de humor	humorérzék	[humoreːrzeːk]
divertir-se (vr)	szórakozik	[soːrɒkozik]
alegre (adj)	vidám	[vidaːm]
diversão (f)	vidámság	[vidaːmʃaːg]

sorriso (m)	mosoly	[moʃoj]
sorrir (vi)	mosolyog	[moʃojog]
começar a rir	felnevet	[fɛlnɛvɛt]
rir (vi)	nevet	[nɛvɛt]
riso (m)	nevetés	[nɛvɛteːʃ]

anedota (f)	anekdota, vicc	[ɒnɛgdotɒ], [vitsː]
engraçado (adj)	nevetséges	[nɛvɛtʃeːgɛʃ]
ridículo, cômico (adj)	nevetséges	[nɛvɛtʃeːgɛʃ]

brincar (vi)	viccel	[vitsɛl]
piada (f)	vicc	[vits]
alegria (f)	öröm	[ørøm]
regozijar-se (vr)	örül	[øryl]
alegre (adj)	örömteli	[ørømtɛli]

65. Discussão, conversação. Parte 1

| comunicação (f) | kommunikáció | [kommunikaːtsjoː] |
| comunicar-se (vr) | kommunikál | [kommunikaːl] |

conversa (f)	beszélgetés	[bɛseːlgɛteːʃ]
diálogo (m)	dialógus	[diɒloːguʃ]
discussão (f)	megvitatás	[mɛgvitɒtaːʃ]
debate (m)	vita	[vitɒ]
debater (vt)	vitatkozik	[vitɒtkozik]

interlocutor (m)	beszédpartner	[bɛseːd pɒrtnɛr]
tema (m)	téma	[teːmɒ]
ponto (m) de vista	szempont	[sɛmpont]

| opinião (f) | vélemény | [veːlɛmeːɲ] |
| discurso (m) | beszéd | [bɛseːd] |

discussão (f)	megbeszélés	[mɛgbɛseːleːʃ]
discutir (vt)	megbeszél	[mɛgbɛseːl]
conversa (f)	beszélgetés	[bɛseːlgɛteːʃ]
conversar (vi)	beszélget	[bɛseːlgɛt]
reunião (f)	találkozás	[tɒlaːlkozaːʃ]
encontrar-se (vr)	találkozik	[tɒlaːlkozik]

provérbio (m)	közmondás	[køzmondaːʃ]
ditado, provérbio (m)	szólás	[soːlaːʃ]
adivinha (f)	rejtvény	[rɛjtveːɲ]
dizer uma adivinha	rejtvényt felad	[rɛjtveːɲt fɛlɒd]
senha (f)	jelszó	[jɛlsoː]
segredo (m)	titok	[titok]

juramento (m)	eskü	[ɛʃky]
jurar (vi)	esküszik	[ɛʃkysik]
promessa (f)	ígéret	[iːgeːrɛt]
prometer (vt)	ígér	[iːgeːr]

conselho (m)	tanács	[tɒnaːtʃ]
aconselhar (vt)	tanácsol	[tɒnaːtʃol]
escutar (~ os conselhos)	engedelmeskedik	[ɛŋgɛdɛlmɛʃkɛdik]

novidade, notícia (f)	újság	[uːjʃaːg]
sensação (f)	szenzáció	[sɛnzaːtsioː]
informação (f)	tudnivalók	[tudnivɒloːk]
conclusão (f)	következtetés	[køvɛtkɛzteteːʃ]
voz (f)	hang	[hɒŋg]
elogio (m)	bók	[boːk]
amável, querido (adj)	kedves	[kɛdvɛʃ]

palavra (f)	szó	[soː]
frase (f)	szólam	[soːlɒm]
resposta (f)	válasz	[vaːlɒs]
verdade (f)	igazság	[igɒʃaːg]
mentira (f)	hazugság	[hɒzugʃaːg]

pensamento (m)	gondolat	[gondolɒt]
ideia (f)	ötlet	[øtlɛt]
fantasia (f)	ábránd	[aːbraːnd]

66. Discussão, conversação. Parte 2

estimado, respeitado (adj)	tisztelt	[tistɛlt]
respeitar (vt)	tisztel	[tistɛl]
respeito (m)	tisztelet	[tistɛlɛt]
Estimado ..., Caro ...	Tisztelt ...	[tistɛlt]

| apresentar (alguém a alguém) | megismertet | [mɛgiʃmɛrtɛt] |
| intenção (f) | szándék | [saːndeːk] |

tencionar (~ fazer algo)	szándékozik	[saːndeːkozik]
desejo (de boa sorte)	kívánság	[kiːvaːnʃaːg]
desejar (ex. ~ boa sorte)	kíván	[kiːvaːn]
surpresa (f)	csodálkozás	[tʃodaːlkozaːʃ]
surpreender (vt)	meglep	[mɛglɛp]
surpreender-se (vr)	csodálkozik	[tʃodaːlkozik]
dar (vt)	ad	[ɒd]
pegar (tomar)	vesz	[vɛs]
devolver (vt)	visszaad	[vissɒɒd]
retornar (vt)	visszaad	[vissɒɒd]
desculpar-se (vr)	bocsánatot kér	[botʃaːnɒtot keːr]
desculpa (f)	bocsánat	[botʃaːnɒt]
perdoar (vt)	bocsát	[botʃaːt]
falar (vi)	beszélget	[bɛseːlgɛt]
escutar (vt)	hallgat	[hɒllgɒt]
ouvir até o fim	kihallgat	[kihɒllgɒt]
entender (compreender)	ért	[eːrt]
mostrar (vt)	mutat	[mutɒt]
olhar para ...	néz	[neːz]
chamar (alguém para ...)	hív	[hiːv]
perturbar (vt)	zavar	[zɒvɒr]
entregar (~ em mãos)	átad	[aːtɒd]
pedido (m)	kérés	[keːreːʃ]
pedir (ex. ~ ajuda)	kér	[keːr]
exigência (f)	követelés	[køvɛtɛleːʃ]
exigir (vt)	követel	[køvɛtɛl]
insultar (chamar nomes)	csúfol	[tʃuːfol]
zombar (vt)	gúnyol	[guːnøl]
zombaria (f)	gúnyolódás	[guːnøloːdaːʃ]
alcunha (f), apelido (m)	gúnynév	[guːɲeːv]
insinuação (f)	célzás	[tseːlzaːʃ]
insinuar (vt)	céloz	[tseːloz]
querer dizer	ért	[eːrt]
descrição (f)	leírás	[lɛiːraːʃ]
descrever (vt)	leír	[lɛiːr]
elogio (m)	dicséret	[ditʃeːrɛt]
elogiar (vt)	dicsér	[ditʃeːr]
desapontamento (m)	csalódás	[tʃɒloːdaːʃ]
desapontar (vt)	kiábrándít	[kiaːbraːndiːt]
desapontar-se (vr)	csalódik	[tʃɒloːdik]
suposição (f)	feltevés	[fɛltɛveːʃ]
supor (vt)	feltesz	[fɛltɛs]
advertência (f)	figyelmeztetés	[fiɟɛlmɛztɛteːʃ]
advertir (vt)	figyelmeztet	[fiɟɛlmɛztɛt]

67. Discussão, conversação. Parte 3

convencer (vt)	rábeszél	[ra:bɛseːl]
acalmar (vt)	nyugtat	[ɲugtɒt]

silêncio (o ~ é de ouro)	hallgatás	[hɒllgɒtaːʃ]
ficar em silêncio	hallgat	[hɒllgɒt]
sussurrar (vt)	suttog	[ʃuttog]
sussurro (m)	suttogás	[ʃuttogaːʃ]

francamente	őszinte	[øːsintɛ]
na minha opinião ...	a véleményem szerint ...	[ɒ veːlɛmeːnɛm sɛrint]

detalhe (~ da história)	részlet	[reːslɛt]
detalhado (adj)	részletes	[reːslɛtɛʃ]
detalhadamente	részletesen	[reːslɛtɛʃɛn]

dica (f)	súgás	[ʃuːgaːʃ]
dar uma dica	súg	[ʃuːg]

olhar (m)	tekintet	[tɛkintɛt]
dar uma olhada	tekint	[tɛkint]
fixo (olhada ~a)	merev	[mɛrɛv]
piscar (vi)	pislog	[piʃlog]
piscar (vt)	pislant	[piʃlɒnt]
acenar com a cabeça	int	[int]

suspiro (m)	sóhaj	[ʃoːhɒj]
suspirar (vi)	sóhajt	[ʃoːhɒjt]
estremecer (vi)	megrezzen	[mɛgrɛzzɛn]
gesto (m)	gesztus	[gɛstuʃ]
tocar (com as mãos)	érint	[eːrint]
agarrar (~ pelo braço)	megfog	[mɛgfog]
bater de leve	megvereget	[mɛgvɛrɛgɛt]

Cuidado!	Vigyázat!	[viɟaːzɒt]
Sério?	Tényleg?	[teːɲlɛg]
Tem certeza?	Biztos vagy?	[biztoʃ vɒɟ]
Boa sorte!	Sikert kívánok!	[ʃikɛrt kiːvaːnok]
Entendi!	Világos!	[vilaːgoʃ]
Que pena!	Kár!	[kaːr]

68. Acordo. Recusa

consentimento (~ mútuo)	beleegyezés	[bɛlɛɛɟɛzeːʃ]
consentir (vi)	beleegyezik	[bɛlɛɛɟɛzik]
aprovação (f)	jóváhagyás	[joːvaːhɒɟaːʃ]
aprovar (vt)	jóváhagy	[joːvaːhɒɟ]
recusa (f)	megtagadás	[mɛgtɒgɒdaːʃ]
negar-se a ...	lemond	[lɛmond]

Ótimo!	Kitűnő!	[kityːnøː]
Tudo bem!	Jól van!	[joːl vɒn]

Está bem! De acordo!	Jól van!	[jo:l vɒn]
proibido (adj)	tilos	[tiloʃ]
é proibido	tilos	[tiloʃ]
é impossível	lehetetlen	[lɛhɛtɛtlɛn]
incorreto (adj)	téves	[te:vɛʃ]
rejeitar (~ um pedido)	visszautasít	[vissɒutɒʃi:t]
apoiar (vt)	támogat	[ta:mogɒt]
aceitar (desculpas, etc.)	fogad	[fogɒd]
confirmar (vt)	elismer	[ɛliʃmɛr]
confirmação (f)	igazolás	[igɒzola:ʃ]
permissão (f)	engedély	[ɛŋgɛde:j]
permitir (vt)	enged	[ɛŋgɛd]
decisão (f)	döntés	[dønte:ʃ]
não dizer nada	elhallgat	[ɛlhɒllgɒt]
condição (com uma ~)	feltétel	[fɛlte:tɛl]
pretexto (m)	kifogás	[kifoga:ʃ]
elogio (m)	dicséret	[ditʃe:rɛt]
elogiar (vt)	dicsér	[ditʃe:r]

69. Sucesso. Boa sorte. Insucesso

êxito, sucesso (m)	siker	[ʃikɛr]
com êxito	sikeresen	[ʃikɛrɛʃɛn]
bem sucedido (adj)	sikeres	[ʃikɛrɛʃ]
sorte (fortuna)	szerencse	[sɛrɛntʃɛ]
Boa sorte!	Sok szerencsét!	[ʃok sɛrɛntʃe:t]
de sorte	szerencsés	[sɛrɛntʃe:ʃ]
sortudo, felizardo (adj)	szerencsés	[sɛrɛntʃe:ʃ]
fracasso (m)	kudarc	[kudɒrts]
pouca sorte (f)	balsiker	[bɒlʃikɛr]
azar (m), má sorte (f)	balszerencse	[bɒlsɛrɛntʃɛ]
mal sucedido (adj)	sikertelen	[ʃikɛrtɛlɛn]
catástrofe (f)	katasztrófa	[kɒtɒstro:fɒ]
orgulho (m)	büszkeség	[byskɛʃe:g]
orgulhoso (adj)	büszke	[byskɛ]
estar orgulhoso, -a	büszkélkedik	[byske:lkɛdik]
vencedor (m)	győztes	[ɟø:ztɛʃ]
vencer (vi, vt)	győz	[ɟø:z]
perder (vt)	veszít	[vɛsi:t]
tentativa (f)	próba	[pro:bɒ]
tentar (vt)	próbál	[pro:ba:l]
chance (m)	esély	[ɛʃe:j]

70. Conflitos. Emoções negativas

grito (m)	kiáltás	[kia:lta:ʃ]
gritar (vi)	kiabál	[kiɒba:l]

começar a gritar	felkiált	[fɛlkia:lt]
discussão (f)	veszekedés	[vɛsɛkɛde:ʃ]
brigar (discutir)	veszekedik	[vɛsɛkɛdik]
escândalo (m)	botrány	[botra:ɲ]
criar escândalo	botrányt csinál	[botra:ɲt tʃina:l]
conflito (m)	konfliktus	[konfliktuʃ]
mal-entendido (m)	félreértés	[fe:lre:ɛrte:ʃ]

insulto (m)	sértés	[ʃe:rte:ʃ]
insultar (vt)	megsért	[mɛgʃe:rt]
insultado (adj)	megsértett	[mɛgʃe:rtɛtt]
ofensa (f)	sértés	[ʃe:rte:ʃ]
ofender (vt)	megsért	[mɛgʃe:rt]
ofender-se (vr)	megsértődik	[mɛgʃe:rtø:dik]

indignação (f)	felháborodás	[fɛlha:boroda:ʃ]
indignar-se (vr)	felháborodik	[fɛlha:borodik]
queixa (f)	panasz	[pɒnɒs]
queixar-se (vr)	panaszkodik	[pɒnɒskodik]

desculpa (f)	bocsánat	[botʃa:nɒt]
desculpar-se (vr)	bocsánatot kér	[botʃa:nɒtot ke:r]
pedir perdão	elnézést kér	[ɛlne:ze:ʃt ke:r]

crítica (f)	bírálat	[bi:ra:lɒt]
criticar (vt)	bírál	[bi:ra:l]
acusação (f)	vád	[va:d]
acusar (vt)	vádol	[va:dol]

vingança (f)	bosszú	[bossu:]
vingar (vt)	megbosszul	[mɛgbossul]
vingar-se de	viszonoz	[visonoz]

desprezo (m)	lenézés	[lɛne:ze:ʃ]
desprezar (vt)	lenéz	[lɛne:z]
ódio (m)	gyűlölet	[ɟy:lølɛt]
odiar (vt)	gyűlöl	[ɟy:løl]

nervoso (adj)	ideges	[idɛgɛʃ]
estar nervoso	izgul	[izgul]
zangado (adj)	haragos	[hɒrɒgoʃ]
zangar (vt)	megharagít	[mɛghɒrɒgi:t]

humilhação (f)	megalázás	[mɛgɒla:za:ʃ]
humilhar (vt)	megaláz	[mɛgɒla:z]
humilhar-se (vr)	megalázkodik	[mɛgɒla:skodik]

| choque (m) | sokk | [ʃokk] |
| chocar (vt) | megbotránkoztat | [mɛgbotra:ŋkoztɒt] |

| aborrecimento (m) | kellemetlenség | [kɛllɛmɛtlɛnʃe:g] |
| desagradável (adj) | kellemetlen | [kɛllɛmɛtlɛn] |

medo (m)	félelem	[fe:lɛlɛm]
terrível (tempestade, etc.)	szörnyű	[sørɲy:]
assustador (ex. história ~a)	félelmetes	[fe:lɛlmɛtɛʃ]

horror (m)	rémület	[reːmylɛt]
horrível (crime, etc.)	rémes	[reːmɛʃ]

chorar (vi)	sír	[ʃiːr]
começar a chorar	sírva fakad	[ʃiːrvɒ fɒkɒd]
lágrima (f)	könny	[kønɲ]

falta (f)	hiba	[hibɒ]
culpa (f)	bűnbánat	[byːnbaːnɒt]
desonra (f)	szégyen	[seːɟɛn]
protesto (m)	tiltakozás	[tiltɒkozaːʃ]
estresse (m)	stressz	[strɛss]

perturbar (vt)	zavar	[zɒvɒr]
zangar-se com ...	haragszik	[hɒrɒgsik]
zangado (irritado)	haragos	[hɒrɒgoʃ]
terminar (vt)	abbahagy	[ɒbbɒhɒɟ]
praguejar	szid	[sid]

assustar-se	megijed	[mɛgijɛd]
golpear (vt)	üt	[yt]
brigar (na rua, etc.)	verekedik	[vɛrɛkɛdik]

resolver (o conflito)	megold	[mɛgold]
descontente (adj)	elégedetlen	[ɛleːgɛdɛtlɛn]
furioso (adj)	dühödt	[dyhøtt]

Não está bem!	Ez nem jó!	[ɛz nɛm joː]
É ruim!	Ez rossz!	[ɛz ross]

Medicina

71. Doenças

doença (f)	betegség	[bɛtɛgʃeːg]
estar doente	beteg van	[bɛtɛg vɒn]
saúde (f)	egészség	[ɛgeːʃeːg]
nariz (m) escorrendo	nátha	[naːthɒ]
amigdalite (f)	torokgyulladás	[torokɟyllɒdaːʃ]
resfriado (m)	megfázás	[mɛgfaːzaːʃ]
ficar resfriado	megfázik	[mɛgfaːzik]
bronquite (f)	hörghurut	[hørgfurut]
pneumonia (f)	tüdőgyulladás	[tydøːɟyllɒɟaːʃ]
gripe (f)	influenza	[influɛnzɒ]
míope (adj)	rövidlátó	[røvidlaːtoː]
presbita (adj)	távollátó	[taːvollaːtoː]
estrabismo (m)	kancsalság	[kɒntʃɒlʃaːg]
estrábico, vesgo (adj)	kancsal	[kɒntʃɒl]
catarata (f)	szürke hályog	[syrkɛ haːjog]
glaucoma (m)	glaukóma	[glɒukoːmɒ]
AVC (m), apoplexia (f)	inzultus	[inzultuʃ]
ataque (m) cardíaco	infarktus	[infɒrktuʃ]
paralisia (f)	bénaság	[beːnɒʃaːg]
paralisar (vt)	megbénít	[mɛgbeːniːt]
alergia (f)	allergia	[ɒllɛrgiɒ]
asma (f)	asztma	[ɒstmɒ]
diabetes (f)	cukorbaj	[tsukorbɒj]
dor (f) de dente	fogfájás	[fogfaːjaːʃ]
cárie (f)	fogszuvasodás	[fogsuvɒʃodaːʃ]
diarreia (f)	hasmenés	[hɒʃmɛneːʃ]
prisão (f) de ventre	szorulás	[sorulaːʃ]
desarranjo (m) intestinal	gyomorrontás	[ɟømorrontaːʃ]
intoxicação (f) alimentar	mérgezés	[meːrgɛzeːʃ]
intoxicar-se	mérgezést kap	[meːrgɛzeːʃt kɒp]
artrite (f)	ízületi gyulladás	[iːzylɛti ɟyllɒdaːʃ]
raquitismo (m)	angolkór	[ɒŋgolkoːr]
reumatismo (m)	reuma	[rɛumɒ]
arteriosclerose (f)	érelmeszesedés	[eːrɛlmɛsɛʃɛdeːʃ]
gastrite (f)	gyomorhurut	[ɟømorhurut]
apendicite (f)	vakbélgyulladás	[vɒkbeːlɟyllɒdaːʃ]
colecistite (f)	epehólyaggyulladás	[ɛpɛhoːjɒɟɟyllɒdaːʃ]

úlcera (f)	fekély	[fɛkeːj]
sarampo (m)	kanyaró	[kɒɲɒroː]
rubéola (f)	rózsahimlő	[roːʒɒhimlø:]
icterícia (f)	sárgaság	[ʃaːrgɒʃaːg]
hepatite (f)	hepatitisz	[hɛpɒtitis]
esquizofrenia (f)	szkizofrénia	[skizofreːniɒ]
raiva (f)	veszettség	[vɛsɛttʃeːg]
neurose (f)	neurózis	[nɛuroːziʃ]
contusão (f) cerebral	agyrázkódás	[ɒɟraːskodaːʃ]
câncer (m)	rák	[raːk]
esclerose (f)	szklerózis	[sklɛroːziʃ]
esclerose (f) múltipla	szklerózis multiplex	[sklɛroːziʃ multiplɛks]
alcoolismo (m)	alkoholizmus	[ɒlkoholizmuʃ]
alcoólico (m)	alkoholista	[ɒlkoholiʃtɒ]
sífilis (f)	szifilisz	[sifilis]
AIDS (f)	AIDS	[ɛjds]
tumor (m)	daganat	[dɒgɒnɒt]
febre (f)	láz	[laːz]
malária (f)	malária	[mɒlaːriɒ]
gangrena (f)	üszkösödés	[yskøʃødeːʃ]
enjoo (m)	tengeribetegség	[tɛŋgɛribɛtɛgʃeːg]
epilepsia (f)	epilepszia	[ɛpilɛpsiɒ]
epidemia (f)	járvány	[jaːrvaːɲ]
tifo (m)	tífusz	[tiːfus]
tuberculose (f)	tuberkulózis	[tubɛrkuloːziʃ]
cólera (f)	kolera	[kolɛrɒ]
peste (f) bubônica	pestis	[pɛʃtiʃ]

72. Sintomas. Tratamentos. Parte 1

sintoma (m)	tünet	[tynɛt]
temperatura (f)	láz	[laːz]
febre (f)	magas láz	[mɒgɒʃ laːz]
pulso (m)	pulzus	[pulzuʃ]
vertigem (f)	szédülés	[seːdyleːʃ]
quente (testa, etc.)	forró	[forroː]
calafrio (m)	hidegrázás	[hidɛgraːzaːʃ]
pálido (adj)	sápadt	[ʃaːpɒtt]
tosse (f)	köhögés	[køhøgeːʃ]
tossir (vi)	köhög	[køhøg]
espirrar (vi)	tüsszent	[tyssɛnt]
desmaio (m)	ájulás	[aːjulaːʃ]
desmaiar (vi)	elájul	[ɛlaːjul]
mancha (f) preta	kék folt	[keːk folt]
galo (m)	dudor	[dudor]
machucar-se (vr)	nekiütődik	[nɛkiytøːdik]

contusão (f)	ütés	[yte:ʃ]
machucar-se (vr)	megüti magát	[mɛgyti mɒga:t]

mancar (vi)	sántít	[ʃa:nti:t]
deslocamento (f)	ficam	[fitsɒm]
deslocar (vt)	kificamít	[kifitsɒmi:t]
fratura (f)	törés	[tøre:ʃ]
fraturar (vt)	eltör	[ɛltør]

corte (m)	vágás	[va:ga:ʃ]
cortar-se (vr)	megvágja magát	[mɛgva:gjɒ mɒga:t]
hemorragia (f)	vérzés	[ve:rze:ʃ]

queimadura (f)	égési seb	[e:ge:ʃi ʃɛb]
queimar-se (vr)	megégeti magát	[mɛge:gɛti mɒga:t]

picar (vt)	megszúr	[mɛgsu:r]
picar-se (vr)	megszúrja magát	[mɛgsu:rjɒ mɒga:t]
lesionar (vt)	megsért	[mɛgʃe:rt]
lesão (m)	sérülés	[ʃe:ryle:ʃ]
ferida (f), ferimento (m)	seb	[ʃɛb]
trauma (m)	sérülés	[ʃe:ryle:ʃ]

delirar (vi)	félrebeszél	[fe:lrɛbɛse:l]
gaguejar (vi)	dadog	[dɒdog]
insolação (f)	napszúrás	[nɒpsu:ra:ʃ]

73. Sintomas. Tratamentos. Parte 2

dor (f)	fájdalom	[fa:jdɒlom]
farpa (no dedo, etc.)	szálka	[sa:lkɒ]

suor (m)	veríték	[vɛri:te:k]
suar (vi)	izzad	[izzɒd]
vômito (m)	hányás	[ha:ɲa:ʃ]
convulsões (f pl)	görcs	[gørʧ]

grávida (adj)	terhes	[tɛrhɛʃ]
nascer (vi)	születik	[sylɛtik]
parto (m)	szülés	[syle:ʃ]
dar à luz	szül	[syl]
aborto (m)	magzatelhajtás	[mɒgzɒtɛlhɒjta:ʃ]

respiração (f)	lélegzés	[le:lɛgze:ʃ]
inspiração (f)	belégzés	[bɛle:gze:ʃ]
expiração (f)	kilégzés	[kile:gze:ʃ]
expirar (vi)	kilélegzik	[kile:lɛgzik]
inspirar (vi)	belélegzik	[bɛle:lɛgzik]

inválido (m)	rokkant	[rokkɒnt]
aleijado (m)	nyomorék	[ɲomore:k]
drogado (m)	narkós	[nɒrko:ʃ]
surdo (adj)	süket	[ʃykɛt]
mudo (adj)	néma	[ne:mɒ]

surdo-mudo (adj)	süketnéma	[ʃykɛtne:mɒ]
louco, insano (adj)	őrült	[ø:rylt]
louco (m)	őrült férfi	[ø:rylt fe:rfi]
louca (f)	őrült nő	[ø:rylt nø:]
ficar louco	megőrül	[mɛgø:ryl]

gene (m)	gén	[ge:n]
imunidade (f)	immunitás	[immunita:ʃ]
hereditário (adj)	örökölt	[ørøkølt]
congênito (adj)	veleszületett	[vɛlɛʃsylɛtɛtt]

vírus (m)	vírus	[vi:ruʃ]
micróbio (m)	mikroba	[mikrobɒ]
bactéria (f)	baktérium	[bɒkte:rium]
infecção (f)	fertőzés	[fɛrtø:ze:ʃ]

74. Sintomas. Tratamentos. Parte 3

| hospital (m) | kórház | [ko:rha:z] |
| paciente (m) | beteg | [bɛtɛg] |

diagnóstico (m)	diagnózis	[diɒgno:ziʃ]
cura (f)	gyógyítás	[ɟø:ɟi:ta:ʃ]
tratamento (m) médico	kezelés	[kɛzɛle:ʃ]
curar-se (vr)	gyógyul	[ɟø:ɟyl]
tratar (vt)	gyógyít	[ɟø:ɟi:t]
cuidar (pessoa)	ápol	[a:pol]
cuidado (m)	ápolás	[a:pola:ʃ]

operação (f)	műtét	[my:te:t]
enfaixar (vt)	beköt	[bɛkøt]
enfaixamento (m)	bekötés	[bɛkøte:ʃ]
vacinação (f)	oltás	[olta:ʃ]
vacinar (vt)	beolt	[bɛolt]
injeção (f)	injekció	[iɲɛktsio:]
dar uma injeção	injekciót ad	[iɲɛktsio:t ɒd]

ataque (~ de asma, etc.)	roham	[rohɒm]
amputação (f)	amputálás	[ɒmputa:la:ʃ]
amputar (vt)	csonkol	[tʃoŋkol]
coma (f)	kóma	[ko:mɒ]
estar em coma	kómában van	[ko:ma:bɒn vɒn]
reanimação (f)	reanimáció	[rɛɒnima:tsio:]

recuperar-se (vr)	felgyógyul	[fɛlɟø:ɟyl]
estado (~ de saúde)	állapot	[a:llɒpot]
consciência (perder a ~)	eszmélet	[ɛsme:lɛt]
memória (f)	emlékezet	[ɛmle:kɛzɛt]

tirar (vt)	húz	[hu:z]
obturação (f)	fogtömés	[fogtøme:ʃ]
obturar (vt)	fogat betöm	[fogɒt bɛtøm]
hipnose (f)	hipnózis	[hipno:ziʃ]
hipnotizar (vt)	hipnotizál	[hipnotiza:l]

75. Médicos

médico (m)	orvos	[orvoʃ]
enfermeira (f)	nővér	[nø:ve:r]
médico (m) pessoal	személyes orvos	[sɛme:jɛʃ orvoʃ]
dentista (m)	fogász	[foga:s]
oculista (m)	szemész	[sɛme:s]
terapeuta (m)	belgyógyász	[bɛlɟø:ɟa:s]
cirurgião (m)	sebész	[ʃɛbe:s]
psiquiatra (m)	elmeorvos	[ɛlmɛorvoʃ]
pediatra (m)	gyermekorvos	[ɟɛrmɛk orvoʃ]
psicólogo (m)	pszichológus	[psiholo:guʃ]
ginecologista (m)	nőgyógyász	[nø:ɟø:ɟa:s]
cardiologista (m)	kardiológus	[kɒrdjolo:guʃ]

76. Medicina. Drogas. Acessórios

medicamento (m)	gyógyszer	[ɟø:ɟsɛr]
remédio (m)	orvosság	[orvoʃa:g]
receitar (vt)	felír	[fɛli:r]
receita (f)	recept	[rɛtsɛpt]
comprimido (m)	tabletta	[tɒblɛttɒ]
unguento (m)	kenőcs	[kɛnø:tʃ]
ampola (f)	ampulla	[ɒmpullɒ]
solução, preparado (m)	gyógyszerkeverék	[ɟø:ɟsɛr kɛvɛre:k]
xarope (m)	szirup	[sirup]
cápsula (f)	pirula	[pirulɒ]
pó (m)	por	[por]
atadura (f)	kötés	[køte:ʃ]
algodão (m)	vatta	[vɒttɒ]
iodo (m)	jódtinktúra	[jo:ttiŋktu:rɒ]
curativo (m) adesivo	ragtapasz	[rɒgtɒpɒs]
conta-gotas (m)	pipetta	[pipɛttɒ]
termômetro (m)	hőmérő	[hø:me:rø:]
seringa (f)	fecskendő	[fɛtʃkɛndø:]
cadeira (f) de rodas	tolószék	[tolo:se:k]
muletas (f pl)	mankók	[mɒŋko:k]
analgésico (m)	fájdalomcsillapító	[fa:jdɒlomtʃillɒpi:to:]
laxante (m)	hashajtó	[hɒʃhɒjto:]
álcool (m)	szesz	[sɛs]
ervas (f pl) medicinais	fű	[fy:]
de ervas (chá ~)	fű	[fy:]

77. Fumar. Produtos tabágicos

tabaco (m)	dohány	[dohaːɲ]
cigarro (m)	cigaretta	[tsigɒrɛttɒ]
charuto (m)	szivar	[sivɒr]
cachimbo (m)	pipa	[pipɒ]
maço (~ de cigarros)	doboz	[doboz]

fósforos (m pl)	gyufa	[ɟyfɒ]
caixa (f) de fósforos	gyufadoboz	[ɟyfɒ ɟoboz]
isqueiro (m)	gyújtó	[ɟuːjtoː]
cinzeiro (m)	hamutartó	[hɒmutɒrtoː]
cigarreira (f)	szivartárca	[sivɒr taːrtsɒ]

| piteira (f) | szopóka | [sopoːkɒ] |
| filtro (m) | filter | [filtɛr] |

fumar (vi, vt)	dohányzik	[dohaːɲzik]
acender um cigarro	rágyújt	[raːɟuːjt]
tabagismo (m)	dohányzás	[dohaːɲzaːʃ]
fumante (m)	dohányos	[dohaːnøʃ]

bituca (f)	csikk	[tʃikk]
fumaça (f)	füst	[fyʃt]
cinza (f)	hamu	[hɒmu]

HABITAT HUMANO

Cidade

78. Cidade. Vida na cidade

cidade (f)	város	[vaːroʃ]
capital (f)	főváros	[føːvaːroʃ]
aldeia (f)	falu	[fɒlu]
mapa (m) da cidade	város térképe	[vaːroʃ teːrkeːpɛ]
centro (m) da cidade	városközpont	[vaːroʃkøspont]
subúrbio (m)	külváros	[kylvaːroʃ]
suburbano (adj)	külvárosi	[kylvaːroʃi]
periferia (f)	külváros	[kylvaːroʃ]
arredores (m pl)	környék	[kørneːk]
quarteirão (m)	városnegyed	[vaːroʃnɛɟɛd]
quarteirão (m) residencial	lakótelep	[lɒkoːtɛlɛp]
tráfego (m)	közlekedés	[køzlɛkɛdeːʃ]
semáforo (m)	lámpa	[laːmpɒ]
transporte (m) público	városi közlekedés	[vaːroʃi køzlɛkɛdeːʃ]
cruzamento (m)	útkereszteződés	[uːtkɛrɛstɛzøːdeːs]
faixa (f)	átkelőhely	[aːtkɛløːhɛj]
túnel (m) subterrâneo	aluljáró	[ɒluljaːroː]
cruzar, atravessar (vt)	átmegy	[aːtmɛɟ]
pedestre (m)	gyalogos	[ɟologoʃ]
calçada (f)	járda	[jaːrdɒ]
ponte (f)	híd	[hiːd]
margem (f) do rio	rakpart	[rɒkpɒrt]
fonte (f)	szökőkút	[søkøːkuːt]
alameda (f)	fasor	[fɒʃor]
parque (m)	park	[pɒrk]
bulevar (m)	sétány	[ʃeːtaːɲ]
praça (f)	tér	[teːr]
avenida (f)	sugárút	[ʃugaːruːt]
rua (f)	utca	[uttsɒ]
travessa (f)	mellékutca	[mɛlleːkutsɒ]
beco (m) sem saída	zsákutca	[ʒaːkuttsɒ]
casa (f)	ház	[haːz]
edifício, prédio (m)	épület	[eːpylɛt]
arranha-céu (m)	felhőkarcoló	[fɛlhøːkɒrtsoloː]
fachada (f)	homlokzat	[homlogzɒt]
telhado (m)	tető	[tɛtøː]

Português	Húngaro	Pronúncia
janela (f)	ablak	[ɒblɒk]
arco (m)	boltív	[bolti:v]
coluna (f)	oszlop	[oslop]
esquina (f)	sarok	[ʃɒrok]
vitrine (f)	kirakat	[kirɒkɒt]
letreiro (m)	cégtábla	[tse:gta:blɒ]
cartaz (do filme, etc.)	poszter	[postɛr]
cartaz (m) publicitário	reklámplakát	[rɛkla:m plɒka:t]
painel (m) publicitário	hirdetőtábla	[hirdɛtø:ta:blɒ]
lixo (m)	szemét	[sɛme:t]
lata (f) de lixo	kuka	[kukɒ]
jogar lixo na rua	szemetel	[sɛmɛtɛl]
aterro (m) sanitário	szemétlerakó hely	[sɛme:tlɛrɒko: hɛj]
orelhão (m)	telefonfülke	[tɛlɛfonfylkɛ]
poste (m) de luz	lámpaoszlop	[la:mpɒoslop]
banco (m)	pad	[pɒd]
polícia (m)	rendőr	[rɛndø:r]
polícia (instituição)	rendőrség	[rɛndø:rʃe:g]
mendigo, pedinte (m)	koldus	[kolduʃ]
desabrigado (m)	hajléktalan	[hɒjle:ktɒlɒn]

79. Instituições urbanas

Português	Húngaro	Pronúncia
loja (f)	bolt	[bolt]
drogaria (f)	gyógyszertár	[ɟø:ɟsɛrta:r]
ótica (f)	optika	[optikɒ]
centro (m) comercial	vásárlóközpont	[va:ʃa:rlo: køspont]
supermercado (m)	szupermarket	[supɛrmɒrkɛt]
padaria (f)	péküzlet	[pe:kyzlɛt]
padeiro (m)	pék	[pe:k]
pastelaria (f)	cukrászda	[tsukra:sdɒ]
mercearia (f)	élelmiszerbolt	[e:lɛlmisɛrbolt]
açougue (m)	húsbolt	[hu:ʃbolt]
fruteira (f)	zöldségbolt	[zøldʃe:gbolt]
mercado (m)	piac	[piɒts]
cafeteria (f)	kávézó	[ka:ve:zo:]
restaurante (m)	étterem	[e:ttɛrɛm]
bar (m)	söröző	[ʃørøzø:]
pizzaria (f)	pizzéria	[pitse:riɒ]
salão (m) de cabeleireiro	fodrászat	[fodra:sɒt]
agência (f) dos correios	posta	[poʃtɒ]
lavanderia (f)	vegytisztítás	[vɛɟtisti:ta:ʃ]
estúdio (m) fotográfico	fényképészet	[fe:ɲke:pe:sɛt]
sapataria (f)	cipőbolt	[tsipø:bolt]
livraria (f)	könyvesbolt	[køɲvɛʃbolt]

loja (f) de artigos esportivos	sportbolt	[ʃportbolt]
costureira (m)	ruhajavítás	[ruhɒ jɒviːtaːʃ]
aluguel (m) de roupa	ruhakölcsönzés	[ruhɒ køltʃønzeːʃ]
videolocadora (f)	filmkölcsönzés	[film køltʃønzeːʃ]

circo (m)	cirkusz	[tsirkus]
jardim (m) zoológico	állatkert	[aːllɒt kɛrt]
cinema (m)	mozi	[mozi]
museu (m)	múzeum	[muːzɛum]
biblioteca (f)	könyvtár	[køɲvtaːr]

teatro (m)	színház	[siːnhaːz]
ópera (f)	opera	[opɛrɒ]
boate (casa noturna)	éjjeli klub	[eːjjɛli klub]
cassino (m)	kaszinó	[kɒsinoː]

mesquita (f)	mecset	[mɛtʃɛt]
sinagoga (f)	zsinagóga	[ʒinɒgoːgɒ]
catedral (f)	székesegyház	[seːkɛʃɛɟhaːz]
templo (m)	templom	[tɛmplom]
igreja (f)	templom	[tɛmplom]

faculdade (f)	intézet	[inteːzɛt]
universidade (f)	egyetem	[ɛɟɛtɛm]
escola (f)	iskola	[iʃkolɒ]

prefeitura (f)	polgármesteri hivatal	[polgaːrmɛʃtɛri hivɒtɒl]
câmara (f) municipal	városháza	[vaːroʃhaːzɒ]
hotel (m)	szálloda	[saːllodɒ]
banco (m)	bank	[bɒŋk]

embaixada (f)	nagykövetség	[nɒɟkøvɛtʃːeːg]
agência (f) de viagens	utazási iroda	[utɒzaːʃi irodɒ]
agência (f) de informações	tudakozóiroda	[tudɒkozoː irodɒ]
casa (f) de câmbio	pénzváltó	[peːnzvaːltoː]

| metrô (m) | metró | [mɛtroː] |
| hospital (m) | kórház | [koːrhaːz] |

| posto (m) de gasolina | benzinkút | [bɛnziŋkuːt] |
| parque (m) de estacionamento | parkolóhely | [pɒrkoloːhɛj] |

80. Sinais

letreiro (m)	cégtábla	[tseːgtaːblɒ]
aviso (m)	felirat	[fɛlirɒt]
cartaz, pôster (m)	plakát	[plɒkaːt]
placa (f) de direção	útjelző	[uːtjɛlzøː]
seta (f)	nyíl	[ɲiːl]

aviso (advertência)	figyelmeztetés	[fiɟɛlmɛztɛteːʃ]
sinal (m) de aviso	figyelmeztetés	[fiɟɛlmɛztɛteːʃ]
avisar, advertir (vt)	figyelmeztet	[fiɟɛlmɛztɛt]
dia (m) de folga	szabadnap	[sɒbɒdnɒp]

horário (~ dos trens, etc.)	órarend	[o:rɒrɛnd]
horário (m)	nyitvatartási idő	[ɲitvɒtɒrta:ʃi idø:]
BEM-VINDOS!	ISTEN HOZTA!	[iʃtɛn hoztɒ]
ENTRADA	BEJÁRAT	[bɛja:rɒt]
SAÍDA	KIJÁRAT	[kija:rɒt]
EMPURRE	TOLNI	[tolni]
PUXE	HÚZNI	[hu:zni]
ABERTO	NYITVA	[ɲitvɒ]
FECHADO	ZÁRVA	[za:rvɒ]
MULHER	NŐI	[nø:i]
HOMEM	FÉRFI	[fe:rfi]
DESCONTOS	KIÁRUSÍTÁS	[kia:ruʃi:ta:ʃ]
SALDOS, PROMOÇÃO	KEDVEZMÉNY	[kɛdvɛzme:ɲ]
NOVIDADE!	ÚJDONSÁG!	[u:jdonʃa:g]
GRÁTIS	INGYEN	[iɲɟɛn]
ATENÇÃO!	FIGYELEM!	[fiɟɛlɛm]
NÃO HÁ VAGAS	NINCS HELY	[nintʃ hɛj]
RESERVADO	FOGLALT	[foglɒlt]
ADMINISTRAÇÃO	IGAZGATÁS	[igɒzgɒta:ʃ]
SOMENTE PESSOAL AUTORIZADO	SZEMÉLYZETI BEJÁRAT	[sɛme:jzɛti bɛja:rɒt]
CUIDADO CÃO FEROZ	HARAPOS KUTYA	[hɒrɒpoʃ kucɒ]
PROIBIDO FUMAR!	DOHÁNYOZNI TILOS!	[doha:ɲøzni tiloʃ]
NÃO TOCAR	NYÚJTANI TILOS!	[ɲu:jtɒni tiloʃ]
PERIGOSO	VESZÉLYES	[vɛse:jɛʃ]
PERIGO	VESZÉLY	[vɛse:j]
ALTA TENSÃO	MAGAS FESZÜLTSÉG	[mɒgɒʃ fɛsyltʃe:g]
PROIBIDO NADAR	FÜRDENI TILOS	[fyrdɛni tiloʃ]
COM DEFEITO	NEM MŰKÖDIK	[nɛm my:kødik]
INFLAMÁVEL	TŰZVESZÉLYES	[ty:zvɛse:jɛʃ]
PROIBIDO	TILOS	[tiloʃ]
ENTRADA PROIBIDA	TILOS AZ ÁTJÁRÁS	[tiloʃ ɒz a:tja:ra:ʃ]
CUIDADO TINTA FRESCA	FESTETT	[fɛʃtɛtt]

81. Transportes urbanos

ônibus (m)	busz	[bus]
bonde (m) elétrico	villamos	[villɒmoʃ]
trólebus (m)	trolibusz	[trolibus]
rota (f), itinerário (m)	járat	[ja:rɒt]
número (m)	szám	[sa:m]
ir de ... (carro, etc.)	megy ...vel	[mɛɟ ...vɛl]
entrar no ...	felszáll	[fɛlsa:ll]
descer do ...	leszáll	[lɛsa:ll]

parada (f)	állomás	[aːllomaːʃ]
próxima parada (f)	következő állomás	[køvɛtkɛzø: aːllomaːʃ]
terminal (m)	végállomás	[veːgaːllomaːʃ]
horário (m)	menetrend	[mɛnɛtrɛnd]
esperar (vt)	vár	[vaːr]

| passagem (f) | jegy | [jɛɟ] |
| tarifa (f) | jegyár | [jɛɟaːr] |

bilheteiro (m)	pénztáros	[peːnstaːroʃ]
controle (m) de passagens	ellenőrzés	[ɛllɛnøːrzeːʃ]
revisor (m)	ellenőr	[ɛllɛnøːr]

atrasar-se (vr)	késik	[keːʃik]
perder (o autocarro, etc.)	elkésik ...re	[ɛlkeːʃik ...rɛ]
estar com pressa	siet	[ʃiɛt]

táxi (m)	taxi	[tɒksi]
taxista (m)	taxis	[tɒksiʃ]
de táxi (ir ~)	taxival	[tɒksivɒl]
ponto (m) de táxis	taxiállomás	[tɒksiaːllomaːʃ]
chamar um táxi	taxit hív	[tɒksit hiːv]
pegar um táxi	taxival megy	[tɒksival mɛɟ]

tráfego (m)	közlekedés	[køzlɛkɛdeːʃ]
engarrafamento (m)	dugó	[dugoː]
horas (f pl) de pico	csúcsforgalom	[tʃuːtʃforgɒlom]
estacionar (vi)	parkol	[pɒrkol]
estacionar (vt)	parkol	[pɒrkol]
parque (m) de estacionamento	parkolóhely	[pɒrkoloːhɛj]

metrô (m)	metró	[mɛtroː]
estação (f)	állomás	[aːllomaːʃ]
ir de metrô	metróval megy	[mɛtroːvɒl mɛɟ]
trem (m)	vonat	[vonɒt]
estação (f) de trem	pályaudvar	[paːjɒudvɒr]

82. Turismo

monumento (m)	műemlék	[myːɛmleːk]
fortaleza (f)	erőd	[ɛrøːd]
palácio (m)	palota	[pɒlotɒ]
castelo (m)	kastély	[kɒʃteːj]
torre (f)	torony	[toroɲ]
mausoléu (m)	mauzóleum	[mɒuzoːlɛum]

arquitetura (f)	építészet	[eːpiːteːsɛt]
medieval (adj)	középkori	[køzeːpkori]
antigo (adj)	ősi	[øːʃi]
nacional (adj)	nemzeti	[nɛmzɛti]
famoso, conhecido (adj)	híres	[hiːrɛʃ]

| turista (m) | turista | [turiʃtɒ] |
| guia (pessoa) | idegenvezető | [idɛgɛn vɛzɛtøː] |

excursão (f)	kirándulás	[kira:ndula:ʃ]
mostrar (vt)	mutat	[mutɒt]
contar (vt)	mesél	[mɛʃe:l]
encontrar (vt)	talál	[tɒla:l]
perder-se (vr)	elvész	[ɛlve:s]
mapa (~ do metrô)	térkép	[te:rke:p]
mapa (~ da cidade)	térkép	[te:rke:p]
lembrança (f), presente (m)	emléktárgy	[ɛmle:kta:rɟ]
loja (f) de presentes	ajándékbolt	[ɒja:nde:kbolt]
tirar fotos, fotografar	fényképez	[fe:ɲke:pɛz]
fotografar-se (vr)	lefényképezteti magát	[lɛfe:ɲke:pɛztɛti mɒga:t]

83. Compras

comprar (vt)	vásárol	[va:ʃa:rol]
compra (f)	vásárolt holmi	[va:ʃa:rolt holmi]
fazer compras	vásárol	[va:ʃa:rol]
compras (f pl)	vásárlás	[va:ʃa:rla:ʃ]
estar aberta (loja)	dolgozik	[dolgozik]
estar fechada	bezáródik	[bɛza:ro:dik]
calçado (m)	cipő	[tsipø:]
roupa (f)	ruha	[ruhɒ]
cosméticos (m pl)	kozmetika	[kozmɛtikɒ]
alimentos (m pl)	élelmiszer	[e:lɛlmisɛr]
presente (m)	ajándék	[ɒja:nde:k]
vendedor (m)	eladó	[ɛlɒdo:]
vendedora (f)	eladónő	[ɛlɒdo:nø:]
caixa (f)	pénztár	[pe:nsta:r]
espelho (m)	tükör	[tykør]
balcão (m)	pult	[pult]
provador (m)	próbafülke	[pro:bɒfylkɛ]
provar (vt)	felpróbál	[fɛlpro:ba:l]
servir (roupa, caber)	megfelel	[mɛgfɛlɛl]
gostar (apreciar)	tetszik	[tɛtsik]
preço (m)	ár	[a:r]
etiqueta (f) de preço	árcédula	[a:rtse:dulɒ]
custar (vt)	kerül	[kɛryl]
Quanto?	Mennyibe kerül?	[mɛɲɲibɛ kɛryl]
desconto (m)	kedvezmény	[kɛdvɛzme:ɲ]
não caro (adj)	olcsó	[oltʃo:]
barato (adj)	olcsó	[oltʃo:]
caro (adj)	drága	[dra:gɒ]
É caro	Ez drága.	[ɛz dra:gɒ]
aluguel (m)	kölcsönzés	[køltʃønze:ʃ]
alugar (roupas, etc.)	kölcsönöz	[køltʃønøz]

| crédito (m) | hitel | [hitɛl] |
| a crédito | hitelbe | [hitɛlbɛ] |

84. Dinheiro

dinheiro (m)	pénz	[pe:nz]
câmbio (m)	váltás	[va:lta:ʃ]
taxa (f) de câmbio	árfolyam	[a:rfojɒm]
caixa (m) eletrônico	bankautomata	[bɒŋk ɒutomɒtɒ]
moeda (f)	érme	[e:rmɛ]

| dólar (m) | dollár | [dolla:r] |
| euro (m) | euró | [ɛuro:] |

lira (f)	líra	[li:rɒ]
marco (m)	márka	[ma:rkɒ]
franco (m)	frank	[frɒŋk]
libra (f) esterlina	font sterling	[font stɛrliŋg]
iene (m)	jen	[jɛn]

dívida (f)	adósság	[ɒdo:ʃa:g]
devedor (m)	adós	[ɒdo:ʃ]
emprestar (vt)	kölcsönad	[kølʧønɒd]
pedir emprestado	kölcsönvesz	[kølʧønvɛs]

banco (m)	bank	[bɒŋk]
conta (f)	számla	[sa:mlɒ]
depositar na conta	számlára tesz	[sa:mla:rɒ tɛs]
sacar (vt)	számláról lehív	[sa:mla:ro:l lɛhi:v]

cartão (m) de crédito	hitelkártya	[hitɛlka:rcɒ]
dinheiro (m) vivo	készpénz	[ke:spe:nz]
cheque (m)	csekk	[ʧɛkk]
passar um cheque	kiállít egy csekket	[kia:lli:t ɛɟ: ʧɛkkɛt]
talão (m) de cheques	csekkkönyv	[ʧɛkkkøɲv]

carteira (f)	pénztárca	[pe:nsta:rtsɒ]
niqueleira (f)	pénztárca	[pe:nsta:rtsɒ]
cofre (m)	páncélszekrény	[pa:ntse:lsɛkre:ɲ]

herdeiro (m)	örökös	[ørøkøʃ]
herança (f)	örökség	[ørøkʃe:g]
fortuna (riqueza)	vagyon	[vɒɟøn]

arrendamento (m)	bérlet	[be:rlɛt]
aluguel (pagar o ~)	lakbér	[lɒkbe:r]
alugar (vt)	bérel	[be:rɛl]

preço (m)	ár	[a:r]
custo (m)	költség	[kølʧe:g]
soma (f)	összeg	[øssɛg]

| gastar (vt) | költ | [kølt] |
| gastos (m pl) | kiadások | [kiɒda:ʃok] |

economizar (vi)	takarékoskodik	[tɒkɒre:koʃkodik]
econômico (adj)	takarékos	[tɒkɒre:koʃ]

pagar (vt)	fizet	[fizɛt]
pagamento (m)	fizetés	[fizɛte:ʃ]
troco (m)	visszajáró pénz	[vissɒja:ro: pe:nz]

imposto (m)	adó	[ɒdo:]
multa (f)	büntetés	[byntɛte:ʃ]
multar (vt)	büntet	[byntɛt]

85. Correios. Serviço postal

agência (f) dos correios	posta	[poʃtɒ]
correio (m)	posta	[poʃtɒ]
carteiro (m)	postás	[poʃta:ʃ]
horário (m)	nyitvatartási idő	[ɲitvɒtɒrta:ʃi idø:]

carta (f)	levél	[lɛve:l]
carta (f) registada	ajánlott levél	[ɒja:nlott lɛve:l]
cartão (m) postal	képeslap	[ke:pɛʃlɒp]
telegrama (m)	távirat	[ta:virɒt]
encomenda (f)	csomag	[ʧomɒg]
transferência (f) de dinheiro	pénzátutalás	[pe:nza:tutɒla:ʃ]

receber (vt)	kap	[kɒp]
enviar (vt)	felad	[fɛlɒd]
envio (m)	feladás	[fɛlɒda:ʃ]

endereço (m)	cím	[tsi:m]
código (m) postal	irányítószám	[ira:ɲi:to:sa:m]
remetente (m)	feladó	[fɛlɒdo:]
destinatário (m)	címzett	[tsi:mzɛtt]

nome (m)	név	[ne:v]
sobrenome (m)	vezetéknév	[vɛzɛte:k ne:v]

tarifa (f)	tarifa	[tarifa]
ordinário (adj)	normál	[norma:l]
econômico (adj)	kedvezményes	[kɛdvɛzme:ɲɛʃ]

peso (m)	súly	[ʃu:j]
pesar (estabelecer o peso)	megmér	[mɛgme:r]
envelope (m)	boríték	[bori:te:k]
selo (m) postal	márka	[ma:rkɒ]

Moradia. Casa. Lar

86. Casa. Habitação

casa (f)	ház	[ha:z]
em casa	itthon	[itthon]
pátio (m), quintal (f)	udvar	[udvɒr]
cerca, grade (f)	kerítés	[kɛri:te:ʃ]
tijolo (m)	tégla	[te:glɒ]
de tijolos	tégla	[te:glɒ]
pedra (f)	kő	[kø:]
de pedra	kő	[kø:]
concreto (m)	beton	[bɛton]
concreto (adj)	beton	[bɛton]
novo (adj)	új	[u:j]
velho (adj)	régi	[re:gi]
decrépito (adj)	omladozó	[omladozo:]
moderno (adj)	modern	[modɛrn]
de vários andares	többemeletes	[tøbbɛmɛlɛtɛʃ]
alto (adj)	magas	[mɒgɒʃ]
andar (m)	emelet	[ɛmɛlɛt]
de um andar	földszintes	[føldsintɛʃ]
térreo (m)	földszint	[føldsint]
andar (m) de cima	felső emelet	[fɛlʃø: ɛmɛlɛt]
telhado (m)	tető	[tɛtø:]
chaminé (f)	kémény	[ke:me:ɲ]
telha (f)	cserép	[ʧɛre:p]
de telha	cserép	[ʧɛre:p]
sótão (m)	padlás	[pɒdla:ʃ]
janela (f)	ablak	[ɒblɒk]
vidro (m)	üveg	[yvɛg]
parapeito (m)	ablakdeszka	[ɒblɒg dɛskɒ]
persianas (f pl)	zsalugáter	[ʒɒluga:tɛr]
parede (f)	fal	[fɒl]
varanda (f)	erkély	[ɛrke:j]
calha (f)	vízlevezető cső	[vi:zlɛvɛzɛtø: ʧø:]
em cima	fent	[fɛnt]
subir (vi)	felmegy	[fɛlmɛɟ]
descer (vi)	lemegy	[lɛmɛɟ]
mudar-se (vr)	átköltözik	[a:tkøltøzik]

87. Casa. Entrada. Elevador

entrada (f)	bejárat	[bɛjaːrɒt]
escada (f)	lépcső	[leːptʃøː]
degraus (m pl)	lépcsőfok	[leːptʃøːfok]
corrimão (m)	korlát	[korlaːt]
hall (m) de entrada	előcsarnok	[ɛløːtʃɒrnok]
caixa (f) de correio	postaláda	[poʃtɒlaːdɒ]
lata (f) do lixo	kuka	[kukɒ]
calha (f) de lixo	szemétledobó	[sɛmeːt lɛdoboː]
elevador (m)	lift	[lift]
elevador (m) de carga	teherfelvonó	[tɛhɛr fɛlvonoː]
cabine (f)	fülke	[fylkɛ]
pegar o elevador	lifttel megy	[lifttɛl mɛɟ]
apartamento (m)	lakás	[lɒkaːʃ]
residentes (pl)	lakók	[lɒkoːk]
vizinho (m)	szomszéd	[somseːd]
vizinha (f)	szomszéd	[somseːd]
vizinhos (pl)	szomszédok	[somseːdok]

88. Casa. Eletricidade

eletricidade (f)	villany	[villɒɲ]
lâmpada (f)	körte	[kørtɛ]
interruptor (m)	bekapcsoló	[bɛkɒptʃoloː]
fusível, disjuntor (m)	biztosíték	[bistoʃiːteːk]
fio, cabo (m)	vezeték	[vɛzɛteːk]
instalação (f) elétrica	vezetés	[vɛzɛteːʃ]
medidor (m) de eletricidade	villanyóra	[villɒɲ oːrɒ]
indicação (f), registro (m)	állás	[aːllaːʃ]

89. Casa. Portas. Fechaduras

porta (f)	ajtó	[ɒjtoː]
portão (m)	kapu	[kɒpu]
maçaneta (f)	kilincs	[kilintʃ]
destrancar (vt)	kinyit	[kiɲit]
abrir (vt)	kinyit	[kiɲit]
fechar (vt)	bezár	[bɛzaːr]
chave (f)	kulcs	[kultʃ]
molho (m)	kulcscsomó	[kultʃ tʃomoː]
ranger (vi)	nyikorog	[ɲikorog]
rangido (m)	nyikorgás	[ɲikorgaːʃ]
dobradiça (f)	zsanér	[ʒaneːr]
capacho (m)	lábtörlő	[laːptørløː]
fechadura (f)	zár	[zaːr]

buraco (m) da fechadura	zárlyuk	[zaːrjuk]
barra (f)	retesz	[rɛtɛs]
fecho (ferrolho pequeno)	tolózár	[toloːzaːr]
cadeado (m)	lakat	[lɒkɒt]

tocar (vt)	csenget	[ʧɛŋgɛt]
toque (m)	csengetés	[ʧɛŋgɛteːʃ]
campainha (f)	csengő	[ʧɛŋgøː]
botão (m)	gomb	[gomb]
batida (f)	kopogás	[kopogaːʃ]
bater (vi)	kopog	[kopog]

código (m)	kód	[koːd]
fechadura (f) de código	kódzár	[koːdzaːr]
interfone (m)	kaputelefon	[kɒputɛlɛfon]
número (m)	szám	[saːm]
placa (f) de porta	felirat	[fɛlirɒt]
olho (m) mágico	kukucskáló	[kukuʧkaːloː]

90. Casa de campo

aldeia (f)	falu	[fɒlu]
horta (f)	konyhakert	[koɲhɒkɛrt]
cerca (f)	kerítés	[kɛriːteːʃ]
cerca (f) de piquete	kerítés	[kɛriːteːʃ]
portão (f) do jardim	kiskapu	[kiʃkɒpu]

celeiro (m)	magtár	[mɒgtaːr]
adega (f)	pince	[pintsɛ]
galpão, barracão (m)	pajta	[pɒjtɒ]
poço (m)	kút	[kuːt]

fogão (m)	kemence	[kɛmɛntsɛ]
atiçar o fogo	begyújt	[bɛɟuːjt]
lenha (carvão ou ~)	tűzifa	[tyːzifɒ]
acha, lenha (f)	fahasáb	[fɒhɒʃaːb]

varanda (f)	veranda	[vɛrɒndɒ]
alpendre (m)	terasz	[tɛrɒs]
degraus (m pl) de entrada	feljárat	[fɛljaːrɒt]
balanço (m)	hinta	[hintɒ]

91. Moradia. Mansão

casa (f) de campo	hétvégi ház	[heːtveːgi haːz]
vila (f)	villa	[villɒ]
ala (~ do edifício)	szárny	[saːrɲ]

jardim (m)	kert	[kɛrt]
parque (m)	park	[pɒrk]
estufa (f)	melegház	[mɛlɛkhaːz]
cuidar de ...	ápol	[aːpol]

piscina (f)	medence	[mɛdɛntsɛ]
academia (f) de ginástica	tornacsarnok	[tornɒʧɒrnok]
quadra (f) de tênis	teniszpálya	[tɛnispaːjɒ]
cinema (m)	házimozi	[haːzimozi]
garagem (f)	garázs	[gɒraːʒ]

| propriedade (f) privada | magánterület | [mɒgaːn tɛrylɛt] |
| terreno (m) privado | magánterület | [mɒgaːn tɛrylɛt] |

| advertência (f) | figyelmeztetés | [fiɟɛlmɛztɛteːʃ] |
| sinal (m) de aviso | figyelmeztető felirat | [fiɟɛlmɛztɛtø: fɛlirɒt] |

guarda (f)	őrség	[øːrʃeːg]
guarda (m)	biztonsági őr	[bistonʃaːgi øːr]
alarme (m)	riasztó	[riɒstoː]

92. Castelo. Palácio

castelo (m)	kastély	[kɒʃteːj]
palácio (m)	palota	[pɒlotɒ]
fortaleza (f)	erőd	[ɛrøːd]
muralha (f)	fal	[fɒl]
torre (f)	torony	[toroɲ]
calabouço (m)	főtorony	[føːtoroɲ]

grade (f) levadiça	felvonókapu	[fɛlvonoː kɒpu]
passagem (f) subterrânea	föld alatti járat	[føld ɒlɒtti jaːrɒt]
fosso (m)	árok	[aːrok]
corrente, cadeia (f)	lánc	[laːnts]
seteira (f)	lőrés	[løːreːʃ]

magnífico (adj)	nagyszerű	[nɒɟsɛryː]
majestoso (adj)	magasztos	[mɒgɒstoʃ]
inexpugnável (adj)	bevehetetlen	[bɛvɛhɛtɛtlɛn]
medieval (adj)	középkori	[køzeːpkori]

93. Apartamento

apartamento (m)	lakás	[lɒkaːʃ]
quarto, cômodo (m)	szoba	[sobɒ]
quarto (m) de dormir	hálószoba	[haːloːsobɒ]
sala (f) de jantar	ebédlő	[ɛbeːdløː]
sala (f) de estar	nappali	[nɒppɒli]
escritório (m)	dolgozószoba	[dolgozoːsobɒ]

sala (f) de entrada	előszoba	[ɛløːsobɒ]
banheiro (m)	fürdőszoba	[fyrdøːsobɒ]
lavabo (m)	vécé	[veːtseː]

teto (m)	mennyezet	[mɛnɲɛzɛt]
chão, piso (m)	padló	[pɒdloː]
canto (m)	sarok	[ʃɒrok]

94. Apartamento. Limpeza

arrumar, limpar (vt)	takarít	[tɒkɒriːt]
guardar (no armário, etc.)	eltesz	[ɛltɛs]
pó (m)	por	[por]
empoeirado (adj)	poros	[poroʃ]
tirar o pó	port töröl	[port tørøl]
aspirador (m)	porszívó	[porsiːvoː]
aspirar (vt)	porszívózik	[porsiːvoːzik]
varrer (vt)	söpör	[ʃøpør]
sujeira (f)	szemét	[sɛmeːt]
arrumação, ordem (f)	rend	[rɛnd]
desordem (f)	rendetlenség	[rɛndɛtlɛnʃeːg]
esfregão (m)	seprő	[ʃɛprøː]
pano (m), trapo (m)	rongy	[roɲɟ]
vassoura (f)	söprű	[ʃɛpryː]
pá (f) de lixo	lapát	[lɒpaːt]

95. Mobiliário. Interior

mobiliário (m)	bútor	[buːtor]
mesa (f)	asztal	[ɒstɒl]
cadeira (f)	szék	[seːk]
cama (f)	ágy	[aːɟ]
sofá, divã (m)	dívány	[diːvaːɲ]
poltrona (f)	fotel	[fotɛl]
estante (f)	könyvszekrény	[køɲvsɛkreːɲ]
prateleira (f)	könyvpolc	[køɲvpolts]
guarda-roupas (m)	ruhaszekrény	[ruhɒ sɛkreːɲ]
cabide (m) de parede	ruhatartó	[ruhɒtɒrtoː]
cabideiro (m) de pé	fogas	[fogɒʃ]
cômoda (f)	komód	[komoːd]
mesinha (f) de centro	dohányzóasztal	[dohaːɲzoːɒstɒl]
espelho (m)	tükör	[tykør]
tapete (m)	szőnyeg	[søːnɛg]
tapete (m) pequeno	kis szőnyeg	[kiʃ søːnɛg]
lareira (f)	kandalló	[kɒndɒlloː]
vela (f)	gyertya	[ɟɛrcɒ]
castiçal (m)	gyertyatartó	[ɟɛrcɒtɒrtoː]
cortinas (f pl)	függöny	[fyggøɲ]
papel (m) de parede	tapéta	[tɒpeːtɒ]
persianas (f pl)	redőny	[rɛdøːɲ]
luminária (f) de mesa	asztali lámpa	[ɒstɒli laːmpɒ]
luminária (f) de parede	lámpa	[laːmpɒ]

| abajur (m) de pé | állólámpa | [aːlloːlaːmpɒ] |
| lustre (m) | csillár | [ʧillaːr] |

pé (de mesa, etc.)	láb	[laːb]
braço, descanso (m)	kartámla	[kɒrtaːmlɒ]
costas (f pl)	támla	[taːmlɒ]
gaveta (f)	fiók	[fioːk]

96. Quarto de dormir

roupa (f) de cama	ágynemű	[aːɲnɛmyː]
travesseiro (m)	párna	[paːrnɒ]
fronha (f)	párnahuzat	[paːrnɒhuzɒt]
cobertor (m)	takaró	[tɒkɒroː]
lençol (m)	lepedő	[lɛpɛdøː]
colcha (f)	takaró	[tɒkɒroː]

97. Cozinha

cozinha (f)	konyha	[koɲhɒ]
gás (m)	gáz	[gaːz]
fogão (m) a gás	gáztűzhely	[gaːztyːzhɛj]
fogão (m) elétrico	elektromos tűzhely	[ɛlɛktromoʃ tyːshɛj]
forno (m)	sütő	[ʃytøː]
forno (m) de micro-ondas	mikrohullámú sütő	[mikrohullaːmuː ʃytøː]

geladeira (f)	hűtőszekrény	[hyːtøːsɛkreːɲ]
congelador (m)	fagyasztóláda	[fɒɟɒstoːlaːdɒ]
máquina (f) de lavar louça	mosogatógép	[moʃogɒtoːgeːp]

moedor (m) de carne	húsdaráló	[huːʃdɒraːloː]
espremedor (m)	gyümölcscentrifuga	[ɟymølʧ tsɛntrifugɒ]
torradeira (f)	kenyérpirító	[kɛɲeːrpiriːtoː]
batedeira (f)	turmixgép	[turmiksgeːp]

máquina (f) de café	kávéfőző	[kaːveːføːzøː]
cafeteira (f)	kávéskanna	[kaːveːʃkɒnnɒ]
moedor (m) de café	kávéőrlő	[kaːveːøːrløː]

chaleira (f)	kanna	[kɒnnɒ]
bule (m)	teáskanna	[tɛaːʃkɒnnɒ]
tampa (f)	fedél	[fɛdeːl]
coador (m) de chá	szűrő	[syːrøː]

colher (f)	kanál	[kɒnaːl]
colher (f) de chá	teáskanál	[tɛaːʃkɒnaːl]
colher (f) de sopa	evőkanál	[ɛvøːkɒnaːl]
garfo (m)	villa	[villɒ]
faca (f)	kés	[keːʃ]

| louça (f) | edény | [ɛdeːɲ] |
| prato (m) | tányér | [taːneːr] |

pires (m)	csészealj	[tʃeːsɛɒj]
cálice (m)	kupica	[kupitsɒ]
copo (m)	pohár	[pohaːr]
xícara (f)	csésze	[tʃeːsɛ]
açucareiro (m)	cukortartó	[tsukortɒrtoː]
saleiro (m)	sótartó	[ʃoːtɒrtoː]
pimenteiro (m)	borstartó	[borʃtɒrtoː]
manteigueira (f)	vajtartó	[vɒj tɒrtoː]
panela (f)	lábas	[laːbɒʃ]
frigideira (f)	serpenyő	[ʃɛrpɛɲøː]
concha (f)	merőkanál	[mɛrøːkɒnaːl]
coador (m)	tésztaszűrő	[teːstɒsyːrøː]
bandeja (f)	tálca	[taːltsɒ]
garrafa (f)	palack, üveg	[pɒlɒsk], [yvɛg]
pote (m) de vidro	befőttes üveg	[bɛføːtɛs yvɛg]
lata (~ de cerveja)	bádogdoboz	[baːdogdoboz]
abridor (m) de garrafa	üvegnyitó	[yvɛg ɲitoː]
abridor (m) de latas	konzervnyitó	[konzɛrv ɲitoː]
saca-rolhas (m)	dugóhúzó	[dugoːhuːzoː]
filtro (m)	filter	[filtɛr]
filtrar (vt)	szűr	[syːr]
lixo (m)	szemét	[sɛmeːt]
lixeira (f)	kuka	[kukɒ]

98. Casa de banho

banheiro (m)	fürdőszoba	[fyrdøːsobɒ]
água (f)	víz	[viːz]
torneira (f)	csap	[tʃɒp]
água (f) quente	meleg víz	[mɛlɛg viːz]
água (f) fria	hideg víz	[hidɛg viːz]
pasta (f) de dente	fogkrém	[fogkreːm]
escovar os dentes	fogat mos	[fogɒt moʃ]
barbear-se (vr)	borotválkozik	[borotvaːlkozik]
espuma (f) de barbear	borotvahab	[borotvɒhɒb]
gilete (f)	borotva	[borotvɒ]
lavar (vt)	mos	[moʃ]
tomar banho	mosakodik	[moʃɒkodik]
chuveiro (m), ducha (f)	zuhany	[zuhɒɲ]
tomar uma ducha	zuhanyozik	[zuhɒɲozik]
banheira (f)	fürdőkád	[fyrdøːkaːd]
vaso (m) sanitário	vécékagyló	[veːtseː kɒɟloː]
pia (f)	mosdókagyló	[moʒdoːkɒɟloː]
sabonete (m)	szappan	[sɒppɒn]
saboneteira (f)	szappantartó	[sɒppɒntɒrtoː]

esponja (f)	szivacs	[sivɒtʃ]
xampu (m)	sampon	[ʃɒmpon]
toalha (f)	törülköző	[tørylkøzø:]
roupão (m) de banho	köntös	[køntøʃ]

lavagem (f)	mosás	[moʃa:ʃ]
lavadora (f) de roupas	mosógép	[moʃo:ge:p]
lavar a roupa	ruhát mos	[ruha:t moʃ]
detergente (m)	mosópor	[moʃo:por]

99. Eletrodomésticos

televisor (m)	televízió	[tɛlɛvi:zio:]
gravador (m)	magnó	[mɒgno:]
videogravador (m)	videomagnó	[vidɛomɒgno:]
rádio (m)	vevőkészülék	[vɛvø:ke:syle:k]
leitor (m)	sétálómagnó	[ʃe:ta:lo: mɒgno:]

projetor (m)	videovetítő	[vidɛovɛti:tø:]
cinema (m) em casa	házimozi	[ha:zimozi]
DVD Player (m)	DVDlejátszó	[dɛvɛdɛlɛja:tso:]
amplificador (m)	erősítő	[ɛrø:ʃi:tø:]
console (f) de jogos	videojáték	[vidɛoja:te:k]

câmera (f) de vídeo	videokamera	[vidɛokɒmɛrɒ]
máquina (f) fotográfica	fényképezőgép	[fe:ɲke:pɛzø:ge:p]
câmera (f) digital	digitális fényképezőgép	[digita:liʃ fe:ɲke:pɛzø:ge:p]

aspirador (m)	porszívó	[porsi:vo:]
ferro (m) de passar	vasaló	[vɒʃolo:]
tábua (f) de passar	vasalódeszka	[vɒʃolo:dɛskɒ]

telefone (m)	telefon	[tɛlɛfon]
celular (m)	mobiltelefon	[mobiltɛlɛfon]
máquina (f) de escrever	írógép	[i:ro:ge:p]
máquina (f) de costura	varrógép	[vɒrro:ge:p]

microfone (m)	mikrofon	[mikrofon]
fone (m) de ouvido	fejhallgató	[fɛlhɒllgɒto:]
controle remoto (m)	távkapcsoló	[ta:v kɒptʃolo:]

CD (m)	CDlemez	[tsɛdɛlɛmɛz]
fita (f) cassete	kazetta	[kɒzɛttɒ]
disco (m) de vinil	lemez	[lɛmɛz]

100. Reparações. Renovação

renovação (f)	felújítás	[fɛlu:ji:ta:ʃ]
renovar (vt), fazer obras	renovál	[rɛnova:l]
reparar (vt)	javít	[jɒvi:t]
consertar (vt)	rendbe hoz	[rɛndbɛ hoz]

refazer (vt)	újra csinál	[uːjrɒ tʃinaːl]
tinta (f)	festék	[fɛʃteːk]
pintar (vt)	fest	[fɛʃt]
pintor (m)	festő	[fɛʃtøː]
pincel (m)	ecset	[ɛtʃɛt]

| cal (f) | mészfesték | [meːsfɛʃteːk] |
| caiar (vt) | meszel | [mɛsɛl] |

papel (m) de parede	tapéta	[tɒpeːtɒ]
colocar papel de parede	tapétáz	[tɒpeːtaːz]
verniz (m)	lakk	[lɒkk]
envernizar (vt)	lakkoz	[lɒkkoz]

101. Canalizações

água (f)	víz	[viːz]
água (f) quente	meleg víz	[mɛlɛg viːz]
água (f) fria	hideg víz	[hidɛg viːz]
torneira (f)	csap	[tʃɒp]

gota (f)	csepp	[tʃɛpp]
gotejar (vi)	csepeg	[tʃɛpɛg]
vazar (vt)	szivárog	[sivaːrog]
vazamento (m)	szivárgás	[sivaːrgaːs]
poça (f)	tócsa	[toːtʃɒ]

tubo (m)	cső	[tʃøː]
válvula (f)	szelep	[sɛlɛp]
entupir-se (vr)	eldugul	[ɛldugul]

ferramentas (f pl)	szerszámok	[sɛrsaːmok]
chave (f) inglesa	állítható csavarkulcs	[aːlliːthɒto tʃɒvɒrkultʃ]
desenroscar (vt)	kicsavar	[kitʃɒvɒr]
enroscar (vt)	becsavar	[bɛtʃɒvɒr]

desentupir (vt)	kitisztít	[kitistiːt]
encanador (m)	vízvezetékszerelő	[viːzvɛzɛteːksɛrɛløː]
porão (m)	pince	[pintsɛ]
rede (f) de esgotos	csatornázás	[tʃɒtornaːzaːʃ]

102. Fogo. Deflagração

incêndio (m)	tűz	[tyːz]
chama (f)	láng	[laːŋg]
faísca (f)	szikra	[sikrɒ]
fumaça (f)	füst	[fyʃt]
tocha (f)	fáklya	[faːkjɒ]
fogueira (f)	tábortűz	[taːbortyːz]

| gasolina (f) | benzin | [bɛnzin] |
| querosene (m) | kerozin | [kɛrozin] |

inflamável (adj)	gyúlékony	[ju:le:koɲ]
explosivo (adj)	robbanásveszélyes	[robbɒna:ʃ vɛse:jɛʃ]
PROIBIDO FUMAR!	DOHÁNYOZNI TILOS!	[doha:nøzni tiloʃ]

segurança (f)	biztonság	[bistonʃa:g]
perigo (m)	veszély	[vɛse:j]
perigoso (adj)	veszélyes	[vɛse:jɛʃ]

incendiar-se (vr)	meggyullad	[mɛɟɟyllɒd]
explosão (f)	robbanás	[robbɒna:ʃ]
incendiar (vt)	felgyújt	[fɛlɉu:jt]
incendiário (m)	gyújtogató	[ɟu:jtogɒto:]
incêndio (m) criminoso	gyújtogatás	[ɟu:jtogɒta:ʃ]

flamejar (vi)	lángol	[la:ŋgol]
queimar (vi)	ég	[e:g]
queimar tudo (vi)	leég	[le:ɛg]

bombeiro (m)	tűzoltó	[ty:zolto:]
caminhão (m) de bombeiros	tűzoltóautó	[ty:zolto:ɒuto:]
corpo (m) de bombeiros	tűzoltócsapat	[ty:zolto: ʧɒpɒt]

mangueira (f)	tűzoltótömlő	[ty:zolto:tømlø:]
extintor (m)	tűzoltó készülék	[ty:zolto: ke:syle:k]
capacete (m)	sisak	[ʃiʃɒk]
sirene (f)	riadó	[riɒdo:]

gritar (vi)	kiabál	[kiɒba:l]
chamar por socorro	segítségre hív	[ʃɛgi:ʧe:grɛ hi:v]
socorrista (m)	mentő	[mɛntø:]
salvar, resgatar (vt)	megment	[mɛgmɛnt]

chegar (vi)	érkezik	[e:rkɛzik]
apagar (vt)	olt	[olt]
água (f)	víz	[vi:z]
areia (f)	homok	[homok]

ruínas (f pl)	romok	[romok]
ruir (vi)	beomlik	[bɛomlik]
desmoronar (vi)	leomlik	[lɛomlik]
desabar (vi)	összedől	[øssɛdø:l]

fragmento (m)	töredék	[tørɛde:k]
cinza (f)	hamu	[hɒmu]

sufocar (vi)	megfullad	[mɛgfullɒd]
perecer (vi)	elpusztul	[ɛlpustul]

ATIVIDADES HUMANAS

Emprego. Negócios. Parte 1

103. Escritório. O trabalho no escritório

escritório (~ de advogados)	iroda	[irodɒ]
escritório (do diretor, etc.)	iroda	[irodɒ]
recepção (f)	recepció	[rɛtsɛptsio:]
secretário (m)	titkár	[titka:r]
diretor (m)	igazgató	[igɒzgɒto:]
gerente (m)	menedzser	[mɛnɛdʒɛr]
contador (m)	könyvelő	[køɲvɛlø:]
empregado (m)	munkatárs	[muŋkɒta:rʃ]
mobiliário (m)	bútor	[bu:tor]
mesa (f)	asztal	[ɒstɒl]
cadeira (f)	munkaszék	[muŋkɒse:k]
gaveteiro (m)	fiókos elem	[fjo:kos ɛlɛm]
cabideiro (m) de pé	fogas	[fogɒʃ]
computador (m)	számítógép	[sa:mi:to:ge:p]
impressora (f)	nyomtató	[ɲomtɒto:]
fax (m)	fax	[fɒks]
fotocopiadora (f)	másoló	[ma:ʃolo:]
papel (m)	papír	[pɒpi:r]
artigos (m pl) de escritório	irodaszerek	[irodɒsɛrɛk]
tapete (m) para mouse	egérpad	[ɛge:rpɒd]
folha (f)	lap	[lɒp]
pasta (f)	irattartó	[irɒttɒrto:]
catálogo (m)	katalógus	[kɒtɒlo:guʃ]
lista (f) telefônica	címkönyv	[tsi:mkøɲv]
documentação (f)	dokumentáció	[dokumɛnta:tsjo:]
brochura (f)	brosúra	[broʃu:rɒ]
panfleto (m)	röplap	[røplɒp]
amostra (f)	mintadarab	[mintɒdɒrɒb]
formação (f)	tréning	[tre:niŋg]
reunião (f)	értekezlet	[e:rtɛkɛzlɛt]
hora (f) de almoço	ebédszünet	[ɛbe:dsynɛt]
fazer uma cópia	lemásol	[lɛma:ʃol]
tirar cópias	sokszoroz	[ʃoksoroz]
receber um fax	faxot kap	[fɒksot kɒp]
enviar um fax	faxot küld	[fɒksot kyld]
fazer uma chamada	felhív	[fɛlhi:v]

| responder (vt) | válaszol | [vaːlɒsol] |
| passar (vt) | összekapcsol | [øssɛkɒpt͡ʃol] |

marcar (vt)	megszervez	[mɛksɛrvɛz]
demonstrar (vt)	bemutat	[bɛmutɒt]
estar ausente	hiányzik	[hiaːɲzik]
ausência (f)	távolmaradás	[taːvolmɒrɒdaːʃ]

104. Processos negociais. Parte 1

ocupação (f)	üzlet	[yzlɛt]
firma, empresa (f)	cég	[tseːg]
companhia (f)	társaság	[taːrʃɒʃaːg]
corporação (f)	vállalat	[vaːllɒlɒt]
empresa (f)	vállalat	[vaːllɒlɒt]
agência (f)	ügynökség	[yɟnøkʃeːg]

acordo (documento)	egyezmény	[ɛɟːɛzmeːɲ]
contrato (m)	szerződés	[sɛrzøːdeːʃ]
acordo (transação)	ügylet	[yɟlɛt]
pedido (m)	megrendelés	[mɛgrɛndɛleːʃ]
termos (m pl)	feltétel	[fɛlteːtɛl]

por atacado	nagyban	[nɒɟbɒn]
por atacado (adj)	nagykereskedelmi	[nɒckɛrɛʃkɛdɛlmi]
venda (f) por atacado	nagykereskedelem	[nɒckɛrɛʃkɛdɛlɛm]
a varejo	kiskereskedelmi	[kiʃkɛrɛʃkɛdɛlmi]
venda (f) a varejo	kiskereskedelem	[kiʃkɛrɛʃkɛdɛlɛm]

concorrente (m)	versenytárs	[vɛrʃɛɲtaːrʃ]
concorrência (f)	verseny	[vɛrʃɛɲ]
competir (vi)	versenyez	[vɛrʃɛnɛz]

| sócio (m) | társ | [taːrʃ] |
| parceria (f) | partnerség | [pɒrtnɛrʃeːg] |

crise (f)	válság	[vaːlʃaːg]
falência (f)	csőd	[t͡ʃøːd]
entrar em falência	tönkremegy	[tønkrɛmɛɟ]
dificuldade (f)	nehézség	[nɛheːzʃeːg]
problema (m)	probléma	[probleːmɒ]
catástrofe (f)	katasztrófa	[kɒtɒstroːfɒ]

economia (f)	gazdaság	[gɒzdɒʃaːg]
econômico (adj)	gazdasági	[gɒzdɒʃaːgi]
recessão (f) econômica	gazdasági hanyatlás	[gɒzdɒʃaːgi hɒɲɒtlaːʃ]

| objetivo (m) | cél | [tseːl] |
| tarefa (f) | feladat | [fɛlɒdɒt] |

comerciar (vi, vt)	kereskedik	[kɛrɛʃkɛdik]
rede (de distribuição)	háló	[haːloː]
estoque (m)	raktár	[rɒktaːr]
sortimento (m)	választék	[vaːlɒsteːk]

líder (m)	vezető	[vɛzɛtø:]
grande (~ empresa)	nagy	[nɒj]
monopólio (m)	monopólium	[monopo:lium]

teoria (f)	elmélet	[ɛlme:lɛt]
prática (f)	gyakorlat	[jokorlɒt]
experiência (f)	tapasztalat	[tɒpɒstɒlɒt]
tendência (f)	tendencia	[tɛndɛntsiɒ]
desenvolvimento (m)	fejlődés	[fɛjlø:deʃ]

105. Processos negociais. Parte 2

| rentabilidade (f) | előny | [ɛlø:ɲ] |
| rentável (adj) | előnyös | [ɛlø:nøʃ] |

delegação (f)	küldöttség	[kyldøttʃe:g]
salário, ordenado (m)	fizetés	[fizɛte:ʃ]
corrigir (~ um erro)	javít	[jɒvi:t]
viagem (f) de negócios	szolgálati utazás	[solga:lɒti utɒza:ʃ]
comissão (f)	bizottság	[bizottʃa:g]

controlar (vt)	ellenőriz	[ɛllɛnø:riz]
conferência (f)	konferencia	[konfɛrɛntsiɒ]
licença (f)	licencia	[litsɛntsiɒ]
confiável (adj)	megbízható	[mɛgbi:shɒto:]

empreendimento (m)	kezdeményezés	[kɛzdɛmɛ:nɛze:ʃ]
norma (f)	szabvány	[sɒbva:ɲ]
circunstância (f)	körülmény	[kørylme:ɲ]
dever (do empregado)	kötelesség	[køtɛlɛʃe:g]

empresa (f)	szervezet	[sɛrvɛzɛt]
organização (f)	szervezet	[sɛrvɛzɛt]
organizado (adj)	szervezett	[sɛrvɛzɛtt]
anulação (f)	törlés	[tørle:ʃ]
anular, cancelar (vt)	eltöröl	[ɛltørøl]
relatório (m)	beszámoló	[bɛsa:molo:]

patente (f)	szabadalom	[sɒbɒdɒlom]
patentear (vt)	szabadalmaztat	[sɒbɒdɒlmɒztɒt]
planejar (vt)	tervez	[tɛrvɛz]

bônus (m)	prémium	[pre:mjum]
profissional (adj)	szakmai	[sɒkmɒi]
procedimento (m)	eljárás	[ɛlja:ra:ʃ]

examinar (~ a questão)	vizsgál	[viʒga:l]
cálculo (m)	számítás	[sa:mi:ta:ʃ]
reputação (f)	hírnév	[hi:rne:v]
risco (m)	kockázat	[kotska:zɒt]

dirigir (~ uma empresa)	irányít	[ira:ni:t]
informação (f)	tudnivalók	[tudnivɒlo:k]
propriedade (f)	tulajdon	[tulɒjdon]

união (f)	szövetség	[søvɛtʃeːg]
seguro (m) de vida	életbiztosítás	[eːlɛt bistoʃiːtaːʃ]
fazer um seguro	biztosít	[bistoʃiːt]
seguro (m)	biztosíték	[bistoʃiːteːk]

leilão (m)	árverés	[aːrvɛreːʃ]
notificar (vt)	értesít	[eːrtɛʃiːt]
gestão (f)	igazgatás	[igɒzgɒtaːʃ]
serviço (indústria de ~s)	szolgálat	[solgaːlɒt]

fórum (m)	fórum	[foːrum]
funcionar (vi)	működik	[myːkødik]
estágio (m)	szakasz	[sɒkɒs]
jurídico, legal (adj)	jogi	[jogi]
advogado (m)	jogász	[jogaːs]

106. Produção. Trabalhos

usina (f)	gyár	[ɟaːr]
fábrica (f)	üzem	[yzɛm]
oficina (f)	műhely	[myːhɛj]
local (m) de produção	üzem	[yzɛm]

indústria (f)	ipar	[ipɒr]
industrial (adj)	ipari	[ipɒri]
indústria (f) pesada	nehézipar	[nɛheːzipɒr]
indústria (f) ligeira	könnyűipar	[kønɲyːipɒr]

produção (f)	termék	[tɛrmeːk]
produzir (vt)	termel	[tɛrmɛl]
matérias-primas (f pl)	nyersanyag	[ɲɛrʃɒɲɒg]

chefe (m) de obras	előmunkás	[ɛløːmuŋkaːʃ]
equipe (f)	brigád	[brigaːd]
operário (m)	munkás	[muŋkaːʃ]

dia (m) de trabalho	munkanap	[muŋkɒnɒp]
intervalo (m)	szünet	[synɛt]
reunião (f)	gyűlés	[ɟyːleːʃ]
discutir (vt)	megbeszél	[mɛgbɛseːl]

plano (m)	terv	[tɛrv]
cumprir o plano	tervet teljesít	[tɛrvɛt tɛjɛʃiːt]
taxa (f) de produção	norma	[normɒ]
qualidade (f)	minőség	[minøːʃeːg]
controle (m)	ellenőrzés	[ɛllɛnøːrzeːʃ]
controle (m) da qualidade	minőség ellenőrzése	[minøːʃeːg ɛllɛnøːrzeːʃɛ]

segurança (f) no trabalho	munkabiztonság	[muŋkɒbistonʃaːg]
disciplina (f)	fegyelem	[fɛɟɛlɛm]
infração (f)	megsértés	[mɛgʃeːrteːʃ]
violar (as regras)	megsért	[mɛgʃeːrt]
greve (f)	sztrájk	[straːjk]
grevista (m)	sztrájkoló	[straːjkoloː]

estar em greve	sztrájkol	[straːjkol]
sindicato (m)	szakszervezet	[sɒksɛrvɛzɛt]
inventar (vt)	feltalál	[fɛltɒlaːl]
invenção (f)	feltalálás	[fɛltɒlaːlaːʃ]
pesquisa (f)	kutatás	[kutɒtaːʃ]
melhorar (vt)	megjavít	[mɛgjɒviːt]
tecnologia (f)	technológia	[tɛhnoloːgiɒ]
desenho (m) técnico	tervrajz	[tɛrvrɒjz]
carga (f)	teher	[tɛhɛr]
carregador (m)	rakodómunkás	[rɒkodoːmuŋkaːʃ]
carregar (o caminhão, etc.)	megrak	[mɛgrɒk]
carregamento (m)	berakás	[bɛrɒkaːʃ]
descarregar (vt)	kirak	[kirɒk]
descarga (f)	kirakás	[kirɒkaːʃ]
transporte (m)	közlekedés	[køzlɛkɛdeːʃ]
companhia (f) de transporte	szállítócég	[saːlliːtoːtseːg]
transportar (vt)	szállít	[saːlliːt]
vagão (m) de carga	tehervagon	[tɛhɛrvɒgon]
tanque (m)	ciszterna	[tsistɛrnɒ]
caminhão (m)	kamion	[kɒmion]
máquina (f) operatriz	szerszámgép	[sɛrsaːmgeːp]
mecanismo (m)	szerkezet	[sɛrkɛzɛt]
resíduos (m pl) industriais	hulladék	[hullɒdeːk]
embalagem (f)	csomagolás	[tʃomɒgolaːʃ]
embalar (vt)	csomagol	[tʃomɒgol]

107. Contrato. Acordo

contrato (m)	szerződés	[sɛrzøːdeːʃ]
acordo (m)	megállapodás	[mɛgaːllɒpodaːʃ]
adendo, anexo (m)	melléklet	[mɛlleːklɛt]
assinar o contrato	szerződést köt	[sɛrzøːdeːʃt køt]
assinatura (f)	aláírás	[ɒlaːiːraːʃ]
assinar (vt)	aláír	[ɒlaːiːr]
carimbo (m)	pecsét	[pɛtʃeːt]
objeto (m) do contrato	szerződés tárgya	[sɛrzøːdeːʃ taːrɟɒ]
cláusula (f)	tétel	[teːtɛl]
partes (f pl)	felek	[fɛlɛk]
domicílio (m) legal	bejegyzett cím	[bɛjɛɟɛzɛtt tsiːm]
violar o contrato	szerződést szeg	[sɛrzøːdeːʃt sɛg]
obrigação (f)	kötelezettség	[køtɛlɛzɛttʃeːg]
responsabilidade (f)	felelősség	[fɛlɛløːʃeːg]
força (f) maior	vis maior	[vis mɒjor]
litígio (m), disputa (f)	vita	[vitɒ]
multas (f pl)	büntető szankciók	[byntɛtøː sɒŋktsioːk]

108. Importação & Exportação

importação (f)	import	[import]
importador (m)	importőr	[importø:r]
importar (vt)	importál	[importa:l]
de importação	import	[import]
exportador (m)	exportőr	[ɛskportø:r]
exportar (vt)	exportál	[ɛksporta:l]
mercadoria (f)	áru	[a:ru]
lote (de mercadorias)	szállítmány	[sa:lli:tma:ɲ]
peso (m)	súly	[ʃu:j]
volume (m)	űrtartalom	[y:rtɒrtɒlom]
metro (m) cúbico	köbméter	[købme:tɛr]
produtor (m)	gyártó	[ɟa:rto:]
companhia (f) de transporte	szállítócég	[sa:lli:to:tse:g]
contêiner (m)	konténer	[konte:nɛr]
fronteira (f)	határ	[hɒta:r]
alfândega (f)	vám	[va:m]
taxa (f) alfandegária	vám	[va:m]
funcionário (m) da alfândega	vámos	[va:moʃ]
contrabando (atividade)	csempészés	[tʃɛmpe:se:ʃ]
contrabando (produtos)	csempészáru	[tʃɛmpe:sa:ru]

109. Finanças

ação (f)	részvény	[re:sveːɲ]
obrigação (f)	adóslevél	[ɒdo:ʃlɛve:l]
nota (f) promissória	váltó	[va:lto:]
bolsa (f) de valores	tőzsde	[tø:ʒdɛ]
cotação (m) das ações	tőzsdei árfolyam	[tø:ʒdɛi a:rfojɒm]
tornar-se mais barato	olcsóbb lesz	[oltʃo:bb lɛs]
tornar-se mais caro	drágul	[dra:gul]
participação (f) majoritária	többségi részesedést	[tøpʃe:gi re:sɛʃɛdeːʃt]
investimento (m)	beruházás	[bɛruha:za:ʃ]
investir (vt)	beruház	[bɛruha:z]
porcentagem (f)	százalék	[sa:zɒle:k]
juros (m pl)	kamat	[kɒmɒt]
lucro (m)	nyereség	[ɲɛrɛʃeːg]
lucrativo (adj)	hasznot hozó	[hɒsnot hozo:]
imposto (m)	adó	[ɒdo:]
divisa (f)	valuta	[vɒlutɒ]
nacional (adj)	nemzeti	[nɛmzɛti]
câmbio (m)	váltás	[va:lta:ʃ]

contador (m)	könyvelő	[kønvɛløː]
contabilidade (f)	könyvelés	[kønvɛleːʃ]
falência (f)	csőd	[ʧøːd]
falência, quebra (f)	csőd	[ʧøːd]
ruína (f)	tönkremenés	[tøŋkrɛmɛneːʃ]
estar quebrado	tönkremegy	[tøŋkrɛmɛɟ]
inflação (f)	infláció	[inflaːtsioː]
desvalorização (f)	értékcsökkentés	[eːrteːkʧøkkɛnteːʃ]
capital (m)	tőke	[tøːkɛ]
rendimento (m)	bevétel	[bɛveːtɛl]
volume (m) de negócios	forgalom	[forgɒlom]
recursos (m pl)	tartalékok	[tɒrtɒlɛːkok]
recursos (m pl) financeiros	pénzeszközök	[peːns ɛskøzøk]
reduzir (vt)	csökkent	[ʧøkkɛnt]

110. Marketing

marketing (m)	marketing	[mɒrkɛtiŋg]
mercado (m)	piac	[piɒts]
segmento (m) do mercado	piacrész	[piɒtsreːs]
produto (m)	termék	[tɛrmeːk]
mercadoria (f)	áru	[aːru]

marca (f)	márkanév	[maːrkɒneːv]
logotipo (m)	logó	[logoː]
logo (m)	logó	[logoː]

demanda (f)	kereslet	[kɛrɛʃlɛt]
oferta (f)	kínálat	[kiːnaːlɒt]
necessidade (f)	igény	[igeːɲ]
consumidor (m)	fogyasztó	[foɟostoː]

análise (f)	elemzés	[ɛlɛmzeːʃ]
analisar (vt)	elemez	[ɛlɛmɛz]
posicionamento (m)	pozicionálás	[pozitsionaːlaːʃ]
posicionar (vt)	pozicionál	[pozitsionaːl]

preço (m)	ár	[aːr]
política (f) de preços	árpolitika	[aːrpolitikɒ]
formação (f) de preços	árképzés	[aːrkeːpzeːʃ]

111. Publicidade

publicidade (f)	reklám	[rɛklaːm]
fazer publicidade	reklámoz	[rɛklaːmoz]
orçamento (m)	költségvetés	[køltʃeːgvɛteːʃ]

anúncio (m)	reklám	[rɛklaːm]
publicidade (f) na TV	tévéreklám	[teːveː rɛklaːm]
publicidade (f) na rádio	rádióreklám	[raːdioːrɛklaːm]

publicidade (f) exterior	külső reklám	[kylʃø: rɛkla:m]
comunicação (f) de massa	tömegtájékoztatási eszközök	[tømɛgta:je:koztɒta:ʃi ɛskøzøk]
periódico (m)	folyóirat	[fojo:jrɒt]
imagem (f)	imázs	[ima:ʒ]

| slogan (m) | jelszó | [jɛlso:] |
| mote (m), lema (f) | jelmondat | [jɛlmondɒt] |

campanha (f)	kampány	[kɒmpa:ɲ]
campanha (f) publicitária	reklámkampány	[rɛkla:m kɒmpa:ɲ]
grupo (m) alvo	célcsoport	[tse:ltʃoport]

cartão (m) de visita	névjegy	[ne:vjɛɟ]
panfleto (m)	röplap	[røplɒp]
brochura (f)	brosúra	[broʃu:rɒ]
folheto (m)	brosúra	[broʃu:rɒ]
boletim (~ informativo)	közlöny	[køzløɲ]

letreiro (m)	cégtábla	[tse:gta:blɒ]
cartaz, pôster (m)	plakát	[plɒka:t]
painel (m) publicitário	hirdetőtábla	[hirdɛtø:ta:blɒ]

112. Banca

| banco (m) | bank | [bɒŋk] |
| balcão (f) | fiók | [fio:k] |

| consultor (m) bancário | tanácsadó | [tɒna:tʃodo:] |
| gerente (m) | vezető | [vɛzɛtø:] |

conta (f)	számla	[sa:mlɒ]
número (m) da conta	számlaszám	[sa:mlɒsa:m]
conta (f) corrente	folyószámla	[fojo:sa:mlɒ]
conta (f) poupança	megtakarítási számla	[mɛgtɒkɒrita:ʃi sa:mlɒ]

abrir uma conta	számlát nyit	[sa:mla:t nit]
fechar uma conta	zárolja a számlát	[za:rojɒ ɒ sa:mla:t]
depositar na conta	számlára tesz	[sa:mla:rɒ tɛs]
sacar (vt)	számláról lehív	[sa:mla:ro:l lɛhi:v]

depósito (m)	betét	[bɛte:t]
fazer um depósito	pénzt betesz	[pe:nst bɛtɛs]
transferência (f) bancária	átutalás	[a:tutɒla:ʃ]
transferir (vt)	pénzt átutal	[pe:nst a:tutɒl]

| soma (f) | összeg | [øssɛg] |
| Quanto? | Mennyi? | [mɛɲɲi] |

| assinatura (f) | aláírás | [ɒla:i:ra:ʃ] |
| assinar (vt) | aláír | [ɒla:i:r] |

| cartão (m) de crédito | hitelkártya | [hitɛlka:rcɒ] |
| senha (f) | kód | [ko:d] |

número (m) do cartão de crédito	hitelkártya száma	[hitɛlkaːrɐ saːmɒ]
caixa (m) eletrônico	bankautomata	[bɒŋk ɒutomɒtɒ]
cheque (m)	csekk	[ʧɛkk]
passar um cheque	kiállítja a csekket	[kiaːlliːcɒ ɒ ʧɛkkɛt]
talão (m) de cheques	csekkkönyv	[ʧɛkkkøɲv]
empréstimo (m)	hitel	[hitɛl]
pedir um empréstimo	hitelért fordul	[hitɛleːrt fordul]
obter empréstimo	hitelt felvesz	[hitɛlt fɛlvɛs]
dar um empréstimo	hitelt nyújt	[hitɛlt njuːjt]
garantia (f)	biztosíték	[bistoʃiːteːk]

113. Telefone. Conversação telefônica

telefone (m)	telefon	[tɛlɛfon]
celular (m)	mobiltelefon	[mobiltɛlɛfon]
secretária (f) eletrônica	üzenetrögzítő	[yzɛnɛt røgziːtøː]
fazer uma chamada	felhív	[fɛlhiːv]
chamada (f)	felhívás	[fɛlhiːvaːʃ]
discar um número	telefonszámot tárcsáz	[tɛlɛfonsaːmot taːrʧaːz]
Alô!	Halló!	[hɒlloː]
perguntar (vt)	kérdez	[keːrdɛz]
responder (vt)	válaszol	[vaːlɒsol]
ouvir (vt)	hall	[hɒll]
bem	jól	[joːl]
mal	rosszul	[rossul]
ruído (m)	zavar	[zɒvɒr]
fone (m)	kagyló	[kɒɟloː]
pegar o telefone	kagylót felvesz	[kɒɟloːt fɛlvɛs]
desligar (vi)	kagylót letesz	[kɒɟloːt lɛtɛs]
ocupado (adj)	foglalt	[foglɒlt]
tocar (vi)	csörög	[ʧørøg]
lista (f) telefônica	telefonkönyv	[tɛlɛfoŋkøɲv]
local (adj)	helyi	[hɛji]
de longa distância	interurbán	[intɛrurbaːn]
internacional (adj)	nemzetközi	[nɛmzɛtkøzi]

114. Telefone móvel

celular (m)	mobiltelefon	[mobiltɛlɛfon]
tela (f)	kijelző	[kijɛlzøː]
botão (m)	gomb	[gomb]
cartão SIM (m)	SIM kártya	[sim kaːrɒ]
bateria (f)	akkumulátor	[ɒkkumulaːtor]

descarregar-se (vr)	kisül	[kiʃyl]
carregador (m)	telefontöltő	[tɛlɛfon tøltø:]
menu (m)	menü	[mɛny]
configurações (f pl)	beállítások	[bɛa:lli:ta:ʃok]
melodia (f)	dallam	[dɒllɒm]
escolher (vt)	választ	[va:lɒst]
calculadora (f)	kalkulátor	[kɒlkula:tor]
correio (m) de voz	üzenetrögzítő	[yzɛnɛt røgzi:tø:]
despertador (m)	ébresztőóra	[e:brɛstø:o:rɒ]
contatos (m pl)	telefonkönyv	[tɛlɛfoŋkøɲv]
mensagem (f) de texto	SMS	[ɛʃmɛʃ]
assinante (m)	előfizető	[ɛlø:fizɛtø:]

115. Estacionário

caneta (f)	golyóstoll	[gojo:ʃtoll]
caneta (f) tinteiro	töltőtoll	[tøltø:toll]
lápis (m)	ceruza	[tsɛruzɒ]
marcador (m) de texto	filctoll	[filtstoll]
caneta (f) hidrográfica	filctoll	[filtstoll]
bloco (m) de notas	notesz	[notɛs]
agenda (f)	határidőnapló	[hɒta:ridø:nɒplo:]
régua (f)	vonalzó	[vonɒlzo:]
calculadora (f)	kalkulátor	[kɒlkula:tor]
borracha (f)	radír	[rɒdi:r]
alfinete (m)	rajzszeg	[rɒjzsɛg]
clipe (m)	gémkapocs	[ge:mkɒpotʃ]
cola (f)	ragasztó	[rɒgɒsto:]
grampeador (m)	tűzőgép	[ty:zø:ge:p]
furador (m) de papel	lyukasztó	[jukɒsto:]
apontador (m)	ceruzahegyező	[tsɛruzɒhɛɟɛzø:]

116. Vários tipos de documentos

relatório (m)	beszámoló	[bɛsa:molo:]
acordo (m)	állapodás	[a:llɒpoda:ʃ]
ficha (f) de inscrição	bejelentés	[bɛjɛlɛntɛ:ʃ]
autêntico (adj)	eredeti	[ɛrɛdɛti]
crachá (m)	jelvény	[jɛlve:ɲ]
cartão (m) de visita	névjegykártya	[ne:vjɛcka:rcɒ]
certificado (m)	bizonyítvány	[bizoni:tva:ɲ]
cheque (m)	csekk	[tʃɛkk]
conta (f)	számla	[sa:mlɒ]
constituição (f)	alkotmány	[ɒlkotma:ɲ]

contrato (m)	szerződés	[sɛrzø:de:ʃ]
cópia (f)	másolat	[ma:ʃolɒt]
exemplar (~ assinado)	példány	[pe:lda:ɲ]
declaração (f) alfandegária	vámnyilatkozat	[va:mɲilɒtkozɒt]
documento (m)	irat	[irɒt]
carteira (f) de motorista	jogosítvány	[jogoʃi:tva:ɲ]
adendo, anexo (m)	melléklet	[mɛlle:klɛt]
questionário (m)	kérdőív	[ke:rdø:i:v]
carteira (f) de identidade	igazolvány	[igɒzolva:ɲ]
inquérito (m)	megkeresés	[mɛgkɛrɛʃe:ʃ]
convite (m)	meghívó	[mɛghi:vo:]
fatura (f)	számla	[sa:mlɒ]
lei (f)	törvény	[tørve:ɲ]
carta (correio)	levél	[lɛve:l]
papel (m) timbrado	űrlap	[y:rlɒp]
lista (f)	lista	[liʃtɒ]
manuscrito (m)	kézirat	[ke:zirɒt]
boletim (~ informativo)	közlöny	[køzløɲ]
bilhete (mensagem breve)	cédula	[tse:dulɒ]
passe (m)	belépési engedély	[bɛle:pe:ʃi ɛŋgɛde:j]
passaporte (m)	útlevél	[u:tlɛve:l]
permissão (f)	engedély	[ɛŋgɛde:j]
currículo (m)	rezümé	[rɛzyme:]
nota (f) promissória	elismervény	[ɛliʃmɛrve:ɲ]
recibo (m)	vevény	[vɛve:ɲ]
talão (f)	nyugta	[ɲugtɒ]
relatório (m)	beszámoló	[bɛsa:molo:]
mostrar (vt)	felmutat	[fɛlmutɒt]
assinar (vt)	aláír	[ɒla:i:r]
assinatura (f)	aláírás	[ɒla:i:ra:ʃ]
carimbo (m)	pecsét	[pɛtʃe:t]
texto (m)	szöveg	[søvɛg]
ingresso (m)	jegy	[jɛɟ]
riscar (vt)	kihúz	[kihu:z]
preencher (vt)	kitölt	[kitølt]
carta (f) de porte	fuvarlevél	[fuvɒrlɛve:l]
testamento (m)	végrendelet	[ve:grɛrɛndɛlɛt]

117. Tipos de negócios

serviços (m pl) de contabilidade	könyvelési szolgáltatások	[køɲvɛle:ʃi solga:ltɒta:ʃok]
publicidade (f)	reklám	[rɛkla:m]
agência (f) de publicidade	reklámiroda	[rɛkla:m irodɒ]
ar (m) condicionado	légkondicionálók	[le:gkonditsiona:lo:k]
companhia (f) aérea	légitársaság	[le:gi ta:rʃɒʃa:g]
bebidas (f pl) alcoólicas	szeszesitalok	[sɛsɛʃ itɒlok]

comércio (m) de antiguidades | régiségkereskedés | [re:giʃe:gkɛrɛʃkɛde:ʃ]
galeria (f) de arte | galéria | [gɒle:riɒ]
serviços (m pl) de auditoria | számlaellenőrzés | [sa:mlɒɛllɛnø:rze:ʃ]

negócios (m pl) bancários | banküzlet | [bɒŋkyzlɛt]
bar (m) | bár | [ba:r]
salão (m) de beleza | szépségszalon | [se:pʃe:gsɒlon]
livraria (f) | könyvesbolt | [kønvɛʃbolt]
cervejaria (f) | sörfőzde | [ʃørfø:zdɛ]
centro (m) de escritórios | üzletközpont | [yzlɛtkøspont]
escola (f) de negócios | üzleti iskola | [yzlɛti iʃkolɒ]

cassino (m) | kaszinó | [kɒsino:]
construção (f) | építés | [e:pi:te:ʃ]
consultoria (f) | tanácsadás | [tɒna:tʃɒda:ʃ]

clínica (f) dentária | fogászat | [foga:sɒt]
design (m) | dizájn | [diza:jn]
drogaria (f) | gyógyszertár | [ɟø:ɟsɛrta:r]
lavanderia (f) | vegytisztítás | [vɛɟtisti:ta:ʃ]
agência (f) de emprego | munkaközvetítő | [muŋkɒkøzvɛti:tø:]

serviços (m pl) financeiros | pénzügyi szolgáltatások | [pe:nzyɟi solga:ltɒta:ʃok]
alimentos (m pl) | élelmiszer | [e:lɛlmisɛr]
funerária (f) | temetkezési vállalat | [tɛmɛtkɛze:ʃi va:llɒlɒt]
mobiliário (m) | bútor | [bu:tor]
roupa (f) | ruha | [ruhɒ]
hotel (m) | szálloda | [sa:llodɒ]

sorvete (m) | fagylalt | [fɒɟlɒlt]
indústria (f) | ipar | [ipɒr]
seguro (~ de vida, etc.) | biztosítás | [biztoʃi:ta:ʃ]
internet (f) | internet | [intɛrnɛt]
investimento (m) | beruházás | [bɛruha:za:ʃ]

joalheiro (m) | ékszerész | [e:ksɛre:s]
joias (f pl) | ékszerek | [e:ksɛrɛk]
lavanderia (f) | mosoda | [moʃodɒ]
assessorias (f pl) jurídicas | jogi tanácsadás | [jogi tɒna:tʃɒda:ʃ]
indústria (f) ligeira | könnyűipar | [kønɲyipɒr]

revista (f) | folyóirat | [fojo:jrɒt]
vendas (f pl) por catálogo | csomagküldőkereskedelem | [tʃomɒgkyldø:kɛrɛʃkɛdɛlɛm]
medicina (f) | orvostudomány | [orvoʃtudoma:ɲ]
cinema (m) | mozi | [mozi]
museu (m) | múzeum | [mu:zɛum]

agência (f) de notícias | tájékoztató iroda | [ta:je:koztɒto: irodɒ]
jornal (m) | újság | [u:jʃa:g]
boate (casa noturna) | éjjeli klub | [e:jjɛli klub]

petróleo (m) | nyersolaj | [ɲɛrʃolɒj]
serviços (m pl) de remessa | futárszolgálatok | [futa:r solga:lɒtok]
indústria (f) farmacêutica | gyógyszerészet | [ɟø:ɟsɛre:sɛt]
tipografia (f) | nyomdaipar | [ɲomdɒ ipɒr]
editora (f) | kiadó | [kiɒdo:]

rádio (m)	rádió	[ra:dio:]
imobiliário (m)	ingatlan	[iŋɒtlɒn]
restaurante (m)	étterem	[e:ttɛrɛm]

empresa (f) de segurança	őrszolgálat	[ø:rsolga:lɒt]
esporte (m)	sport	[ʃport]
bolsa (f) de valores	tőzsde	[tø:ʒdɛ]
loja (f)	bolt	[bolt]
supermercado (m)	szupermarket	[supɛrmɒrkɛt]
piscina (f)	uszoda	[usodɒ]

alfaiataria (f)	szalon	[sɒlon]
televisão (f)	televízió	[tɛlɛvi:zio:]
teatro (m)	színház	[si:nha:z]
comércio (m)	kereskedelem	[kɛrɛʃkɛdɛlɛm]
serviços (m pl) de transporte	fuvarozás	[fuvɒroza:ʃ]
viagens (f pl)	turizmus	[turizmuʃ]

veterinário (m)	állatorvos	[a:llɒt orvoʃ]
armazém (m)	raktár	[rɒkta:r]
recolha (f) do lixo	szemét elszállítása	[sɛme:t ɛlsa:lli:ta:ʃɒ]

Emprego. Negócios. Parte 2

118. Espetáculo. Feira

feira, exposição (f)	kiállítás	[kia:lli:ta:ʃ]
feira (f) comercial	kereskedelmi kiállítás	[kɛrɛʃkɛdɛlmi kia:lli:ta:ʃ]
participação (f)	részvétel	[re:sve:tɛl]
participar (vi)	részt vesz	[re:st vɛs]
participante (m)	résztvevő	[re:stvɛvø:]
diretor (m)	igazgató	[igɒzgɒto:]
direção (f)	igazgatóság	[igɒzgɒto:ʃa:g]
organizador (m)	szervező	[sɛrvɛzø:]
organizar (vt)	szervez	[sɛrvɛz]
ficha (f) de inscrição	részvételi jelentkezés	[re:sve:tɛli jɛlɛntkɛze:ʃ]
preencher (vt)	kitölt	[kitølt]
detalhes (m pl)	részletek	[re:slɛtɛk]
informação (f)	információ	[informa:tsio:]
preço (m)	ár	[a:r]
incluindo	beleértve	[bɛlɛje:rtvɛ]
incluir (vt)	magába foglal	[mɒga:bɒ foglɒl]
pagar (vt)	fizet	[fizɛt]
taxa (f) de inscrição	regisztrációs díj	[rɛgistra:tsio:ʃ di:j]
entrada (f)	bejárat	[bɛja:rɒt]
pavilhão (m), salão (f)	csarnok	[tʃɒrnok]
inscrever (vt)	regisztrál	[rɛgistra:l]
crachá (m)	jelvény	[jɛlve:ɲ]
stand (m)	kiállítási állvány	[kia:lli:ta:ʃi a:llva:ɲ]
reservar (vt)	foglal	[foglɒl]
vitrine (f)	kirakat	[kirɒkɒt]
lâmpada (f)	fényvető	[fe:ɲvɛtø:]
design (m)	dizájn	[diza:jn]
pôr (posicionar)	elhelyez	[ɛlhɛjɛz]
distribuidor (m)	terjesztő	[tɛrjɛstø:]
fornecedor (m)	szállító	[sa:lli:to:]
país (m)	ország	[orsa:g]
estrangeiro (adj)	idegen	[idɛgɛn]
produto (m)	termék	[tɛrme:k]
associação (f)	egyesület	[ɛɟɛʃylɛt]
sala (f) de conferência	ülésterem	[yle:ʃ tɛrɛm]
congresso (m)	kongresszus	[koŋgrɛssuʃ]

concurso (m)	pályázat	[paːjaːzɒt]
visitante (m)	látogató	[laːtogɒtoː]
visitar (vt)	látogat	[laːtogɒt]
cliente (m)	megrendelő	[mɛgrɛndɛløː]

119. Media

jornal (m)	újság	[uːjʃaːg]
revista (f)	folyóirat	[fojoːjrɒt]
imprensa (f)	sajtó	[ʃɒjtoː]
rádio (m)	rádió	[raːdioː]
estação (f) de rádio	rádióállomás	[raːdioːaːllomaːʃ]
televisão (f)	televízió	[tɛlɛviːzioː]
apresentador (m)	műsorvezető	[myːʃor vɛzɛtøː]
locutor (m)	műsorközlő	[myːʃorkøzløː]
comentarista (m)	kommentátor	[kommɛntaːtor]
jornalista (m)	újságíró	[uːjʃaːgiːroː]
correspondente (m)	tudósító	[tudoːʃiːtoː]
repórter (m) fotográfico	fotóriporter	[fotoːriportɛr]
repórter (m)	riporter	[riportɛr]
redator (m)	szerkesztő	[sɛrkɛstøː]
redator-chefe (m)	főszerkesztő	[føːsɛrkɛstøː]
assinar a ...	előfizet	[ɛløːfizɛt]
assinatura (f)	előfizetés	[ɛløːfizɛteːʃ]
assinante (m)	előfizető	[ɛløːfizɛtøː]
ler (vt)	olvas	[olvɒʃ]
leitor (m)	olvasó	[olvɒʃoː]
tiragem (f)	példányszám	[peːldaːɲsaːm]
mensal (adj)	havi	[hɒvi]
semanal (adj)	heti	[hɛti]
número (jornal, revista)	szám	[saːm]
recente, novo (adj)	új	[uːj]
manchete (f)	cím	[tsiːm]
pequeno artigo (m)	jegyzet	[jɛɟɛzɛt]
coluna (~ semanal)	állandó rovat	[aːllɒndoː rovɒt]
artigo (m)	cikk	[tsikk]
página (f)	oldal	[oldɒl]
reportagem (f)	riport	[riport]
evento (festa, etc.)	esemény	[ɛʃɛmeːɲ]
sensação (f)	szenzáció	[sɛnzaːtsioː]
escândalo (m)	botrány	[botraːɲ]
escandaloso (adj)	botrányos	[botraːnøʃ]
grande (adj)	hírhedt	[hiːrhɛtt]
programa (m)	tévéadás	[teːveːɒdaːʃ]
entrevista (f)	interjú	[intɛrjuː]
transmissão (f) ao vivo	élő közvetítés	[eːløː køzvɛtiːteːʃ]
canal (m)	csatorna	[tʃɒtornɒ]

120. Agricultura

agricultura (f)	mezőgazdaság	[mɛzø:gɒzdɒʃa:g]
camponês (m)	paraszt	[pɒrɒst]
camponesa (f)	parasztnő	[pɒrɒstnø:]
agricultor, fazendeiro (m)	gazda	[gɒzdɒ]
trator (m)	traktor	[trɒktor]
colheitadeira (f)	kombájn	[komba:jn]
arado (m)	eke	[ɛkɛ]
arar (vt)	szánt	[sa:nt]
campo (m) lavrado	szántóföld	[sa:nto:føld]
sulco (m)	barázda	[bɒra:zdɒ]
semear (vt)	elvet	[ɛlvɛt]
plantadeira (f)	vetőgép	[vɛtø:ge:p]
semeadura (f)	vetés	[vɛte:ʃ]
foice (m)	kasza	[kɒsɒ]
cortar com foice	kaszál	[kɒsa:l]
pá (f)	lapát	[lɒpa:t]
cavar (vt)	ás	[a:ʃ]
enxada (f)	kapa	[kɒpɒ]
capinar (vt)	gyomlál	[ɟømla:l]
erva (f) daninha	gyom	[ɟøm]
regador (m)	öntözőkanna	[øntøzø:kɒnnɒ]
regar (plantas)	öntöz	[øntøz]
rega (f)	öntözés	[øntøze:ʃ]
forquilha (f)	vasvilla	[vɒʃvillɒ]
ancinho (m)	gereblye	[gɛrɛbjɛ]
fertilizante (m)	trágya	[tra:ɟo]
fertilizar (vt)	trágyáz	[tra:ɟa:z]
estrume, esterco (m)	trágya	[tra:ɟo]
campo (m)	mező	[mɛzø:]
prado (m)	rét	[re:t]
horta (f)	konyhakert	[koɲhɒkɛrt]
pomar (m)	gyümölcsöskert	[ɟymøltʃøʃkɛrt]
pastar (vt)	legeltet	[lɛgɛltɛt]
pastor (m)	pásztor	[pa:stor]
pastagem (f)	legelő	[lɛgɛlø:]
pecuária (f)	állattenyésztés	[a:llɒt tɛne:ste:ʃ]
criação (f) de ovelhas	juhtenyésztés	[juhtɛne:ste:ʃ]
plantação (f)	ültetvény	[yltɛtve:ɲ]
canteiro (m)	veteményes ágy	[vɛtɛme:nɛʃ a:ɟ]
estufa (f)	melegház	[mɛlɛkha:z]

| seca (f) | aszály | [ɒsa:j] |
| seco (verão ~) | aszályos | [ɒsa:joʃ] |

| cereais (m pl) | gabonafélék | [gɒbonɒfe:le:k] |
| colher (vt) | betakarít | [bɛtɒkɒri:t] |

moleiro (m)	molnár	[molna:r]
moinho (m)	malom	[mɒlom]
moer (vt)	őröl	[ø:røl]
farinha (f)	liszt	[list]
palha (f)	szalma	[sɒlmɒ]

121. Construção. Processo de construção

canteiro (m) de obras	építkezés	[e:pi:tkɛze:ʃ]
construir (vt)	épít	[e:pi:t]
construtor (m)	építő	[e:pi:tø:]

projeto (m)	terv	[tɛrv]
arquiteto (m)	építész	[e:pi:te:s]
operário (m)	munkás	[muŋka:ʃ]

fundação (f)	alapzat	[ɒlɒpzɒt]
telhado (m)	tető	[tɛtø:]
estaca (f)	cölöp	[tsøløp]
parede (f)	fal	[fɒl]

| colunas (f pl) de sustentação | betétvas | [bɛte:tvɒʃ] |
| andaime (m) | állványzat | [a:llva:ɲzɒt] |

concreto (m)	beton	[bɛton]
granito (m)	gránit	[gra:nit]
pedra (f)	kő	[kø:]
tijolo (m)	tégla	[te:glɒ]

| areia (f) | homok | [homok] |
| cimento (m) | cement | [tsɛmɛnt] |

| emboço, reboco (m) | vakolat | [vɒkolɒt] |
| emboçar, rebocar (vt) | vakol | [vɒkol] |

tinta (f)	festék	[fɛʃte:k]
pintar (vt)	fest	[fɛʃt]
barril (m)	hordó	[hordo:]

grua (f), guindaste (m)	daru	[dɒru]
erguer (vt)	felemel	[fɛlɛmɛl]
baixar (vt)	leenged	[lɛɛŋgɛd]

buldózer (m)	buldózer	[buldo:zɛr]
escavadora (f)	kotrógép	[kotro:ge:p]
caçamba (f)	kotróserleg	[kotro:ʃɛrlɛg]
escavar (vt)	ás	[a:ʃ]
capacete (m) de proteção	sisak	[ʃiʃɒk]

122. Ciência. Investigação. Cientistas

ciência (f)	tudomány	[tudoma:ɲ]
científico (adj)	tudományos	[tudoma:nøʃ]
cientista (m)	tudós	[tudo:ʃ]
teoria (f)	elmélet	[ɛlme:lɛt]

axioma (m)	axióma	[ɒksio:mɒ]
análise (f)	elemzés	[ɛlɛmze:ʃ]
analisar (vt)	elemez	[ɛlɛmɛz]
argumento (m)	érv	[e:rv]
substância (f)	anyag	[ɒɲɒg]

hipótese (f)	hipotézis	[hipote:ziʃ]
dilema (m)	dilemma	[dilɛmmɒ]
tese (f)	disszertáció	[dissɛrta:tsio:]
dogma (m)	dogma	[dogmɒ]

doutrina (f)	tan	[tɒn]
pesquisa (f)	kutatás	[kutɒta:ʃ]
pesquisar (vt)	kutat	[kutɒt]
testes (m pl)	ellenőrzés	[ɛllɛnø:rze:ʃ]
laboratório (m)	laboratórium	[lɒbɒrɒto:rium]

método (m)	módszer	[mo:dsɛr]
molécula (f)	molekula	[molɛkulɒ]
monitoramento (m)	ellenőrzés	[ɛllɛnø:rze:ʃ]
descoberta (f)	felfedezés	[fɛlfɛdɛze:ʃ]

postulado (m)	posztulátum	[postula:tum]
princípio (m)	elv	[ɛlv]
prognóstico (previsão)	prognózis	[progno:ziʃ]
prognosticar (vt)	prognózist készít	[progno:ziʃt ke:si:t]

síntese (f)	szintézis	[sinte:ziʃ]
tendência (f)	tendencia	[tɛndɛntsiɒ]
teorema (m)	tétel	[te:tɛl]

ensinamentos (m pl)	tanítás	[tɒni:ta:ʃ]
fato (m)	tény	[te:ɲ]
expedição (f)	kutatóút	[kutɒto:u:t]
experiência (f)	kísérlet	[ki:ʃe:rlɛt]

acadêmico (m)	akadémikus	[ɒkɒde:mikuʃ]
bacharel (m)	baccalaureatus	[bɒkkɒlɒurɛa:tuʃ]
doutor (m)	doktor	[doktor]
professor (m) associado	docens	[dotsɛnʃ]
mestrado (m)	magiszter	[magistɛr]
professor (m)	professzor	[profɛssor]

Profissões e ocupações

123. Procura de emprego. Demissão

trabalho (m)	munkahely	[muŋkɒhɛj]
equipe (f)	személyzet	[sɛmeːjzɛt]
carreira (f)	karrier	[kɒrriɛr]
perspectivas (f pl)	távlat	[taːvlɒt]
habilidades (f pl)	képesség	[keːpɛʃeːg]
seleção (f)	kiválasztás	[kivaːlɒstaːʃ]
agência (f) de emprego	munkaközvetítő	[muŋkɒkøzvɛtiːtøː]
currículo (m)	rezümé	[rɛzymeː]
entrevista (f) de emprego	felvételi interjú	[fɛlveːtɛli intɛrjuː]
vaga (f)	betöltetlen állás	[bɛtøltɛtlɛn aːllaːʃ]
salário (m)	fizetés	[fizɛteːʃ]
salário (m) fixo	bér	[beːr]
pagamento (m)	fizetés	[fizɛteːʃ]
cargo (m)	állás	[aːllaːʃ]
dever (do empregado)	kötelezettség	[køtɛlɛzɛttʃeːg]
gama (f) de deveres	munkakör	[muŋkɒkør]
ocupado (adj)	foglalt	[foglɒlt]
despedir, demitir (vt)	elbocsát	[ɛlbotʃaːt]
demissão (f)	elbocsátás	[ɛlbotʃaːtaːʃ]
desemprego (m)	munkanélküliség	[muŋkɒneːlkyliʃeːg]
desempregado (m)	munkanélküli	[muŋkɒneːlkyli]
aposentadoria (f)	nyugdíj	[ɲugdiːj]
aposentar-se (vr)	nyugdíjba megy	[ɲugdiːjbɒ mɛɟ]

124. Gente de negócios

diretor (m)	igazgató	[igɒzgɒtoː]
gerente (m)	vezető	[vɛzɛtøː]
patrão, chefe (m)	főnök	[føːnøk]
superior (m)	főnök	[føːnøk]
superiores (m pl)	vezetőség	[vɛzɛtøːʃeːg]
presidente (m)	elnök	[ɛlnøk]
chairman (m)	elnök	[ɛlnøk]
substituto (m)	helyettes	[hɛjɛttɛʃ]
assistente (m)	segéd	[ʃɛgeːd]
secretário (m)	titkár	[titkaːr]

secretário (m) pessoal	személyes titkár	[sɛme:jɛʃ titka:r]
homem (m) de negócios	üzletember	[yzlɛtɛmbɛr]
empreendedor (m)	vállakozó	[va:llɒlkozo:]
fundador (m)	alapító	[ɒlɒpi:to:]
fundar (vt)	alapít	[ɒlɒpi:t]

principiador (m)	alapító	[ɒlɒpi:to:]
parceiro, sócio (m)	partner	[pɒrtnɛr]
acionista (m)	részvényes	[re:sve:nɛʃ]

milionário (m)	milliomos	[milliomoʃ]
bilionário (m)	milliárdos	[millia:rdoʃ]
proprietário (m)	tulajdonos	[tulɒjdonoʃ]
proprietário (m) de terras	földbirtokos	[føldbirtokoʃ]

cliente (m)	ügyfél	[yɟfe:l]
cliente (m) habitual	törzsügyfél	[tørʒ yɟfe:l]
comprador (m)	vevő	[vɛvø:]
visitante (m)	látogató	[la:togɒto:]

profissional (m)	szakember	[sɒkɛmbɛr]
perito (m)	szakértő	[sɒke:rtø:]
especialista (m)	specialista	[spɛtsialista]

banqueiro (m)	bankár	[bɒŋka:r]
corretor (m)	ügynök	[yɟnøk]

caixa (m, f)	pénztáros	[pe:nsta:roʃ]
contador (m)	könyvelő	[kønvɛlø:]
guarda (m)	biztonsági őr	[bistonʃa:gi ø:r]

investidor (m)	befektető	[bɛfɛktɛtø:]
devedor (m)	adós	[ɒdo:ʃ]
credor (m)	hitelező	[hitɛlɛzø:]
mutuário (m)	kölcsönvevő	[kølt͡ʃønvɛvø:]

importador (m)	importőr	[importø:r]
exportador (m)	exportőr	[ɛskportø:r]

produtor (m)	gyártó	[ɟa:rto:]
distribuidor (m)	terjesztő	[tɛrjɛstø:]
intermediário (m)	közvetítő	[køzvɛti:tø:]

consultor (m)	tanácsadó	[tɒna:t͡ʃɒdo:]
representante comercial	képviselő	[ke:pviʃɛlø:]
agente (m)	ügynök	[yɟnøk]
agente (m) de seguros	biztosítási ügynök	[bistoʃi:ta:ʃi yɟnøk]

125. Profissões de serviços

cozinheiro (m)	szakács	[sɒka:t͡ʃ]
chefe (m) de cozinha	főszakács	[fø:sɒka:t͡ʃ]
padeiro (m)	pék	[pe:k]
barman (m)	bármixer	[ba:rmiksɛr]

garçom (m)	pincér	[pintse:r]
garçonete (f)	pincérnő	[pintse:rnø:]
advogado (m)	ügyvéd	[yɟve:d]
jurista (m)	jogász	[joga:s]
notário (m)	közjegyző	[køzjɛɟzø:]
eletricista (m)	villanyszerelő	[villɒɲsɛrɛlø:]
encanador (m)	vízvezetékszerelő	[vi:zvɛzɛte:ksɛrɛlø:]
carpinteiro (m)	ács	[a:tʃ]
massagista (m)	masszírozó	[mɒssi:rozo:]
massagista (f)	masszírozónő	[mɒssi:rozo:nø:]
médico (m)	orvos	[orvoʃ]
taxista (m)	taxis	[tɒksiʃ]
condutor (automobilista)	sofőr	[ʃofø:r]
entregador (m)	küldönc	[kyldønts]
camareira (f)	szobalány	[sobɒla:ɲ]
guarda (m)	biztonsági őr	[bistonʃa:gi ø:r]
aeromoça (f)	légikisasszony	[le:gikiʃɒssoɲ]
professor (m)	tanár	[tɒna:r]
bibliotecário (m)	könyvtáros	[køɲvta:roʃ]
tradutor (m)	fordító	[fordi:to:]
intérprete (m)	tolmács	[tolma:tʃ]
guia (m)	idegenvezető	[idɛgɛn vɛzɛtø:]
cabeleireiro (m)	fodrász	[fodra:s]
carteiro (m)	postás	[poʃta:ʃ]
vendedor (m)	eladó	[ɛlɒdo:]
jardineiro (m)	kertész	[kɛrte:s]
criado (m)	szolga	[solgɒ]
criada (f)	szolgálóleány	[solga:lo: lɛa:ɲ]
empregada (f) de limpeza	takarítónő	[tɒkɒri:to:nø:]

126. Profissões militares e postos

soldado (m) raso	közlegény	[køzlɛge:ɲ]
sargento (m)	szakaszvezető	[sɒkɒsvɛzɛtø:]
tenente (m)	hadnagy	[hɒdnɒɟ]
capitão (m)	százados	[sa:zɒdoʃ]
major (m)	őrnagy	[ø:rnɒɟ]
coronel (m)	ezredes	[ɛzrɛdɛʃ]
general (m)	tábornok	[ta:bornok]
marechal (m)	tábornagy	[ta:bornɒɟ]
almirante (m)	tengernagy	[tɛŋgɛrnɒɟ]
militar (m)	katona	[kɒtonɒ]
soldado (m)	katona	[kɒtonɒ]
oficial (m)	tiszt	[tist]

comandante (m)	parancsnok	[pɒrɒntʃnok]
guarda (m) de fronteira	határőr	[hɒtɑːrøːr]
operador (m) de rádio	rádiós	[raːdioːʃ]
explorador (m)	felderítő	[fɛldɛriːtøː]
sapador-mineiro (m)	árkász	[aːrkaːs]
atirador (m)	lövész	[løveːs]
navegador (m)	kormányos	[kormɑːnøʃ]

127. Oficiais. Padres

| rei (m) | király | [kiraːj] |
| rainha (f) | királynő | [kiraːjnøː] |

| príncipe (m) | herceg | [hɛrtsɛg] |
| princesa (f) | hercegnő | [hɛrtsɛgnøː] |

| czar (m) | cár | [tsaːr] |
| czarina (f) | cárné | [tsaːrne:] |

presidente (m)	elnök	[ɛlnøk]
ministro (m)	miniszter	[ministɛr]
primeiro-ministro (m)	miniszterelnök	[ministɛrɛlnøk]
senador (m)	szenátor	[sɛnaːtor]

diplomata (m)	diplomata	[diplomɒtɒ]
cônsul (m)	konzul	[konzul]
embaixador (m)	nagykövet	[nɒckøvɛt]
conselheiro (m)	tanácsadó	[tɒnaːtʃɒdoː]

funcionário (m)	hivatalnok	[hivɒtɒlnok]
prefeito (m)	polgármester	[polgaːrmɛʃtɛr]
Presidente (m) da Câmara	polgármester	[polgaːrmɛʃtɛr]

| juiz (m) | bíró | [biːroː] |
| procurador (m) | államügyész | [aːllɒmyɟeːs] |

missionário (m)	hittérítő	[hitteːriːtøː]
monge (m)	barát	[bɒraːt]
abade (m)	apát	[ɒpaːt]
rabino (m)	rabbi	[rɒbbi]

vizir (m)	vezír	[vɛziːr]
xá (m)	sah	[ʃɒh]
xeique (m)	sejk	[ʃɛjk]

128. Profissões agrícolas

abelheiro (m)	méhész	[meːheːs]
pastor (m)	pásztor	[paːstor]
agrônomo (m)	agronómus	[ɒgronoːmuʃ]
criador (m) de gado	állattenyésztő	[aːllɒt tɛneːstøː]
veterinário (m)	állatorvos	[aːllɒt orvoʃ]

agricultor, fazendeiro (m)	gazda	[gɒzdɒ]
vinicultor (m)	bortermelő	[bortɛrmɛlø:]
zoólogo (m)	zoológus	[zoolo:guʃ]
vaqueiro (m)	cowboy	[kovboj]

129. Profissões artísticas

| ator (m) | színész | [si:ne:s] |
| atriz (f) | színésznő | [si:ne:snø:] |

| cantor (m) | énekes | [e:nɛkɛʃ] |
| cantora (f) | énekesnő | [e:nɛkɛʃnø:] |

| bailarino (m) | táncos | [ta:ntsoʃ] |
| bailarina (f) | táncos nő | [ta:ntsoʃ nø:] |

| artista (m) | művész | [my:ve:s] |
| artista (f) | művésznő | [my:ve:snø:] |

músico (m)	zenész	[zɛne:s]
pianista (m)	zongoraművész	[zoŋgorɒmy:ve:s]
guitarrista (m)	gitáros	[gita:roʃ]

maestro (m)	karmester	[kɒrmɛʃtɛr]
compositor (m)	zeneszerző	[zɛnɛsɛrzø:]
empresário (m)	impresszárió	[imprɛssa:rio:]

diretor (m) de cinema	rendező	[rɛndɛzø:]
produtor (m)	producer	[produsɛr]
roteirista (m)	forgatókönyvíró	[forgɒto:køɲvi:ro:]
crítico (m)	kritikus	[kritikuʃ]

escritor (m)	író	[i:ro:]
poeta (m)	költő	[køltø:]
escultor (m)	szobrász	[sobra:s]
pintor (m)	festő	[fɛʃtø:]

malabarista (m)	zsonglőr	[ʒoŋglø:r]
palhaço (m)	bohóc	[boho:ts]
acrobata (m)	akrobata	[ɒkrobɒtɒ]
ilusionista (m)	bűvész	[by:ve:s]

130. Várias profissões

médico (m)	orvos	[orvoʃ]
enfermeira (f)	nővér	[nø:ve:r]
psiquiatra (m)	elmeorvos	[ɛlmɛorvoʃ]
dentista (m)	fogorvos	[fogorvoʃ]
cirurgião (m)	sebész	[ʃɛbe:s]

| astronauta (m) | űrhajós | [y:rhɒjo:ʃ] |
| astrônomo (m) | csillagász | [tʃillɒga:s] |

piloto (m)	pilóta	[pilo:tɒ]
motorista (m)	sofőr	[ʃofø:r]
maquinista (m)	vezető	[vɛzɛtø:]
mecânico (m)	gépész	[ge:pe:s]

mineiro (m)	bányász	[ba:nja:s]
operário (m)	munkás	[muŋka:ʃ]
serralheiro (m)	lakatos	[lɒkɒtoʃ]
marceneiro (m)	asztalos	[ɒstɒloʃ]
torneiro (m)	esztergályos	[ɛstɛrga:joʃ]
construtor (m)	építő	[e:pi:tø:]
soldador (m)	hegesztő	[hɛgɛstø:]

professor (m)	professzor	[profɛssor]
arquiteto (m)	építész	[e:pi:te:s]
historiador (m)	történész	[tørte:ne:s]
cientista (m)	tudós	[tudo:ʃ]
físico (m)	fizikus	[fizikuʃ]
químico (m)	vegyész	[vɛɟe:s]

arqueólogo (m)	régész	[re:ge:s]
geólogo (m)	geológus	[gɛolo:guʃ]
pesquisador (cientista)	kutató	[kutɒto:]

| babysitter, babá (f) | dajka | [dɒjkɒ] |
| professor (m) | tanár | [tɒna:r] |

redator (m)	szerkesztő	[sɛrkɛstø:]
redator-chefe (m)	főszerkesztő	[fø:sɛrkɛstø:]
correspondente (m)	tudósító	[tudo:ʃi:to:]
datilógrafa (f)	gépírónő	[ge:pi:ro:nø:]

designer (m)	formatervező	[formɒtɛrvɛzø:]
especialista (m) em informática	számítógép specialista	[sa:mi:to:ge:p ʃpɛtsia:liʃtɒ]
programador (m)	programozó	[progrɒmozo:]
engenheiro (m)	mérnök	[me:rnøk]

marujo (m)	tengerész	[tɛŋgɛre:s]
marinheiro (m)	tengerész	[tɛŋgɛre:s]
socorrista (m)	mentő	[mɛntø:]

bombeiro (m)	tűzoltó	[ty:zolto:]
polícia (m)	rendőr	[rɛndø:r]
guarda-noturno (m)	éjjeliőr	[e:jjɛliø:r]
detetive (m)	nyomozó	[ɲomozo:]

funcionário (m) da alfândega	vámos	[va:moʃ]
guarda-costas (m)	testőr	[tɛʃtø:r]
guarda (m) prisional	börtönőr	[børtønø:r]
inspetor (m)	felügyelő	[fɛlyɟɛlø:]

esportista (m)	sportoló	[ʃportolo:]
treinador (m)	edző	[ɛdzø:]
açougueiro (m)	hentes	[hɛntɛʃ]
sapateiro (m)	cipész	[tsipe:s]

comerciante (m)	kereskedő	[kɛrɛʃkɛdø:]
carregador (m)	rakodómunkás	[rɒkodo:muŋka:ʃ]
estilista (m)	divattervező	[divɒt tɛrvɛzø:]
modelo (f)	modell	[modɛll]

131. Ocupações. Estatuto social

estudante (~ de escola)	diák	[dia:k]
estudante (~ universitária)	hallgató	[hɒllgɒto:]
filósofo (m)	filozófus	[filozo:fuʃ]
economista (m)	közgazdász	[køzgɒzda:ʃ]
inventor (m)	feltaláló	[fɛltɒla:lo:]
desempregado (m)	munkanélküli	[muŋkɒne:lkyli]
aposentado (m)	nyugdíjas	[ɲugdi:jɒʃ]
espião (m)	kém	[ke:m]
preso, prisioneiro (m)	fogoly	[fogoj]
grevista (m)	sztrájkoló	[stra:jkolo:]
burocrata (m)	bürokrata	[byrokrɒtɒ]
viajante (m)	utazó	[utɒzo:]
homossexual (m)	homoszexuális	[homosɛksua:liʃ]
hacker (m)	hacker	[hɒkɛr]
bandido (m)	bandita	[bɒnditɒ]
assassino (m)	bérgyilkos	[be:rɟilkoʃ]
drogado (m)	narkós	[nɒrko:ʃ]
traficante (m)	kábítószerkereskedő	[ka:bi:to:sɛrkɛrɛʃkɛdø]
prostituta (f)	prostituált	[proʃtitua:lt]
cafetão (m)	strici	[ʃtritsi]
bruxo (m)	varázsló	[vɒra:ʒlo:]
bruxa (f)	boszorkány	[bosorka:ɲ]
pirata (m)	kalóz	[kɒlo:z]
escravo (m)	rab	[rɒb]
samurai (m)	szamuráj	[sɒmura:j]
selvagem (m)	vadember	[vɒdɛmbɛr]

Desportos

132. Tipos de desportos. Desportistas

esportista (m)	sportoló	[ʃportolo:]
tipo (m) de esporte	sportág	[sporta:g]
basquete (m)	kosárlabda	[koʃa:rlɒbdɒ]
jogador (m) de basquete	kosárlabdázó	[koʃa:rlɒbda:zo:]
beisebol (m)	baseball	[bɛjsbɒll]
jogador (m) de beisebol	baseballjátékos	[bɛjsbɒll ja:te:koʃ]
futebol (m)	futball, foci	[futbɒll], [fotsi]
jogador (m) de futebol	futballista	[futbɒlliʃtɒ]
goleiro (m)	kapus	[kɒpuʃ]
hóquei (m)	jégkorong	[je:gkoroŋg]
jogador (m) de hóquei	jégkorongjátékos	[je:gkoroŋg ja:te:koʃ]
vôlei (m)	röplabda	[røplɒbdɒ]
jogador (m) de vôlei	röplabdázó	[røplɒbda:zo:]
boxe (m)	boksz	[boks]
boxeador (m)	bokszoló	[boksolo:]
luta (f)	birkózás	[birko:za:ʃ]
lutador (m)	birkózó	[birko:zo:]
caratê (m)	karate	[kɒrɒtɛ]
carateca (m)	karatés	[kɒrɒte:ʃ]
judô (m)	cselgáncs	[tʃɛlga:ntʃ]
judoca (m)	cselgáncsozó	[tʃɛlga:ntʃozo:]
tênis (m)	tenisz	[tɛnis]
tenista (m)	teniszjátékos	[tɛnis ja:te:koʃ]
natação (f)	úszás	[u:sa:ʃ]
nadador (m)	úszó	[u:so:]
esgrima (f)	vívás	[vi:va:ʃ]
esgrimista (m)	vívó	[vi:vo:]
xadrez (m)	sakk	[ʃɒkk]
jogador (m) de xadrez	sakkozó	[ʃɒkkozo:]
alpinismo (m)	alpinizmus	[ɒlpinizmuʃ]
alpinista (m)	alpinista	[ɒlpiniʃtɒ]
corrida (f)	futás	[futa:ʃ]

corredor (m)	futó	[futo:]
atletismo (m)	atlétika	[ɒtle:tikɒ]
atleta (m)	atléta	[ɒtle:tɒ]
hipismo (m)	lovassport	[lovɒʃport]
cavaleiro (m)	lovas	[lovɒʃ]
patinação (f) artística	műkorcsolyázás	[my:kortʃoja:za:ʃ]
patinador (m)	műkorcsolyázó	[my:kortʃoja:zo:]
patinadora (f)	műkorcsolyázó nő	[my:kortʃoja:zo: nø:]
halterofilismo (m)	súlyemelés	[ʃu:jɛmɛle:ʃ]
corrida (f) de carros	autóverseny	[ɒuto:vɛrʃɛɲ]
piloto (m)	autóversenyző	[ɒuto:vɛrʃɛɲzø:]
ciclismo (m)	kerékpározás	[kɛre:kpa:roza:ʃ]
ciclista (m)	kerékpáros	[kɛre:kpa:roʃ]
salto (m) em distância	távolugrás	[ta:volugra:ʃ]
salto (m) com vara	rúdugrás	[ru:dugra:ʃ]
atleta (m) de saltos	ugró	[ugro:]

133. Tipos de desportos. Diversos

futebol (m) americano	amerikai futball	[ɒmɛrikɒi futbɒll]
badminton (m)	tollaslabda	[tollɒʃlɒbdɒ]
biatlo (m)	biatlon	[biɒtlon]
bilhar (m)	biliárd	[bilia:rd]
bobsled (m)	bob	[bob]
musculação (f)	testépítés	[tɛʃte:pi:te:ʃ]
polo (m) aquático	vízilabda	[vi:zilɒbdɒ]
handebol (m)	kézilabda	[ke:zilɒbdɒ]
golfe (m)	golf	[golf]
remo (m)	evezés	[ɛvɛze:ʃ]
mergulho (m)	búvárkodás	[bu:va:rkoda:ʃ]
corrida (f) de esqui	síverseny	[ʃi:vɛrʃɛɲ]
tênis (m) de mesa	asztali tenisz	[ɒstɒli tɛniʃ]
vela (f)	vitorlázás	[vitorla:za:ʃ]
rali (m)	rali	[rɒli]
rúgbi (m)	rögbi	[røgbi]
snowboard (m)	hódeszka	[ho:dɛskɒ]
arco-e-flecha (m)	íjászat	[i:ja:sɒt]

134. Ginásio

barra (f)	súlyzó	[ʃu:jzo:]
halteres (m pl)	súlyozók	[ʃu:jozo:k]
aparelho (m) de musculação	gyakorló berendezés	[ɟokorlo: bɛrɛnɛze:ʃ]
bicicleta (f) ergométrica	szobakerékpár	[sobɒkɛre:kpa:r]

esteira (f) de corrida	futószalag	[futo:sɒlɒg]
barra (f) fixa	nyújtó	[ɲu:jto:]
barras (f pl) paralelas	korlát	[korla:t]
cavalo (m)	ló	[lo:]
tapete (m) de ginástica	ugrószőnyeg	[ugro: sø:nɛg]
aeróbica (f)	aerobik	[ɒɛrobik]
ioga, yoga (f)	jóga	[jo:gɒ]

135. Hóquei

hóquei (m)	jégkorong	[je:gkoroŋg]
jogador (m) de hóquei	jégkorongjátékos	[je:gkoroŋg ja:te:koʃ]
jogar hóquei	jégkorongozik	[je:gkoroŋgozik]
gelo (m)	jég	[je:g]

disco (m)	korong	[koroŋg]
taco (m) de hóquei	ütő	[ytø:]
patins (m pl) de gelo	korcsolya	[kortʃojɒ]

| muro (m) | palánk | [pɒla:ŋk] |
| tiro (m) | dobás | [doba:ʃ] |

goleiro (m)	kapus	[kɒpuʃ]
gol (m)	gól	[go:l]
marcar um gol	gólt rúg	[go:lt ru:g]

| tempo (m) | harmad | [hɒrmɒd] |
| banco (m) de reservas | kispad | [kiʃpɒd] |

136. Futebol

futebol (m)	futball, foci	[futbɒll], [fotsi]
jogador (m) de futebol	futballista	[futbɒlliʃtɒ]
jogar futebol	futballozik	[futbɒllozik]

Time (m) Principal	bajnokok ligája	[bɒjnokok liga:jɒ]
time (m) de futebol	futballklub	[futbɒllklub]
treinador (m)	edző	[ɛdzø:]
proprietário (m)	tulajdonos	[tulɒjdonoʃ]

equipe (f)	csapat	[tʃɒpɒt]
capitão (m)	csapatkapitány	[tʃɒpɒtkɒpita:ɲ]
jogador (m)	játékos	[ja:te:koʃ]
jogador (m) reserva	tartalék játékos	[tɒrtɒle:k ja:te:koʃ]

atacante (m)	csatár	[tʃɒta:r]
centroavante (m)	középcsatár	[køze:p+U4527tʃɒta:r]
marcador (m)	csatár	[tʃɒta:r]
defesa (m)	védőjátékos	[ve:dø: ja:te:koʃ]
meio-campo (m)	fedezetjátékos	[fɛdɛzɛtja:te:koʃ]
jogo (m), partida (f)	meccs	[mɛtʃ:]

encontrar-se (vr)	találkozik	[tɒlaːlkozik]
final (m)	döntő	[døntøː]
semifinal (f)	elődöntő	[ɛløːdøntøː]
campeonato (m)	bajnokság	[bɒjnokʃaːg]
tempo (m)	félidő	[feːlidøː]
primeiro tempo (m)	az első félidő	[ɒz ɛlʃø feːlidøː]
intervalo (m)	szünet	[synɛt]
goleira (f)	kapu	[kɒpu]
goleiro (m)	kapus	[kɒpuʃ]
trave (f)	kapufa	[kɒpufɒ]
travessão (m)	keresztgerenda	[kɛrɛstgɛrɛndɒ]
rede (f)	háló	[haːloː]
tomar um gol	beengedi a gólt	[bɛɛŋgɛdi ɒ goːlt]
bola (f)	labda	[lɒbdɒ]
passe (m)	átadás	[aːtɒdaːʃ]
chute (m)	rúgás	[ruːgaːʃ]
chutar (vt)	ütést mér	[yteːʃt meːr]
pontapé (m)	büntető rúgás	[byntɛtøː ruːgaːʃ]
escanteio (m)	szögletrúgás	[søglɛtruːgaːʃ]
ataque (m)	támadás	[taːmɒdaːʃ]
contra-ataque (m)	ellentámadás	[ɛllɛntaːmɒdaːʃ]
combinação (f)	kombináció	[kombinaːtsioː]
árbitro (m)	bíró	[biːroː]
apitar (vi)	fütyül	[fycyl]
apito (m)	fütty	[fycː]
falta (f)	megsértés	[mɛgʃeːrteːʃ]
cometer a falta	megsért	[mɛgʃeːrt]
expulsar (vt)	kiállít a pályáról	[kiɒlliːt ɒ paːjaːroːl]
cartão (m) amarelo	sárga lap	[ʃaːrgɒ lɒp]
cartão (m) vermelho	piros lap	[piroʃ lɒp]
desqualificação (f)	diszkvalifikálás	[diskvɒlifikaːlaːʃ]
desqualificar (vt)	diszkvalifikál	[diskvɒlifikaːl]
pênalti (m)	tizenegyes	[tizɛnɛɟɛʃ]
barreira (f)	fal	[fɒl]
marcar (vt)	berúg	[bɛruːg]
gol (m)	gól	[goːl]
marcar um gol	gólt rúg	[goːlt ruːg]
substituição (f)	helyettesítés	[hɛjɛttɛʃiːteːʃ]
substituir (vt)	helyettesít	[hɛjɛttɛʃiːt]
regras (f pl)	szabályok	[sɒbaːjok]
tática (f)	taktika	[tɒktikɒ]
estádio (m)	stadion	[ʃtɒdion]
arquibancadas (f pl)	lelátó	[lɛlaːtoː]
fã, torcedor (m)	szurkoló	[surkoloː]
gritar (vi)	kiabál	[kiɒbaːl]
placar (m)	tabló	[tɒbloː]
resultado (m)	eredmény	[ɛrɛdmeːɲ]

derrota (f)	vereség	[vɛrɛʃeːg]
perder (vt)	elveszít	[ɛlvɛsiːt]
empate (m)	döntetlen	[døntɛtlɛn]
empatar (vi)	döntetlenre játszik	[døntɛtlɛnrɛ jaːtsik]

vitória (f)	győzelem	[ɟøːzɛlɛm]
vencer (vi, vt)	győz	[ɟøːz]
campeão (m)	bajnok	[bɒjnok]
melhor (adj)	legjobb	[lɛɡjobb]
felicitar (vt)	gratulál	[ɡrɒtulaːl]

comentarista (m)	kommentátor	[kommɛntaːtor]
comentar (vt)	kommentál	[kommɛntaːl]
transmissão (f)	közvetítés	[køzvɛtiːteːʃ]

137. Esqui alpino

esqui (m)	sí	[ʃiː]
esquiar (vi)	síel	[ʃiːɛl]
estação (f) de esqui	alpesi lesikló hely	[ɒlpɛʃi lɛʃiklo: hɛj]
teleférico (m)	felvonó	[fɛlvonoː]

bastões (m pl) de esqui	síbot	[ʃiːbot]
declive (m)	lejtő	[lɛjtøː]
slalom (m)	műlesiklás	[myːlɛʃiːklaːʃ]

138. Tênis. Golfe

golfe (m)	golf	[golf]
clube (m) de golfe	golf klub	[golf klub]
jogador (m) de golfe	golfjátékos	[golfjaːteːkoʃ]

buraco (m)	lyuk	[juk]
taco (m)	ütő	[ytøː]
trolley (m)	golf táska	[golf taːʃkɒ]

tênis (m)	tenisz	[tɛnis]
quadra (f) de tênis	teniszpálya	[tɛnispaːjɒ]
saque (m)	adogatás	[ɒdoɡɒtaːʃ]
sacar (vi)	adogat	[ɒdoɡɒt]
raquete (f)	teniszütő	[tɛnisytøː]
rede (f)	háló	[haːloː]
bola (f)	labda	[lɒbdɒ]

139. Xadrez

xadrez (m)	sakk	[ʃɒkk]
peças (f pl) de xadrez	sakkfigurák	[ʃɒkfiɡuraːk]
jogador (m) de xadrez	sakkozó	[ʃɒkkozoː]
tabuleiro (m) de xadrez	sakktábla	[ʃɒkktaːblɒ]

peça (f)	bábu	[ba:bu]
brancas (f pl)	világos	[vila:goʃ]
pretas (f pl)	sötét	[ʃøte:t]
peão (m)	gyalog	[ɟolog]
bispo (m)	futó	[futo:]
cavalo (m)	huszár	[husa:r]
torre (f)	bástya	[ba:ʃcɒ]
dama (f)	vezér	[vɛze:r]
rei (m)	király	[kira:j]
vez (f)	lépés	[le:pe:ʃ]
mover (vt)	lép	[le:p]
sacrificar (vt)	feláldoz	[fɛla:ldoz]
roque (m)	rosálás	[roʃa:la:ʃ]
xeque (m)	sakk	[ʃɒkk]
xeque-mate (m)	matt	[mɒtt]
torneio (m) de xadrez	sakktorna	[ʃɒkktornɒ]
grão-mestre (m)	nagymester	[nɒɟmɛʃtɛr]
combinação (f)	kombináció	[kombina:tsio:]
partida (f)	sakkparti	[ʃɒkkpɒrti]
jogo (m) de damas	dámajáték	[da:mɒja:te:k]

140. Boxe

boxe (m)	boksz	[boks]
combate (m)	ökölvívó mérkőzés	[økølvi:vo: me:rkø:ze:ʃ]
luta (f) de boxe	párbaj	[pa:rbɒj]
round (m)	menet	[mɛnɛt]
ringue (m)	szorító	[sori:to:]
gongo (m)	gong	[goŋg]
murro, soco (m)	ütés	[yte:ʃ]
derrubada (f)	leütés	[lɛyte:ʃ]
nocaute (m)	kiütés	[kiyte:ʃ]
nocautear (vt)	kiüt	[kiyt]
luva (f) de boxe	bokszkesztyű	[boks kɛscy:]
juiz (m)	versenybíró	[vɛrʃɛɲbi:ro:]
peso-pena (m)	könnyűsúly	[kønɲy:ʃu:j]
peso-médio (m)	középsúly	[køze:pʃu:j]
peso-pesado (m)	nehézsúly	[nɛhe:zʃu:j]

141. Desportos. Diversos

Jogos (m pl) Olímpicos	Olimpiai játékok	[olimpiɒi ja:te:kok]
vencedor (m)	győztes	[ɟø:ztɛʃ]
vencer (vi)	győz	[ɟø:z]
vencer (vi, vt)	legyőz	[lɛɟø:z]

| líder (m) | vezető | [vɛzɛtø:] |
| liderar (vt) | vezet | [vɛzɛt] |

primeiro lugar (m)	első helyezés	[ɛlʃø: hɛjɛze:ʃ]
segundo lugar (m)	második helyezés	[ma:ʃodik hɛjɛze:ʃ]
terceiro lugar (m)	harmadik helyezés	[hɒrmɒdik hɛjɛze:ʃ]

medalha (f)	érem	[e:rɛm]
troféu (m)	trófea	[tro:fɛɒ]
taça (f)	kupa	[kupɒ]
prêmio (m)	díj	[di:j]
prêmio (m) principal	első díj	[ɛlʃø: di:j]

| recorde (m) | csúcseredmény | [tʃu:tʃɛrɛdme:ɲ] |
| estabelecer um recorde | csúcsot állít fel | [tʃu:tʃot a:lli:t fɛl] |

| final (m) | döntő | [døntø:] |
| final (adj) | döntő | [døntø:] |

| campeão (m) | bajnok | [bɒjnok] |
| campeonato (m) | bajnokság | [bɒjnokʃa:g] |

estádio (m)	stadion	[ʃtɒdion]
arquibancadas (f pl)	lelátó	[lɛla:to:]
fã, torcedor (m)	szurkoló	[surkolo:]
adversário (m)	ellenség	[ɛllɛnʃe:g]

| partida (f) | rajt | [rɒjt] |
| linha (f) de chegada | finis | [finiʃ] |

| derrota (f) | vereség | [vɛrɛʃe:g] |
| perder (vt) | elveszít | [ɛlvɛsi:t] |

árbitro, juiz (m)	bíró	[bi:ro:]
júri (m)	zsűri	[ʒy:ri]
resultado (m)	eredmény	[ɛrɛdme:ɲ]
empate (m)	döntetlen	[døntɛtlɛn]
empatar (vi)	döntetlenre játszik	[døntɛtlɛnrɛ ja:tsik]
ponto (m)	pont	[pont]
resultado (m) final	eredmény	[ɛrɛdme:ɲ]

intervalo (m)	szünet	[synɛt]
doping (m)	dopping	[dopiŋg]
penalizar (vt)	megbüntet	[mɛgbyntɛt]
desqualificar (vt)	diszkvalifikál	[diskvɒlifika:l]

aparelho, aparato (m)	tornaszer	[tornɒsɛr]
dardo (m)	gerely	[gɛrɛj]
peso (m)	súly	[ʃu:j]
bola (f)	golyó	[gojo:]

alvo, objetivo (m)	cél	[tse:l]
alvo (~ de papel)	célpont	[tse:lpont]
disparar, atirar (vi)	lő	[lø:]
preciso (tiro ~)	pontos	[pontoʃ]
treinador (m)	edző	[ɛdzø:]

treinar (vt)	edz	[ɛdz]
treinar-se (vr)	edzeni magát	[ɛdzi mɒgaːt]
treino (m)	edzés	[ɛdzeːʃ]
academia (f) de ginástica	tornaterem	[tornɒtɛrɛm]
exercício (m)	gyakorlat	[ɟokorlɒt]
aquecimento (m)	bemelegítés	[bɛmɛlɛgiːteːʃ]

Educação

142. Escola

escola (f)	iskola	[iʃkolɒ]
diretor (m) de escola	iskolaigazgató	[iʃkolɒ igɒzgɒto:]
aluno (m)	diák	[dia:k]
aluna (f)	diáklány	[dia:kla:ɲ]
estudante (m)	diák	[dia:k]
estudante (f)	diáklány	[dia:kla:ɲ]
ensinar (vt)	tanít	[tɒni:t]
aprender (vt)	tanul	[tɒnul]
decorar (vt)	kívülről tanul	[ki:vylrø:l tɒnul]
estudar (vi)	tanul	[tɒnul]
estar na escola	tanul	[tɒnul]
ir à escola	iskolába jár	[iʃkola:bɒ ja:r]
alfabeto (m)	ábécé	[a:be:tse:]
disciplina (f)	tantárgy	[tɒnta:rɟ]
sala (f) de aula	tanterem	[tɒntɛrɛm]
lição, aula (f)	tanóra	[tɒno:rɒ]
recreio (m)	szünet	[synɛt]
toque (m)	csengő	[tʃɛŋgø:]
classe (f)	pad	[pɒd]
quadro (m) negro	tábla	[ta:blɒ]
nota (f)	jegy	[jɛɟ]
boa nota (f)	jó jegy	[jo: jɛɟ]
nota (f) baixa	rossz jegy	[ross jɛɟ]
dar uma nota	jegyet ad	[jɛɟɛt ɒd]
erro (m)	hiba	[hibɒ]
errar (vi)	hibázik	[hiba:zik]
corrigir (~ um erro)	javít	[jɒvi:t]
cola (f)	puska	[puʃkɒ]
dever (m) de casa	házi feladat	[ha:zi fɛlɒdɒt]
exercício (m)	gyakorlat	[ɟokorlɒt]
estar presente	jelen van	[jɛlɛn vɒn]
estar ausente	hiányzik	[hia:ɲzik]
punir (vt)	büntet	[byntɛt]
punição (f)	büntetés	[byntɛte:ʃ]
comportamento (m)	magatartás	[mɒgɒtɒrta:ʃ]

boletim (m) escolar	iskolai bizonyítvány	[iʃkolɒi+U3738 bizoɲi:tva:ɲ]
lápis (m)	ceruza	[tsɛruzɒ]
borracha (f)	radír	[rɒdi:r]
giz (m)	kréta	[kre:tɒ]
porta-lápis (m)	tolltartó	[tolltɒrto:]
mala, pasta, mochila (f)	iskolatáska	[iʃkolɒta:ʃkɒ]
caneta (f)	toll	[toll]
caderno (m)	füzet	[fyzɛt]
livro (m) didático	tankönyv	[tɒŋkøɲv]
compasso (m)	körző	[kørzø:]
traçar (vt)	rajzol	[rɒjzol]
desenho (m) técnico	tervrajz	[tɛrvrɒjz]
poesia (f)	vers	[vɛrʃ]
de cor	kívülről	[ki:vylrø:l]
decorar (vt)	kívülről tanul	[ki:vylrø:l tɒnul]
férias (f pl)	szünet	[synɛt]
estar de férias	szünidőt tölti	[synidø:t tølti]
teste (m), prova (f)	dolgozat	[dolgozɒt]
redação (f)	fogalmazás	[fogɒlmɒza:ʃ]
ditado (m)	diktandó	[diktɒndo:]
exame (m), prova (f)	vizsga	[viʒgɒ]
fazer prova	vizsgázik	[viʒga:zik]
experiência (~ química)	kísérlet	[ki:ʃe:rlɛt]

143. Colégio. Universidade

academia (f)	akadémia	[ɒkɒde:miɒ]
universidade (f)	egyetem	[ɛɟɛtɛm]
faculdade (f)	kar	[kɒr]
estudante (m)	diák	[dia:k]
estudante (f)	diáklány	[dia:kla:ɲ]
professor (m)	tanár	[tɒna:r]
auditório (m)	tanterem	[tɒntɛrɛm]
graduado (m)	végzős	[ve:gzø:ʃ]
diploma (m)	szakdolgozat	[sɒgdolgozɒt]
tese (f)	disszertáció	[dissɛrta:tsio:]
estudo (obra)	kutatás	[kutɒta:ʃ]
laboratório (m)	laboratórium	[lɒborɒto:rium]
palestra (f)	előadás	[ɛlø:ɒda:ʃ]
colega (m) de curso	évfolyamtárs	[e:vfojɒm ta:rʃ]
bolsa (f) de estudos	ösztöndíj	[østøndi:j]
grau (m) acadêmico	tudományos fokozat	[tudoma:nøʃ fokozɒt]

144. Ciências. Disciplinas

matemática (f)	matematika	[mɒtɛmɒtikɒ]
álgebra (f)	algebra	[ɒlgɛbrɒ]
geometria (f)	mértan	[meːrtɒn]

astronomia (f)	csillagászat	[ʧillɒgaːsɒt]
biologia (f)	biológia	[bioloːgiɒ]
geografia (f)	földrajz	[føldrɒjz]
geologia (f)	földtan	[følttɒn]
história (f)	történelem	[tørteːnɛlɛm]

medicina (f)	orvostudomány	[orvoʃtudomaːɲ]
pedagogia (f)	pedagógia	[pɛdɒgoːgiɒ]
direito (m)	jog	[jog]

física (f)	fizika	[fizikɒ]
química (f)	kémia	[keːmiɒ]
filosofia (f)	filozófia	[filozoːfiɒ]
psicologia (f)	lélektan	[leːlɛktɒn]

145. Sistema de escrita. Ortografia

gramática (f)	nyelvtan	[ɲɛlvtɒn]
vocabulário (m)	szókincs	[soːkinʧ]
fonética (f)	hangtan	[hɒŋgtɒn]

substantivo (m)	főnév	[føːneːv]
adjetivo (m)	melléknév	[mɛlleːkneːv]
verbo (m)	ige	[igɛ]
advérbio (m)	határozószó	[hɒtaːrozoːsoː]

pronome (m)	névmás	[neːvmaːʃ]
interjeição (f)	indulatszó	[indulɒtsoː]
preposição (f)	elöljárószó	[ɛløljaːroːsoː]

raiz (f)	szógyök	[soːɟøk]
terminação (f)	végződés	[veːgzøːdeːʃ]
prefixo (m)	prefixum	[prɛfiksum]
sílaba (f)	szótag	[soːtɒg]
sufixo (m)	rag	[rɒg]

acento (m)	hangsúly	[hɒŋgʃuːj]
apóstrofo (f)	aposztróf	[ɒpostroːf]

ponto (m)	pont	[pont]
vírgula (f)	vessző	[vɛssøː]
ponto e vírgula (m)	pontosvessző	[pontoʃvɛssøː]
dois pontos (m pl)	kettőspont	[kɛttøːʃpont]
reticências (f pl)	három pont	[haːrom pont]

ponto (m) de interrogação	kérdőjel	[keːrdøːjɛl]
ponto (m) de exclamação	felkiáltójel	[fɛlkiaːltoːjɛl]

aspas (f pl)	idézőjel	[ideːzøːjɛl]
entre aspas	idézőjelben	[ideːzøːjɛlbɛn]
parênteses (m pl)	zárójel	[zaːroːjɛl]
entre parênteses	zárójelben	[zaːroːjɛlbɛn]
hífen (m)	kötőjel	[køtøːjɛl]
travessão (m)	gondolatjel	[gondolɒtjɛl]
espaço (m)	szóköz	[soːkøz]
letra (f)	betű	[bɛtyː]
letra (f) maiúscula	nagybetű	[nɒjbɛtyː]
vogal (f)	magánhangzó	[mɒgaːnhɒŋgzoː]
consoante (f)	mássalhangzó	[maːʃɒlhɒŋgzoː]
frase (f)	mondat	[mondɒt]
sujeito (m)	alany	[ɒlɒɲ]
predicado (m)	állítmány	[aːlliːtmaːɲ]
linha (f)	sor	[ʃor]
em uma nova linha	egy új sorban	[ɛɟːuːj ʃorbɒn]
parágrafo (m)	bekezdés	[bɛkɛzdeːʃ]
palavra (f)	szó	[soː]
grupo (m) de palavras	összetett szavak	[øsːɛtɛtt sɒvɒk]
expressão (f)	kifejezés	[kifɛjɛzeːʃ]
sinônimo (m)	szinonima	[sinonimɒ]
antônimo (m)	antoníma	[ɒntoniːmɒ]
regra (f)	szabály	[sɒbaːj]
exceção (f)	kivétel	[kiveːtɛl]
correto (adj)	helyes	[hɛjɛʃ]
conjugação (f)	igeragozás	[igɛrɒgozaːʃ]
declinação (f)	névszóragozás	[neːvsoːrɒgozaːʃ]
caso (m)	eset	[ɛʃɛt]
pergunta (f)	kérdés	[keːrdeːʃ]
sublinhar (vt)	aláhúz	[ɒlaːhuːz]
linha (f) pontilhada	kipontozott vonal	[kipontozott vonɒl]

146. Línguas estrangeiras

língua (f)	nyelv	[ɲɛlv]
língua (f) estrangeira	idegen nyelv	[idɛgɛn ɲɛlv]
estudar (vt)	tanul	[tɒnul]
aprender (vt)	tanul	[tɒnul]
ler (vt)	olvas	[olvɒʃ]
falar (vi)	beszél	[bɛseːl]
entender (vt)	ért	[eːrt]
escrever (vt)	ír	[iːr]
rapidamente	gyorsan	[ɟorʃɒn]
devagar, lentamente	lassan	[lɒʃːɒn]

fluentemente	folyékonyan	[foje:koɲɒn]
regras (f pl)	szabályok	[sɒba:jok]
gramática (f)	nyelvtan	[ɲɛlvtɒn]
vocabulário (m)	szókincs	[so:kintʃ]
fonética (f)	hangtan	[hɒŋgtɒn]
livro (m) didático	tankönyv	[tɒŋkøɲv]
dicionário (m)	szótár	[so:ta:r]
manual (m) autodidático	önálló tanulásra szolgáló könyv	[øna:llo: tɒnula:ʃrɒ solga:lo: køɲv]
guia (m) de conversação	társalgási nyelvkönyv	[ta:rʃɒlga:ʃi nɛlvkøɲv]
fita (f) cassete	kazetta	[kɒzɛttɒ]
videoteipe (m)	videokazetta	[fidɛokɒzɛttɒ]
CD (m)	CDlemez	[tsɛdɛlɛmɛz]
DVD (m)	DVDlemez	[dɛvɛdɛlɛmɛz]
alfabeto (m)	ábécé	[a:be:tse:]
soletrar (vt)	betűz	[bɛty:z]
pronúncia (f)	kiejtés	[kiɛjte:ʃ]
sotaque (m)	akcentus	[ɒktsɛntuʃ]
com sotaque	akcentussal	[ɒktsɛntuʃɒl]
sem sotaque	akcentus nélkül	[ɒktsɛntuʃ ne:lkyl]
palavra (f)	szó	[so:]
sentido (m)	értelem	[e:rtɛlɛm]
curso (m)	tanfolyam	[tɒnfojɒm]
inscrever-se (vr)	jelentkezik	[jɛlɛntkɛzik]
professor (m)	tanár	[tɒna:r]
tradução (processo)	fordítás	[fordi:ta:ʃ]
tradução (texto)	fordítás	[fordi:ta:ʃ]
tradutor (m)	fordító	[fordi:to:]
intérprete (m)	tolmács	[tolma:tʃ]
poliglota (m)	poliglott	[poliglott]
memória (f)	emlékezet	[ɛmle:kɛzɛt]

147. Personagens de contos de fadas

Papai Noel (m)	Mikulás	[mikula:ʃ]
sereia (f)	sellő	[ʃɛllø:]
bruxo, feiticeiro (m)	varázsló	[vɒra:ʒlo:]
fada (f)	varázslónő	[vɒra:ʒlo:nø:]
mágico (adj)	varázslatos	[vɒra:ʒlɒtoʃ]
varinha (f) mágica	varázsvessző	[vɒra:ʒvɛssø:]
conto (m) de fadas	mese	[mɛʃɛ]
milagre (m)	csoda	[tʃodɒ]
anão (m)	törpe	[tørpɛ]
transformar-se em ...	átváltozik ... vé	[a:tva:ltozik ... ve:]

fantasma (m)	kísértet	[kiːʃeːrtɛt]
fantasma (m)	szellem	[sɛllɛm]
monstro (m)	szörny	[sørɲ]
dragão (m)	sárkány	[ʃaːrkaːɲ]
gigante (m)	óriás	[oːriaːʃ]

148. Signos do Zodíaco

Áries (f)	Kos	[koʃ]
Touro (m)	Bika	[bikɒ]
Gêmeos (m pl)	Ikrek	[ikrɛk]
Câncer (m)	Rák	[raːk]
Leão (m)	Oroszlán	[oroslaːn]
Virgem (f)	Szűz	[syːz]
Libra (f)	Mérleg	[meːrlɛg]
Escorpião (m)	skorpió	[ʃkorpioː]
Sagitário (m)	Nyilas	[ɲilɒʃ]
Capricórnio (m)	Bak	[bɒk]
Aquário (m)	Vízöntő	[viːzøntøː]
Peixes (pl)	Halak	[hɒlɒk]
caráter (m)	jellem	[jɛllɛm]
traços (m pl) do caráter	jellemvonás	[jɛllɛmvonaːʃ]
comportamento (m)	magatartás	[mɒgɒtortaːʃ]
prever a sorte	jósol	[joːʃol]
adivinha (f)	jósnő	[joːʃnøː]
horóscopo (m)	horoszkóp	[horoskoːp]

Artes

149. Teatro

teatro (m)	színház	[si:nha:z]
ópera (f)	opera	[opɛrɒ]
opereta (f)	operett	[opɛrɛtt]
balé (m)	balett	[bɒlɛtt]
cartaz (m)	plakát	[plɒka:t]
companhia (f) de teatro	társulat	[ta:rʃulɒt]
turnê (f)	vendégszereplés	[vɛnde:gsɛrɛple:ʃ]
estar em turnê	vendégszerepel	[vɛnde:gsɛrɛpɛl]
ensaiar (vt)	próbál	[pro:ba:l]
ensaio (m)	próba	[pro:bɒ]
repertório (m)	műsorterv	[my:ʃortɛrv]
apresentação (f)	előadás	[ɛlø:ɒda:ʃ]
espetáculo (m)	színházi előadás	[si:nha:zi ɛlø:ɒda:ʃ]
peça (f)	színdarab	[si:ndɒrɒb]
entrada (m)	jegy	[jɛɟ]
bilheteira (f)	jegypénztár	[jɛɟpe:nzta:r]
hall (m)	előcsarnok	[ɛlø:tʃɒrnok]
vestiário (m)	ruhatár	[ruhɒta:r]
senha (f) numerada	szám	[sa:m]
binóculo (m)	látcső	[la:tʃø:]
lanterninha (m)	jegyszedő	[jɛɟsɛdø:]
plateia (f)	földszint	[føldsint]
balcão (m)	erkély	[ɛrke:j]
primeiro balcão (m)	első emelet	[ɛlʃø: ɛmɛlɛt]
camarote (m)	páholy	[pa:hoj]
fila (f)	sor	[ʃor]
assento (m)	hely	[hɛj]
público (m)	közönség	[køzønʃe:g]
espectador (m)	néző	[ne:zø:]
aplaudir (vt)	tapsol	[tɒpʃol]
aplauso (m)	taps	[tɒpʃ]
ovação (f)	ováció	[ova:tsio:]
palco (m)	színpad	[si:npɒd]
cortina (f)	függöny	[fyggøɲ]
cenário (m)	díszlet	[di:slɛt]
bastidores (m pl)	kulisszák	[kulissa:k]
cena (f)	jelenet	[jɛlɛnɛt]
ato (m)	felvonás	[fɛlvona:ʃ]
intervalo (m)	szünet	[synɛt]

150. Cinema

ator (m)	színész	[siːneːs]
atriz (f)	színésznő	[siːneːsnøː]
cinema (m)	mozi	[mozi]
filme (m)	film	[film]
episódio (m)	sorozat	[ʃorozɒt]
filme (m) policial	krimi	[krimi]
filme (m) de ação	akciófilm	[ɒktsiːofilm]
filme (m) de aventuras	kalandfilm	[kɒlɒndfilm]
filme (m) de ficção científica	fantasztikus film	[fɒntɒstikuʃ film]
filme (m) de horror	horrorfilm	[horrorfilm]
comédia (f)	filmvígjáték	[filmviːg jaːteːk]
melodrama (m)	zenés dráma	[zɛneːʃ draːmɒ]
drama (m)	dráma	[draːmɒ]
filme (m) de ficção	játékfilm	[jaːteːkfilm]
documentário (m)	dokumentumfilm	[dokumɛntumfilm]
desenho (m) animado	rajzfilm	[rɒjzfilm]
cinema (m) mudo	némafilm	[neːmɒfilm]
papel (m)	szerep	[sɛrɛp]
papel (m) principal	főszerep	[føːsɛrɛp]
representar (vt)	szerepel	[sɛrɛpɛl]
estrela (f) de cinema	filmcsillag	[filmtʃillɒg]
conhecido (adj)	ismert	[iʃmɛrt]
famoso (adj)	híres	[hiːrɛʃ]
popular (adj)	népszerű	[neːpsɛryː]
roteiro (m)	forgatókönyv	[forgɒtoːkøɲv]
roteirista (m)	forgatókönyvíró	[forgɒtoːkøɲviːroː]
diretor (m) de cinema	rendező	[rɛndɛzøː]
produtor (m)	producer	[produsɛr]
assistente (m)	asszisztens	[ɒssistɛnʃ]
diretor (m) de fotografia	operatőr	[opɛrɒtøːr]
dublê (m)	kaszkadőr	[kɒskɒdøːr]
filmar (vt)	filmet forgat	[filmɛt forgɒt]
audição (f)	próba	[proːbɒ]
filmagem (f)	felvétel	[fɛlveːtɛl]
equipe (f) de filmagem	forgatócsoport	[forgɒtoːtʃoport]
set (m) de filmagem	forgatási helyszín	[forgɒtaːʃi hɛjsiːn]
câmera (f)	kamera	[kɒmɛrɒ]
cinema (m)	mozi	[mozi]
tela (f)	vászon	[vaːson]
exibir um filme	filmet mutat	[filmɛt mutɒt]
trilha (f) sonora	hangsáv	[hɒŋgʃaːv]
efeitos (m pl) especiais	speciális effektusok	[ʃpɛtsjaːliʃ ɛfːɛktuʃok]
legendas (f pl)	feliratok	[fɛlirɒtok]

| crédito (m) | közreműködők felsorolása | [køzrɛmy:kødø:k fɛlʃorola:sa] |
| tradução (f) | fordítás | [fordi:ta:ʃ] |

151. Pintura

arte (f)	művészet	[my:ve:sɛt]
belas-artes (f pl)	képzőművészet	[ke:pzø:my:ve:sɛt]
galeria (f) de arte	galéria	[gɒle:riɒ]
exibição (f) de arte	tárlat	[ta:rlɒt]

pintura (f)	festészet	[fɛʃte:sɛt]
arte (f) gráfica	grafika	[grɒfikɒ]
arte (f) abstrata	absztrakt művészet	[ɒbstrɒkt my:ve:sɛt]
impressionismo (m)	impresszionizmus	[imprɛssionizmuʃ]

pintura (f), quadro (m)	kép	[ke:p]
desenho (m)	rajz	[rɒjz]
cartaz, pôster (m)	poszter	[postɛr]

ilustração (f)	illusztráció	[illustra:tsio:]
miniatura (f)	miniatűr	[miniɒty:r]
cópia (f)	másolat	[ma:ʃolɒt]
reprodução (f)	reprodukció	[rɛproduktsio:]

mosaico (m)	mozaik	[mozɒik]
vitral (m)	színes üvegablak	[si:nɛʃ yvɛgɒblɒk]
afresco (m)	freskó	[frɛʃko:]
gravura (f)	metszet	[mɛtsɛt]

busto (m)	mellszobor	[mɛllsobor]
escultura (f)	szobor	[sobor]
estátua (f)	szobor	[sobor]
gesso (m)	gipsz	[gips]
em gesso (adj)	gipsz	[gips]

retrato (m)	arckép	[ɒrtske:p]
autorretrato (m)	önarckép	[ønɒrtske:p]
paisagem (f)	tájkép	[ta:jke:p]
natureza (f) morta	csendélet	[tʃɛnde:lɛt]
caricatura (f)	karikatúra	[kɒrikɒtu:rɒ]

tinta (f)	festék	[fɛʃte:k]
aquarela (f)	vízfesték	[vi:zfɛʃte:k]
tinta (f) a óleo	olaj	[olɒj]
lápis (m)	ceruza	[tsɛruzɒ]
tinta (f) nanquim	tus	[tuʃ]
carvão (m)	szén	[se:n]

| desenhar (vt) | rajzol | [rɒjzol] |
| pintar (vt) | fest | [fɛʃt] |

posar (vi)	pózol	[po:zol]
modelo (m)	modell	[modɛll]
modelo (f)	modell	[modɛll]

pintor (m)	festő	[fɛʃtøː]
obra (f)	műalkotás	[myːɒlkotaːʃ]
obra-prima (f)	remekmű	[rɛmɛkmyː]
estúdio (m)	műhely	[myːhɛj]

tela (f)	vászon	[vaːson]
cavalete (m)	festőállvány	[fɛʃtøːaːllvaːɲ]
paleta (f)	paletta	[pɒlɛttɒ]

moldura (f)	keret	[kɛrɛt]
restauração (f)	helyreállítás	[hɛjrɛaːlliːtaːʃ]
restaurar (vt)	helyreállít	[hɛjrɛaːlliːt]

152. Literatura & Poesia

literatura (f)	irodalom	[irodɒlom]
autor (m)	szerző	[sɛrzøː]
pseudônimo (m)	álnév	[aːlneːv]

livro (m)	könyv	[køɲv]
volume (m)	kötet	[køtɛt]
índice (m)	tartalomjegyzék	[tɒrtɒlomjɛɟzeːk]
página (f)	oldal	[oldɒl]
protagonista (m)	főszereplő	[føːsɛrɛpløː]
autógrafo (m)	autogram	[autogram]

conto (m)	rövid történet	[røvid tørteːnɛt]
novela (f)	elbeszélés	[ɛlbɛseːleːʃ]
romance (m)	regény	[rɛgeːɲ]
obra (f)	alkotás	[ɒlkotaːʃ]
fábula (m)	állatmese	[aːllɒtmɛʃɛ]
romance (m) policial	krimi	[krimi]

verso (m)	vers	[vɛrʃ]
poesia (f)	költészet	[kølteːsɛt]
poema (m)	költemény, vers	[køltɛmeːɲ], [vɛrʃ]
poeta (m)	költő	[køltøː]

ficção (f)	szépirodalom	[seːpirodɒlom]
ficção (f) científica	scifi	[stsifi], [skifi]
aventuras (f pl)	kalandok	[kɒlɒndok]
literatura (f) didática	tanító irodalom	[tɒniːtoː irodɒlom]
literatura (f) infantil	gyermekirodalom	[ɟɛrmɛk irodɒlom]

153. Circo

circo (m)	cirkusz	[tsirkus]
circo (m) ambulante	vándorcirkusz	[vaːndortsirkus]
programa (m)	műsor	[myːʃor]
apresentação (f)	előadás	[ɛløːɒdaːʃ]
número (m)	műsorszám	[myːʃorsaːm]
picadeiro (f)	aréna	[ɒrɛnɒ]

pantomima (f)	némajáték	[neːmɒjaːteːk]
palhaço (m)	bohóc	[bohoːts]
acrobata (m)	akrobata	[ɒkrobɒtɒ]
acrobacia (f)	akrobatika	[ɒkrobɒtikɒ]
ginasta (m)	tornász	[tornaːs]
ginástica (f)	torna	[tornɒ]
salto (m) mortal	szaltó	[sɒltoː]
homem (m) forte	atléta	[ɒtleːtɒ]
domador (m)	állatszelídítő	[aːllɒt sɛliːdiːtoː]
cavaleiro (m) equilibrista	lovas	[lovɒʃ]
assistente (m)	asszisztens	[ɒssistɛnʃ]
truque (m)	mutatvány	[mutɒtvaːɲ]
truque (m) de mágica	bűvészmutatvány	[byːveːsmutɒtvaːɲ]
ilusionista (m)	bűvész	[byːveːs]
malabarista (m)	zsonglőr	[ʒoŋgløːr]
fazer malabarismos	zsonglőrködik	[ʒoŋgløːrkødik]
adestrador (m)	idomár	[idomaːr]
adestramento (m)	idomítás	[idomiːtaːʃ]
adestrar (vt)	idomít	[idomiːt]

154. Música. Música popular

música (f)	zene	[zɛnɛ]
músico (m)	zenész	[zɛneːs]
instrumento (m) musical	hangszer	[hɒŋgsɛr]
tocar ...	játszani	[jaːtsɒni]
guitarra (f)	gitár	[gitaːr]
violino (m)	hegedű	[hɛgɛdyː]
violoncelo (m)	cselló	[tʃɛlloː]
contrabaixo (m)	nagybőgő	[nɒɟbøːgøː]
harpa (f)	hárfa	[haːrfɒ]
piano (m)	zongora	[zoŋgorɒ]
piano (m) de cauda	zongora	[zoŋgorɒ]
órgão (m)	orgona	[orgonɒ]
instrumentos (m pl) de sopro	fúvós hangszer	[fuːvoːʃ hɒŋgsɛr]
oboé (m)	oboa	[obɒɒ]
saxofone (m)	szakszofon	[sɒksofon]
clarinete (m)	klarinét	[klɒrineːt]
flauta (f)	fuvola	[fuvolɒ]
trompete (m)	trombita	[trombitɒ]
acordeão (m)	harmonika	[hɒrmonikɒ]
tambor (m)	dob	[dob]
dueto (m)	duett	[duɛtt]
trio (m)	trió	[trioː]
quarteto (m)	kvartett	[kvɒrtɛtt]

coro (m)	énekkar	[eːnɛkkɒr]
orquestra (f)	zenekar	[zɛnɛkɒr]
música (f) pop	popzene	[popzɛnɛ]
música (f) rock	rockzene	[rokzɛnɛ]
grupo (m) de rock	rockegyüttes	[rokɛɟyttɛʃ]
jazz (m)	dzsessz	[dʒɛsː]
ídolo (m)	bálvány	[baːlvaːɲ]
fã, admirador (m)	rajongó	[rɒjoŋgoː]
concerto (m)	hangverseny	[hɒŋgvɛrʃɛɲ]
sinfonia (f)	szimfónia	[simfoːniɒ]
composição (f)	szerzemény	[sɛrzɛmeːɲ]
canto (m)	éneklés	[eːnɛkleːʃ]
canção (f)	dal	[dɒl]
melodia (f)	dallam	[dɒllɒm]
ritmo (m)	ritmus	[ritmuʃ]
blues (m)	blues	[blyz]
notas (f pl)	kották	[kottaːk]
batuta (f)	karmesteri pálca	[kɒrmɛʃtɛri paːltsɒ]
arco (m)	vonó	[vonoː]
corda (f)	húr	[huːr]
estojo (m)	tartó	[tɒrtoː]

Descanso. Entretenimento. Viagens

155. Viagens

turismo (m)	turizmus	[turizmuʃ]
turista (m)	turista	[turiʃtɒ]
viagem (f)	utazás	[utɒza:ʃ]
aventura (f)	kaland	[kɒlɒnd]
percurso (curta viagem)	utazás	[utɒza:ʃ]
férias (f pl)	szabadság	[sɒbɒdʃa:g]
estar de férias	szabadságon van	[sɒbɒdʃa:gon vɒn]
descanso (m)	pihenés	[pihɛne:ʃ]
trem (m)	vonat	[vonɒt]
de trem (chegar ~)	vonattal	[vonɒttɒl]
avião (m)	repülőgép	[rɛpylø:ge:p]
de avião	repülőgéppel	[rɛpylø:ge:ppɛl]
de carro	autóval	[ɒuto:vɒl]
de navio	hajóval	[hɒjo:vɒl]
bagagem (f)	csomag	[tʃomɒg]
mala (f)	bőrönd	[bø:rønd]
carrinho (m)	kocsi	[kotʃi]
passaporte (m)	útlevél	[u:tlɛve:l]
visto (m)	vízum	[vi:zum]
passagem (f)	jegy	[jɛɟ]
passagem (f) aérea	repülőjegy	[rɛpylø:jɛɟ]
guia (m) de viagem	útikalauz	[u:tikɒlɒuz]
mapa (m)	térkép	[te:rke:p]
área (f)	vidék	[vide:k]
lugar (m)	hely	[hɛj]
exotismo (m)	egzotikum	[ɛgzotikum]
exótico (adj)	egzotikus	[ɛgzotikuʃ]
surpreendente (adj)	csodálatos	[tʃoda:lɒtoʃ]
grupo (m)	csoport	[tʃoport]
excursão (f)	kirándulás	[kira:ndula:ʃ]
guia (m)	idegenvezető	[idɛgɛn vɛzɛtø:]

156. Hotel

hotel (m)	szálloda	[sa:llodɒ]
motel (m)	motel	[motɛl]
três estrelas	három csillagos	[ha:rom tʃillɒgoʃ]

cinco estrelas	öt csillagos	[øt tʃillɒgoʃ]
ficar (vi, vt)	megszáll	[mɛgsaːll]
quarto (m)	szoba	[sobɒ]
quarto (m) individual	egyágyas szoba	[ɛɟaːɟɒʃ sobɒ]
quarto (m) duplo	kétágyas szoba	[keːtaːɟɒʃ sobɒ]
reservar um quarto	lefoglal egy szobát	[lɛfoglɒl ɛɟ sobaːt]
meia pensão (f)	félpanzió	[feːlpɒnzioː]
pensão (f) completa	teljes panzió	[tɛjɛʃ pɒnzioː]
com banheira	fürdőszobával	[fyrdøːsobaːvɒl]
com chuveiro	zuhannyal	[zuhɒnnɒl]
televisão (m) por satélite	műholdas televízió	[myːholdɒʃ tɛlɛvizioː]
ar (m) condicionado	légkondicionáló	[leːgkonditsionaːloː]
toalha (f)	törülköző	[tørylkøzøː]
chave (f)	kulcs	[kultʃ]
administrador (m)	adminisztrátor	[ɒdministraːtor]
camareira (f)	szobalány	[sobɒlaːɲ]
bagageiro (m)	hordár	[hordaːr]
porteiro (m)	portás	[portaːʃ]
restaurante (m)	étterem	[eːttɛrɛm]
bar (m)	bár	[baːr]
café (m) da manhã	reggeli	[rɛggɛli]
jantar (m)	vacsora	[vɒtʃorɒ]
bufê (m)	svédasztal	[ʃveːdɒstɒl]
elevador (m)	lift	[lift]
NÃO PERTURBE	KÉRJÜK, NE ZAVARJANAK!	[keːrjyk nɛ zɒvɒrjɒnɒk]
PROIBIDO FUMAR!	DOHÁNYOZNI TILOS!	[dohaːɲozni tiloʃ]

157. Livros. Leitura

livro (m)	könyv	[køɲv]
autor (m)	szerző	[sɛrzøː]
escritor (m)	író	[iːroː]
escrever (~ um livro)	megír	[mɛgiːr]
leitor (m)	olvasó	[olvɒʃoː]
ler (vt)	olvas	[olvɒʃ]
leitura (f)	olvasás	[olvɒʃaːʃ]
para si	magában	[mɒgaːbɒn]
em voz alta	hangosan	[hɒŋgoʃɒn]
publicar (vt)	kiad	[kiɒd]
publicação (f)	kiadás	[kiɒdaːʃ]
editor (m)	kiadó	[kiɒdoː]
editora (f)	kiadóvállalat	[kiɒdoː vaːllɒlɒt]
sair (vi)	megjelenik	[mɛgjɛlɛnik]
lançamento (m)	megjelenés	[mɛgjɛlɛneːʃ]

tiragem (f)	példányszám	[pe:lda:ɲsa:m]
livraria (f)	könyvesbolt	[køɲvɛʃbolt]
biblioteca (f)	könyvtár	[køɲvta:r]
novela (f)	elbeszélés	[ɛlbɛse:le:ʃ]
conto (m)	rövid történet	[røvid tørte:nɛt]
romance (m)	regény	[rɛge:ɲ]
romance (m) policial	krimi	[krimi]
memórias (f pl)	emlékiratok	[ɛmle:kirɒtok]
lenda (f)	legenda	[lɛgɛndɒ]
mito (m)	mítosz	[mi:tos]
poesia (f)	versek	[vɛrʃɛk]
autobiografia (f)	önéletrajz	[øne:lɛtrɒjz]
obras (f pl) escolhidas	válogatott	[va:logɒtott]
ficção (f) científica	scifi	[stsifi], [skifi]
título (m)	cím	[tsi:m]
introdução (f)	bevezetés	[bɛvɛzɛte:ʃ]
folha (f) de rosto	címlap	[tsi:mlɒp]
capítulo (m)	fejezet	[fɛjɛzɛt]
excerto (m)	részlet	[re:slɛt]
episódio (m)	epizód	[ɛpizo:d]
enredo (m)	szüzsé	[syʒe:]
conteúdo (m)	tartalom	[tɒrtɒlom]
índice (m)	tartalomjegyzék	[tɒrtɒlomjɛɟze:k]
protagonista (m)	főszereplő	[fø:sɛrɛplø:]
volume (m)	kötet	[køtɛt]
capa (f)	borítólap	[bori:to:lɒp]
encadernação (f)	bekötés	[bɛkøte:ʃ]
marcador (m) de página	könyvjelző	[køɲvjɛlzø:]
página (f)	oldal	[oldɒl]
folhear (vt)	lapoz	[lɒpoz]
margem (f)	lapszél	[lɒpse:l]
anotação (f)	jegyzet	[jɛɟɛzɛt]
nota (f) de rodapé	megjegyzés	[mɛgjɛɟze:ʃ]
texto (m)	szöveg	[søvɛg]
fonte (f)	betűtípus	[bɛty:ti:puʃ]
falha (f) de impressão	sajtóhiba	[ʃɒjto:hibɒ]
tradução (f)	fordítás	[fordi:ta:ʃ]
traduzir (vt)	fordít	[fordi:t]
original (m)	az eredeti	[ɒz ɛrɛdɛti]
famoso (adj)	híres	[hi:rɛʃ]
desconhecido (adj)	ismeretlen	[iʃmɛrɛtlɛn]
interessante (adj)	érdekes	[e:rdɛkɛʃ]
best-seller (m)	bestseller	[bɛstsɛllɛr]
dicionário (m)	szótár	[so:ta:r]
livro (m) didático	tankönyv	[tɒŋkøɲv]
enciclopédia (f)	enciklopédia	[ɛntsiklope:diɒ]

158. Caça. Pesca

caça (f)	vadászat	[vɒda:sɒt]
caçar (vi)	vadászik	[vɒda:sik]
caçador (m)	vadász	[vɒda:s]
disparar, atirar (vi)	lő	[løː]
rifle (m)	puska	[puʃkɒ]
cartucho (m)	töltény	[tølteːɲ]
chumbo (m) de caça	sörét	[ʃøreːt]
armadilha (f)	csapda	[tʃɒbdɒ]
armadilha (com corda)	kelepce	[kɛlɛptsɛ]
pôr a armadilha	csapdát állít	[tʃɒpdaːt aːlliːt]
caçador (m) furtivo	vadorzó	[vɒdorzoː]
caça (animais)	vad	[vɒd]
cão (m) de caça	vadászkutya	[vɒda:skucɒ]
safári (m)	szafári	[sɒfaːri]
animal (m) empalhado	kitömött test	[kitømøtt tɛʃt]
pescador (m)	halász	[hɒlaːs]
pesca (f)	halászat	[hɒlaːsɒt]
pescar (vt)	halászik	[hɒlaːsik]
vara (f) de pesca	horgászbot	[horgaːsbot]
linha (f) de pesca	horgászzsinór	[horgaːsʒinoːr]
anzol (m)	horog	[horog]
boia (f), flutuador (m)	úszó	[uːsoː]
isca (f)	csalétek	[tʃɒleːtɛk]
lançar a linha	bedobja a horgot	[bɛdobiɒ ɒ horgot]
morder (peixe)	harap	[hɒrɒp]
pesca (f)	halászzsákmány	[hɒlaːs ʒaːkmaːɲ]
buraco (m) no gelo	lék	[leːk]
rede (f)	háló	[haːloː]
barco (m)	csónak	[tʃoːnɒk]
pescar com rede	halászik	[hɒlaːsik]
lançar a rede	beveti a hálót	[bɛvɛti ɒ haːloːt]
puxar a rede	kihúzza a hálót	[kihuːzzɒ ɒ haːloːt]
baleeiro (m)	bálnavadász	[baːlnɒvɒdaːs]
baleeira (f)	bálnavadászhajó	[baːlnɒvɒdaːshɒjoː]
arpão (m)	szigony	[sigoɲ]

159. Jogos. Bilhar

bilhar (m)	biliárd	[biliaːrd]
sala (f) de bilhar	biliárdszoba	[biliaːrd sobɒ]
bola (f) de bilhar	biliárdgolyó	[biliaːrdgojoː]
embolsar uma bola	elgurítja a golyót	[ɛlguriːcɒ ɒ gojoːt]
taco (m)	dákó	[daːkoː]
caçapa (f)	lyuk	[juk]

160. Jogos. Jogar cartas

ouros (m pl)	káró	[ka:ro:]
espadas (f pl)	pikk	[pikk]
copas (f pl)	kőr	[kø:r]
paus (m pl)	treff	[trɛff]

ás (m)	ász	[a:s]
rei (m)	király	[kira:j]
dama (f), rainha (f)	dáma	[da:mɒ]
valete (m)	alsó	[ɒlʃo:]

carta (f) de jogar	kártya	[ka:rcɒ]
cartas (f pl)	kártyák	[ka:rca:k]
trunfo (m)	adu	[ɒdu]
baralho (m)	egy csomag kártya	[ɛɟ ʧomɒg ka:rcɒ]

dar, distribuir (vt)	kioszt	[kiost]
embaralhar (vt)	kever	[kɛvɛr]
vez, jogada (f)	lépés	[le:peːʃ]
trapaceiro (m)	csaló	[ʧɒlo:]

161. Casino. Roleta

cassino (m)	kaszinó	[kɒsino:]
roleta (f)	rulett	[rulɛtt]

aposta (f)	tét	[te:t]
apostar (vt)	megteszi a tétet	[mɛgtɛsi ɒ te:tɛt]

vermelho (m)	piros	[piroʃ]
preto (m)	fekete	[fɛkɛtɛ]

apostar no vermelho	pirosra tesz	[piroʃrɒ tɛs]
apostar no preto	feketére tesz	[fɛkɛte:rɛ tɛs]

croupier (m, f)	krupié	[krupie:]
girar da roleta	forgatja a kereket	[forgɒcɒ ɒ kɛrɛkɛt]

regras (f pl) do jogo	játék szabályai	[ja:te:k sɒba:jɒi]
ficha (f)	érme	[e:rmɛ]

ganhar (vi, vt)	nyer	[ɲɛr]
ganho (m)	nyeremény	[ɲɛrɛme:ɲ]

perder (dinheiro)	elveszít	[ɛlvɛsi:t]
perda (f)	veszteség	[vɛstɛʃe:g]

jogador (m)	játékos	[ja:te:koʃ]
blackjack, vinte-e-um (m)	Black Jack	[blɛk dʒɛk]

jogo (m) de dados	kockajáték	[kotskɒja:te:k]
caça-níqueis (m)	játékautomata	[ja:te:k ɒutomɒtɒ]

162. Descanso. Jogos. Diversos

passear (vi)	sétál	[ʃeːtaːl]
passeio (m)	séta	[ʃeːto]
viagem (f) de carro	kirándulás	[kiraːndulaːʃ]
aventura (f)	kaland	[kɒlɒnd]
piquenique (m)	piknik	[piknik]

jogo (m)	játék	[jaːteːk]
jogador (m)	játékos	[jaːteːkoʃ]
partida (f)	játszma	[jaːtsmɒ]

colecionador (m)	gyűjtő	[ɟyːjtøː]
colecionar (vt)	gyűjt	[ɟyːjt]
coleção (f)	gyűjtemény	[ɟyːjtɛmeːɲ]

palavras (f pl) cruzadas	keresztrejtvény	[kɛrɛstrɛjtveːɲ]
hipódromo (m)	lóversenytér	[loːvɛrʃɛɲteːr]
discoteca (f)	diszkó	[diskoː]

sauna (f)	szauna	[sɒunɒ]
loteria (f)	sorsjáték	[ʃorʃjaːteːk]

campismo (m)	túra	[tuːrɒ]
acampamento (m)	tábor	[taːbor]
barraca (f)	sátor	[ʃaːtor]
bússola (f)	iránytű	[iraːɲtyː]
campista (m)	turista	[turiʃtɒ]

ver (vt), assistir à ...	néz	[neːz]
telespectador (m)	tévénéző	[teːveːneːzøː]
programa (m) de TV	tévéprogram	[teːveː progrɒm]

163. Fotografia

máquina (f) fotográfica	fényképezőgép	[feːɲkeːpɛzøːgeːp]
foto, fotografia (f)	fénykép	[feːɲkeːp]

fotógrafo (m)	fényképész	[feːɲkeːpeːs]
estúdio (m) fotográfico	fotószalon	[fotoːsɒlon]
álbum (m) de fotografias	fényképalbum	[feːɲkeːp ɒlbum]

lente (f) fotográfica	objektív	[objɛktiːv]
lente (f) teleobjetiva	teleobjektív	[tɛlɛobjɛktiːv]
filtro (m)	filter	[filtɛr]
lente (f)	lencse	[lɛntʃɛ]

ótica (f)	optika	[optikɒ]
abertura (f)	fényrekesz	[feːɲrɛkɛs]
exposição (f)	exponálás	[ɛksponaːlaːʃ]
visor (m)	képkereső	[keːpkɛrɛʃøː]
câmera (f) digital	digitális fényképezőgép	[digitaːliʃ feːɲkeːpɛzøːgeːp]

tripé (m)	statív	[ʃtɒtiv]
flash (m)	vaku	[vɒku]
fotografar (vt)	fényképez	[fe:ɲke:pɛz]
tirar fotos	fényképez	[fe:ɲke:pɛz]
fotografar-se (vr)	lefényképezteti magát	[lɛfe:ɲke:pɛztɛti mɒga:t]
foco (m)	fókusz	[fo:kus]
focar (vt)	élessé tesz	[e:lɛʃe: tɛs]
nítido (adj)	éles	[e:lɛʃ]
nitidez (f)	élesség	[e:lɛʃe:g]
contraste (m)	kontraszt	[kontrɒst]
contrastante (adj)	kontrasztos	[kontrɒstoʃ]
retrato (m)	felvétel	[fɛlve:tɛl]
negativo (m)	negatív	[nɛgɒti:v]
filme (m)	film	[film]
fotograma (m)	filmkocka	[filmkotskɒ]
imprimir (vt)	nyomtat	[ɲomtɒt]

164. Praia. Natação

praia (f)	strand	[ʃtrɒnd]
areia (f)	homok	[homok]
deserto (adj)	puszta	[pustɒ]
bronzeado (m)	lesülés	[lɛʃyle:ʃ]
bronzear-se (vr)	lesül	[lɛʃyl]
bronzeado (adj)	lesült	[lɛʃylt]
protetor (m) solar	napolaj	[nɒpolɒj]
biquíni (m)	bikini	[bikini]
maiô (m)	fürdőruha	[fyrdø:ruhɒ]
calção (m) de banho	fürdőnadrág	[fyrdø:nɒdra:g]
piscina (f)	uszoda	[usodɒ]
nadar (vi)	úszik	[u:sik]
chuveiro (m), ducha (f)	zuhany	[zuhɒɲ]
mudar, trocar (vt)	átöltözik	[a:tøltøzik]
toalha (f)	törülköző	[tørylkøzø:]
barco (m)	csónak	[tʃo:nɒk]
lancha (f)	motorcsónak	[motor tʃo:nɒk]
esqui (m) aquático	vízisí	[vi:ziʃi:]
barco (m) de pedais	vízibicikli	[vi:zi bitsikli]
surf, surfe (m)	szörfözés	[sørføze:ʃ]
surfista (m)	szörföző	[sørføzø:]
equipamento (m) de mergulho	könnyűbúvárfelszerelés	[kønɲy:bu:va:rfɛlsɛrɛle:ʃ]
pé (m pl) de pato	uszony	[usoɲ]
máscara (f)	maszk	[mɒsk]
mergulhador (m)	búvár	[bu:va:r]

mergulhar (vi)	búvárkodik	[buːvaːrkodik]
debaixo d'água	víz alatt	[viːz ɒlɒtt]
guarda-sol (m)	esernyő	[ɛʃɛrɲøː]
espreguiçadeira (f)	napozóágy	[nɒpozoːaːɟ]
óculos (m pl) de sol	szemüveg	[sɛmyvɛg]
colchão (m) de ar	gumimatrac	[gumimɒtrɒts]
brincar (vi)	játszik	[jaːtsik]
ir nadar	fürdik	[fyrdik]
bola (f) de praia	labda	[lɒbdɒ]
encher (vt)	felfúj	[fɛlfuːj]
inflável (adj)	felfújható	[fɛlfuːjhɒtoː]
onda (f)	hullám	[hullaːm]
boia (f)	bója	[boːjɒ]
afogar-se (vr)	vízbe fullad	[viːzbɛ fullɒd]
salvar (vt)	megment	[mɛgmɛnt]
colete (m) salva-vidas	mentőmellény	[mɛntøːmɛlleːɲ]
observar (vt)	figyel	[fiɟɛl]
salva-vidas (pessoa)	mentő	[mɛntøː]

EQUIPAMENTO TÉCNICO. TRANSPORTES

Equipamento técnico. Transportes

165. Computador

computador (m)	számítógép	[saːmiːtoːgeːp]
computador (m) portátil	laptop	[lɒptop]
ligar (vt)	bekapcsol	[bɛkɒptʃol]
desligar (vt)	kikapcsol	[kikɒptʃol]
teclado (m)	billentyűzet	[billɛɲcyːzɛt]
tecla (f)	billentyű	[billɛɲcyː]
mouse (m)	egér	[ɛgeːr]
tapete (m) para mouse	egérpad	[ɛgeːrpɒd]
botão (m)	gomb	[gomb]
cursor (m)	kurzor	[kurzor]
monitor (m)	monitor	[monitor]
tela (f)	képernyő	[keːpɛrɲøː]
disco (m) rígido	merevlemez	[mɛrɛvlɛmɛz]
memória (f)	memória	[mɛmoːriɒ]
memória RAM (f)	RAM	[rɒm]
arquivo (m)	fájl	[faːjl]
pasta (f)	mappa	[mɒppɒ]
abrir (vt)	nyit	[ɲit]
fechar (vt)	zár	[zaːr]
salvar (vt)	ment	[mɛnt]
deletar (vt)	töröl	[tørøl]
copiar (vt)	másol	[maːʃol]
ordenar (vt)	osztályoz	[ostaːjoz]
copiar (vt)	átír	[aːtiːr]
programa (m)	program	[progrɒm]
software (m)	szoftver	[softvɛr]
programador (m)	programozó	[progrɒmozoː]
programar (vt)	programoz	[progrɒmoz]
hacker (m)	hacker	[hɒkɛr]
senha (f)	jelszó	[jɛlsoː]
vírus (m)	vírus	[viːruʃ]
detectar (vt)	megtalál	[mɛgtɒlaːl]
byte (m)	byte	[bɒjt]
megabyte (m)	megabyte	[mɛgɒbɒjt]

dados (m pl)	adatok	[ɒdɒtok]
base (f) de dados	adatbázis	[ɒdɒtba:ziʃ]
cabo (m)	kábel	[ka:bɛl]
desconectar (vt)	szétkapcsol	[se:tkɒpt͡ʃol]
conectar (vt)	hozzákapcsol	[hozza:kɒpt͡ʃol]

166. Internet. E-mail

internet (f)	internet	[intɛrnɛt]
browser (m)	böngésző	[bøŋge:sø:]
motor (m) de busca	kereső program	[kɛrɛʃø: progrɒm]
provedor (m)	szolgáltató	[solga:ltɒto:]
webmaster (m)	webgazda	[vɛbgɒzdɒ]
website (m)	weboldal	[vɛboldɒl]
web page (f)	weboldal	[vɛboldɒl]
endereço (m)	cím	[tsi:m]
livro (m) de endereços	címkönyv	[tsi:mkøɲv]
caixa (f) de correio	postaláda	[poʃtɒla:dɒ]
correio (m)	posta	[poʃtɒ]
mensagem (f)	levél	[lɛve:l]
remetente (m)	feladó	[fɛlɒdo:]
enviar (vt)	felad	[fɛlɒd]
envio (m)	feladás	[fɛlɒda:ʃ]
destinatário (m)	címzett	[tsi:mzɛtt]
receber (vt)	kap	[kɒp]
correspondência (f)	levelezés	[lɛvɛlɛze:ʃ]
corresponder-se (vr)	levelez	[lɛvɛlɛz]
arquivo (m)	fájl	[fa:jl]
fazer download, baixar (vt)	letölt	[lɛtølt]
criar (vt)	teremt	[tɛrɛmt]
deletar (vt)	töröl	[tørøl]
deletado (adj)	törölt	[tørølt]
conexão (f)	kapcsolat	[kɒpt͡ʃolɒt]
velocidade (f)	sebesség	[ʃɛbɛʃe:g]
modem (m)	modem	[modɛm]
acesso (m)	hozzáférés	[hoz:a:fe:re:ʃ]
porta (f)	port	[port]
conexão (f)	csatlakozás	[t͡ʃɒtlɒkoza:ʃ]
conectar (vi)	csatlakozik	[t͡ʃɒtlɒkozik]
escolher (vt)	választ	[va:lɒst]
buscar (vt)	keres	[kɛrɛʃ]

167. Eletricidade

eletricidade (f)	villany	[villɒɲ]
elétrico (adj)	villamos	[villɒmoʃ]
planta (f) elétrica	villamos erőmű	[villɒmoʃ ɛrø:my:]
energia (f)	energia	[ɛnɛrgiɒ]
energia (f) elétrica	villamos energia	[villɒmoʃ ɛnɛrgiɒ]
lâmpada (f)	körte	[kørtɛ]
lanterna (f)	zseblámpa	[ʒɛb la:mpɒ]
poste (m) de iluminação	utcalámpa	[utsɒ la:mpɒ]
luz (f)	villany	[vilɒɲ]
ligar (vt)	bekapcsol	[bɛkɒptʃol]
desligar (vt)	kikapcsol	[kikɒptʃol]
apagar a luz	eloltja a villanyt	[ɛlolcɒ ɒ villɒɲt]
queimar (vi)	kiég	[kie:g]
curto-circuito (m)	rövidzárlat	[røvidza:rlɒt]
ruptura (f)	szakadás	[sɒkɒda:ʃ]
contato (m)	érintkezés	[e:rintkɛze:ʃ]
interruptor (m)	bekapcsoló	[bɛkɒptʃolo:]
tomada (de parede)	konnektor	[konnɛktor]
plugue (m)	dugó	[dugo:]
extensão (f)	elosztó	[ɛlosto:]
fusível (m)	biztosíték	[bistoʃi:te:k]
fio, cabo (m)	vezeték	[vɛzɛte:k]
instalação (f) elétrica	vezetés	[vɛzɛte:ʃ]
ampère (m)	amper	[ɒmpɛr]
amperagem (f)	áramerő	[a:rɒmɛrø:]
volt (m)	volt	[volt]
voltagem (f)	feszültség	[fɛsyltʃe:g]
aparelho (m) elétrico	villamos készülék	[villɒmoʃ ke:syle:k]
indicador (m)	indikátor	[indika:tor]
eletricista (m)	villanyszerelő	[villɒɲsɛrɛlø:]
soldar (vt)	forraszt	[forrɒst]
soldador (m)	forrasztópáka	[forrɒsto:pa:kɒ]
corrente (f) elétrica	áramlás	[a:rɒmla:ʃ]

168. Ferramentas

ferramenta (f)	szerszám	[sɛrsa:m]
ferramentas (f pl)	szerszámok	[sɛrsa:mok]
equipamento (m)	felszerelés	[fɛlsɛrɛle:ʃ]
martelo (m)	kalapács	[kɒlɒpa:tʃ]
chave (f) de fenda	csavarhúzó	[tʃɒvɒrhu:zo:]
machado (m)	fejsze	[fɛjsɛ]

serra (f)	fűrész	[fy:re:s]
serrar (vt)	fűrészel	[fy:re:sɛl]
plaina (f)	gyalu	[ɟolu]
aplainar (vt)	gyalul	[ɟolul]
soldador (m)	forrasztópáka	[forrɒsto:pa:kɒ]
soldar (vt)	forraszt	[forrɒst]
lima (f)	reszelő	[rɛsɛlø:]
tenaz (f)	harapófogó	[hɒrɒpo:fogo:]
alicate (m)	laposfogó	[lɒpoʃfogo:]
formão (m)	véső	[ve:ʃø:]
broca (f)	fúró	[fu:ro:]
furadeira (f) elétrica	fúrógép	[fu:ro:ge:p]
furar (vt)	fúr	[fu:r]
faca (f)	kés	[ke:ʃ]
lâmina (f)	él	[e:l]
afiado (adj)	éles	[e:lɛʃ]
cego (adj)	tompa	[tompɒ]
embotar-se (vr)	eltompul	[ɛltompul]
afiar, amolar (vt)	élesít	[e:lɛʃi:t]
parafuso (m)	csavar	[ʧɒvɒr]
porca (f)	csavaranya	[ʧɒvɒrɒɲɒ]
rosca (f)	menet	[mɛnɛt]
parafuso (para madeira)	facsavar	[fɒʧɒvɒr]
prego (m)	szeg	[sɛg]
cabeça (f) do prego	fej	[fɛj]
régua (f)	vonalzó	[vonɒlzo:]
fita (f) métrica	mérőszalag	[me:rø:sɒlɒg]
nível (m)	vízszintező	[vi:zsintɛzø:]
lupa (f)	nagyító	[nɒɟi:to:]
medidor (m)	mérőkészülék	[me:rø:ke:syle:k]
medir (vt)	mér	[me:r]
escala (f)	skála	[ʃka:lɒ]
indicação (f), registro (m)	állás	[a:lla:ʃ]
compressor (m)	légsűrítő	[le:gʃy:ri:tø:]
microscópio (m)	mikroszkóp	[mikrosko:p]
bomba (f)	szivattyú	[sivɒcu:]
robô (m)	robotgép	[robotge:p]
laser (m)	lézer	[le:zɛr]
chave (f) de boca	csavarkulcs	[ʧɒvɒr kulʧ]
fita (f) adesiva	ragasztószalag	[rɒgɒsto: sɒlɒg]
cola (f)	ragasztó	[rɒgɒsto:]
lixa (f)	csiszolópapír	[ʧisolo:pɒpi:r]
mola (f)	rugó	[rugo:]
ímã (m)	mágnes	[ma:gnɛʃ]

luva (f)	kesztyű	[kɛscy:]
corda (f)	kötél	[køte:l]
cabo (~ de nylon, etc.)	zsinór	[ʒino:r]
fio (m)	vezeték	[vɛzɛte:k]
cabo (~ elétrico)	kábel	[ka:bɛl]

marreta (f)	nagy kalapács	[nɒɟ kɒlɒpa:tʃ]
pé de cabra (m)	bontórúd	[bonto:ru:d]
escada (f) de mão	létra	[le:trɒ]
escada (m)	létra	[le:trɒ]

enroscar (vt)	becsavar	[bɛtʃɒvɒr]
desenroscar (vt)	kicsavar	[kitʃɒvɒr]
apertar (vt)	beszorít	[bɛsori:t]
colar (vt)	ráragaszt	[ra:rɒgɒst]
cortar (vt)	vág	[va:g]

falha (f)	üzemzavar	[yzɛmzɒvɒr]
conserto (m)	javítás	[jɒvi:ta:ʃ]
consertar, reparar (vt)	javít	[jɒvi:t]
regular, ajustar (vt)	szabályoz	[sɒba:joz]

verificar (vt)	ellenőriz	[ɛllɛnø:riz]
verificação (f)	ellenőrzés	[ɛllɛnø:rze:ʃ]
indicação (f), registro (m)	állás	[a:lla:ʃ]

| seguro (adj) | biztos | [biztoʃ] |
| complicado (adj) | bonyolult | [bonølult] |

enferrujar (vi)	rozsdásodik	[roʒda:ʃodik]
enferrujado (adj)	rozsdás	[roʒda:ʃ]
ferrugem (f)	rozsda	[roʒdɒ]

Transportes

169. Avião

avião (m)	repülőgép	[rɛpylø:ge:p]
passagem (f) aérea	repülőjegy	[rɛpylø:jɛɟ]
companhia (f) aérea	légitársaság	[le:gi ta:rʃɒʃa:g]
aeroporto (m)	repülőtér	[rɛpylø:te:r]
supersônico (adj)	szuperszónikus	[supɛrso:nikuʃ]
comandante (m) do avião	kapitány	[kɒpita:ɲ]
tripulação (f)	személyzet	[sɛme:jzɛt]
piloto (m)	pilóta	[pilo:tɒ]
aeromoça (f)	légikisasszony	[le:gikiʃɒssoɲ]
copiloto (m)	navigátor	[nɒviga:tor]
asas (f pl)	szárnyak	[sa:rɲɒk]
cauda (f)	vég	[ve:g]
cabine (f)	fülke	[fylkɛ]
motor (m)	motor	[motor]
trem (m) de pouso	futómű	[futo:my:]
turbina (f)	turbina	[turbinɒ]
hélice (f)	légcsavar	[le:gt͡ʃɒvɒr]
caixa-preta (f)	fekete doboz	[fɛkɛtɛ doboz]
coluna (f) de controle	kormány	[korma:ɲ]
combustível (m)	üzemanyag	[yzɛmɒɲɒg]
instruções (f pl) de segurança	instrukció	[inʃtruktsio:]
máscara (f) de oxigênio	oxigénmaszk	[oksige:nmɒsk]
uniforme (m)	egyenruha	[ɛɟɛnruhɒ]
colete (m) salva-vidas	mentőmellény	[mɛntø:mɛlle:ɲ]
paraquedas (m)	ejtőernyő	[ɛjtø:ɛrɲø:]
decolagem (f)	felszállás	[fɛlsa:lla:ʃ]
descolar (vi)	felszáll	[fɛlsa:ll]
pista (f) de decolagem	kifutópálya	[kifuto:pa:jɒ]
visibilidade (f)	láthatóság	[la:thɒto:ʃa:g]
voo (m)	repülés	[rɛpyle:ʃ]
altura (f)	magasság	[mɒgɒʃa:g]
poço (m) de ar	turbulencia	[turbulɛntsiɒ]
assento (m)	hely	[hɛj]
fone (m) de ouvido	fejhallgató	[fɛlhɒllgɒto:]
mesa (f) retrátil	felhajtható asztal	[fɛlhɒjthɒto: ɒstɒl]
janela (f)	repülőablak	[rɛpylø:ɒblɒk]
corredor (m)	járat	[ja:rɒt]

170. Comboio

trem (m)	vonat	[vonɒt]
trem (m) elétrico	villanyvonat	[villɒɲvonɒt]
trem (m)	gyorsvonat	[ɟorʃvonɒt]
locomotiva (f) diesel	dízelmozdony	[diːzɛlmozdoɲ]
locomotiva (f) a vapor	gőzmozdony	[gøːzmozdoɲ]
vagão (f) de passageiros	személykocsi	[sɛmeːjkotʃi]
vagão-restaurante (m)	étkezőkocsi	[eːtkɛzøːkotʃi]
carris (m pl)	sín	[ʃiːn]
estrada (f) de ferro	vasút	[vɒʃuːt]
travessa (f)	talpfa	[tɒlpfɒ]
plataforma (f)	peron	[pɛron]
linha (f)	vágány	[vaːgaːɲ]
semáforo (m)	karjelző	[kɒrjɛlzøː]
estação (f)	állomás	[aːllomaːʃ]
maquinista (m)	vonatvezető	[vonɒtvɛzɛtøː]
bagageiro (m)	hordár	[hordaːr]
hospedeiro, -a (m, f)	kalauz	[kɒlɒuz]
passageiro (m)	utas	[utoʃ]
revisor (m)	ellenőr	[ɛllɛnøːr]
corredor (m)	folyosó	[fojoʃoː]
freio (m) de emergência	vészfék	[veːsfeːk]
compartimento (m)	fülke	[fylkɛ]
cama (f)	polc	[polts]
cama (f) de cima	felső polc	[fɛlʃøː polts]
cama (f) de baixo	alsó polc	[ɒlʃoː polts]
roupa (f) de cama	ágynemű	[aːɟnɛmyː]
passagem (f)	jegy	[jɛɟ]
horário (m)	menetrend	[mɛnɛtrɛnd]
painel (m) de informação	tabló	[tɒbloː]
partir (vt)	indul	[indul]
partida (f)	indulás	[indulaːʃ]
chegar (vi)	érkezik	[eːrkɛzik]
chegada (f)	érkezés	[eːrkɛzeːʃ]
chegar de trem	vonaton érkezik	[vonɒton eːrkɛzik]
pegar o trem	felszáll a vonatra	[fɛlsaːll ɒ vonɒtrɒ]
descer de trem	leszáll a vonatról	[lɛsaːll ɒ vonɒtroːl]
acidente (m) ferroviário	vasúti szerencsétlenség	[vɒʃuːti sɛrɛntʃeːtlɛnʃeːg]
locomotiva (f) a vapor	gőzmozdony	[gøːzmozdoɲ]
foguista (m)	kazánfűtő	[kɒzaːnfyːtøː]
fornalha (f)	tűztér	[tyːzteːr]
carvão (m)	szén	[seːn]

171. Barco

navio (m)	hajó	[hɒjoː]
embarcação (f)	vízi jármű	[viːzi jaːrmy:]
barco (m) a vapor	gőzhajó	[gøːzhɒjoː]
barco (m) fluvial	motoros hajó	[motoroʃ hɒjoː]
transatlântico (m)	óceánjáró	[oːtsɛaːnjaːroː]
cruzeiro (m)	cirkáló	[tsirkaːloː]
iate (m)	jacht	[jɒxt]
rebocador (m)	vontatóhajó	[vontɒtoː hɒjoː]
barcaça (f)	uszály	[usaːj]
ferry (m)	komp	[komp]
veleiro (m)	vitorlás hajó	[vitorlaːʃ hɒjoː]
bergantim (m)	brigantine	[brigantin]
quebra-gelo (m)	jégtörő hajó	[jeːgtørø: hɒjoː]
submarino (m)	tengeralattjáró	[tɛŋɡɛrɒlɒttjaːroː]
bote, barco (m)	csónak	[ʧoːnɒk]
baleeira (bote salva-vidas)	csónak	[ʧoːnɒk]
bote (m) salva-vidas	mentőcsónak	[mɛntøːʧoːnɒk]
lancha (f)	motorcsónak	[motor ʧoːnɒk]
capitão (m)	kapitány	[kɒpitaːɲ]
marinheiro (m)	tengerész	[tɛŋɡɛreːs]
marujo (m)	tengerész	[tɛŋɡɛreːs]
tripulação (f)	személyzet	[sɛmeːjzɛt]
contramestre (m)	fedélzetmester	[fɛdeːlzɛtmɛʃtɛr]
grumete (m)	matrózinas	[mɒtroːzinɒʃ]
cozinheiro (m) de bordo	hajószakács	[hɒjoːsɒkaːʧ]
médico (m) de bordo	hajóorvos	[hɒjoːorvoʃ]
convés (m)	fedélzet	[fɛdeːlzɛt]
mastro (m)	árboc	[aːrbots]
vela (f)	vitorla	[vitorlɒ]
porão (m)	hajóűr	[hɒjoːyːr]
proa (f)	orr	[orr]
popa (f)	hajófar	[hɒjoːfɒr]
remo (m)	evező	[ɛvɛzøː]
hélice (f)	csavar	[ʧɒvɒr]
cabine (m)	hajófülke	[hɒjoːfylkɛ]
sala (f) dos oficiais	társalgó	[taːrʃɒlgoː]
sala (f) das máquinas	gépház	[geːphaːz]
ponte (m) de comando	parancsnoki híd	[pɒrɒnʧnoki hiːd]
sala (f) de comunicações	rádiófülke	[raːdioːfylkɛ]
onda (f)	hullám	[hullaːm]
diário (m) de bordo	hajónapló	[hɒjoːnɒploː]
luneta (f)	távcső	[taːvʧøː]
sino (m)	harang	[hɒrɒŋg]

bandeira (f)	zászló	[zaːsloː]
cabo (m)	kötél	[køteːl]
nó (m)	tengeri csomó	[tɛŋgɛri ʧomoː]
corrimão (m)	korlát	[korlaːt]
prancha (f) de embarque	hajólépcső	[hɒjoːleːpʧøː]
âncora (f)	horgony	[horgoɲ]
recolher a âncora	horgonyt felszed	[horgoɲt fɛlsɛd]
jogar a âncora	horgonyt vet	[horgoɲt vɛt]
amarra (corrente de âncora)	horgonylánc	[horgoɲlaːnts]
porto (m)	kikötő	[kikøtøː]
cais, amarradouro (m)	móló, kikötő	[moːloː], [kikøtøː]
atracar (vi)	kiköt	[kikøt]
desatracar (vi)	elold	[ɛlold]
viagem (f)	utazás	[utɒzaːʃ]
cruzeiro (m)	hajóút	[hɒjoːuːt]
rumo (m)	irány	[iraːɲ]
itinerário (m)	járat	[jaːrɒt]
canal (m) de navegação	hajózható út	[hɒjoːzhɒtoː uːt]
banco (m) de areia	zátony	[zaːtoɲ]
encalhar (vt)	zátonyra fut	[zaːtoɲrɒ fut]
tempestade (f)	vihar	[vihɒr]
sinal (m)	jelzés	[jɛlzeːʃ]
afundar-se (vr)	elmerül	[ɛlmɛryl]
SOS	SOS	[sos]
boia (f) salva-vidas	mentőöv	[mɛntøːøv]

172. Aeroporto

aeroporto (m)	repülőtér	[rɛpyløːteːr]
avião (m)	repülőgép	[rɛpyløːgeːp]
companhia (f) aérea	légitársaság	[leːgi taːrʃɒʃaːg]
controlador (m) de tráfego aéreo	diszpécser	[dispeːʧɛr]
partida (f)	elrepülés	[ɛlrɛpyleːʃ]
chegada (f)	megérkezés	[mɛgɛːrkɛzeːʃ]
chegar (vi)	megérkezik	[mɛgɛːrkɛzik]
hora (f) de partida	az indulás ideje	[ɒz indulaːʃ idɛjɛ]
hora (f) de chegada	a leszállás ideje	[ɒ lɛsaːllaːʃ idɛjɛ]
estar atrasado	késik	[keːʃik]
atraso (m) de voo	a felszállás késése	[ɒ fɛlsaːllaːʃ keːʃeːʃɛ]
painel (m) de informação	tájékoztató tábló	[taːjeːkoztɒtoː tɒbloː]
informação (f)	információ	[informaːtsioː]
anunciar (vt)	bemond	[bɛmond]
voo (m)	járat	[jaːrɒt]

| alfândega (f) | vám | [vaːm] |
| funcionário (m) da alfândega | vámos | [vaːmoʃ] |

declaração (f) alfandegária	vámnyilatkozat	[vaːmɲilɒtkozɒt]
preencher (vt)	tölt	[tølt]
controle (m) de passaporte	útlevélvizsgálat	[uːtlɛveːlviʒgaːlɒt]

bagagem (f)	poggyász	[poɟɟaːs]
bagagem (f) de mão	kézipoggyász	[keːzipodjaːs]
carrinho (m)	kocsi	[kotʃi]

pouso (m)	leszállás	[lɛsaːllaːʃ]
pista (f) de pouso	leszállóhely	[lɛsaːlloːU4947hɛj]
aterrissar (vi)	leszáll	[lɛsaːll]
escada (f) de avião	utaslépcső	[utɒʃleːptʃøː]

check-in (m)	bejegyzés	[bɛjɛɟzeːʃ]
balcão (m) do check-in	jegy és poggyászkezelés	[jɛɟ eːʃ poɟɟaːs kɛzɛleːʃ]
fazer o check-in	bejegyzi magát	[bɛjɛɟzi mɒgaːt]
cartão (m) de embarque	beszállókártya	[bɛsaːlloːkaːrcɒ]
portão (m) de embarque	kapu	[kɒpu]

trânsito (m)	tranzit	[trɒnzit]
esperar (vi, vt)	vár	[vaːr]
sala (f) de espera	váróterem	[vaːroːtɛrɛm]
despedir-se (acompanhar)	kísér	[kiːʃeːr]
despedir-se (dizer adeus)	elbúcsúzik	[ɛlbuːtʃuːzik]

173. Bicicleta. Motocicleta

bicicleta (f)	kerékpár	[kɛreːkpaːr]
lambreta (f)	robogó	[robogoː]
moto (f)	motorkerékpár	[motorkɛreːkpaːr]

ir de bicicleta	biciklizik	[bitsiklizik]
guidão (m)	kormány	[kormaːɲ]
pedal (m)	pedál	[pɛdaːl]
freios (m pl)	fék	[feːk]
banco, selim (m)	nyereg	[ɲɛrɛg]

bomba (f)	szivattyú	[sivɒcuː]
bagageiro (m) de teto	csomagtartó	[tʃomɒgtɒrtoː]
lanterna (f)	lámpa	[laːmpɒ]
capacete (m)	sisak	[ʃiʃɒk]

roda (f)	kerék	[kɛreːk]
para-choque (m)	sárhányó	[saːrhaːnøː]
aro (m)	felni	[fɛlni]
raio (m)	küllő	[kylløː]

Carros

174. Tipos de carros

carro, automóvel (m)	autó	[ɒuto:]
carro (m) esportivo	sportautó	[ʃport ɒuto:]
limusine (f)	limuzin	[limuzin]
todo o terreno (m)	terepjáró	[tɛrɛpja:ro:]
conversível (m)	kabrió	[kabrio:]
minibus (m)	mikrobusz	[mikrobus]
ambulância (f)	mentőautó	[mɛntø:ɒuto:]
caminhão (m)	teherautó	[tɛhɛrɒuto:]
caminhão-tanque (m)	tartálykocsi	[tɒrta:jkotʃi]
perua, van (f)	furgon	[furgon]
caminhão-trator (m)	vontató gép	[vontoto: ge:p]
reboque (m)	pótkocsi	[po:tkotʃi]
confortável (adj)	kényelmes	[ke:nɛlmɛʃ]
usado (adj)	használt	[hɒsna:lt]

175. Carros. Carroçaria

capô (m)	motorháztető	[motorha:z tɛtø:]
para-choque (m)	sárvédő	[ʃa:rve:dø:]
teto (m)	tető	[tɛtø:]
para-brisa (m)	szélvédő	[se:lve:dø:]
retrovisor (m)	visszapillantó tükör	[vissɒpillɒnto: tykør]
esguicho (m)	ablakmosó	[ɒblɒk moʃo:]
limpadores (m) de para-brisas	ablaktörlő	[ɒblɒktørlø:]
vidro (m) lateral	oldalablak	[oldɒl ɒblɒk]
elevador (m) do vidro	ablakemelő	[ɒblɒkɛmɛlø:]
antena (f)	antenna	[ɒntɛnnɒ]
teto (m) solar	tolótető	[tolo:tɛtø:]
para-choque (m)	lökhárító	[løkha:ri:to:]
porta-malas (f)	csomagtartó	[tʃomɒgtɒrto:]
porta (f)	ajtó	[ɒjto:]
maçaneta (f)	kilincs	[kilintʃ]
fechadura (f)	zár	[za:r]
placa (f)	rendszámtábla	[rɛntsa:mta:blɒ]
silenciador (m)	hangtompító	[hɒŋg tompi:to:]
tanque (m) de gasolina	benzintartály	[bɛnzintɒrta:j]
tubo (m) de exaustão	kipufogócső	[kipufogo:tʃø:]

acelerador (m)	gáz	[ga:z]
pedal (m)	pedál	[pɛda:l]
pedal (m) do acelerador	gázpedál	[ga:zpɛda:l]
freio (m)	fék	[fe:k]
pedal (m) do freio	fékpedál	[fe:kpɛda:l]
frear (vt)	fékez	[fe:kɛz]
freio (m) de mão	kézifék	[ke:zife:k]
embreagem (f)	kuplung	[kupluŋg]
pedal (m) da embreagem	kuplungpedál	[kupluŋg pɛda:l]
disco (m) de embreagem	kuplungtárcsa	[kupluŋg ta:rʧɒ]
amortecedor (m)	lengéscsillapító	[lɛŋge:ʧʃillɒpi:to:]
roda (f)	kerék	[kɛre:k]
pneu (m) estepe	pótkerék	[po:tkɛre:k]
calota (f)	dísztárcsa	[di:sta:rʧɒ]
rodas (f pl) motrizes	hajtókerekek	[hɒjto: kɛrɛkɛk]
de tração dianteira	elsőkerékmeghajtású	[ɛlʃø: kɛre:kmɛghɒjta:ʃu:]
de tração traseira	hátsókerékmeghajtású	[ha:ʧo:kɛre:kmɛghɒjta:ʃu:]
de tração às 4 rodas	négykerékmeghajtású	[ne:ckɛre:kmɛghɒjta:ʃu:]
caixa (f) de mudanças	sebességváltó	[ʃɛbɛʃe:gva:lto:]
automático (adj)	automatikus	[ɒutomɒtikuʃ]
mecânico (adj)	mechanikus	[mɛhɒnikuʃ]
alavanca (f) de câmbio	sebességváltókar	[ʃɛbɛʃe:g va:lto:kɒr]
farol (m)	fényszóró	[fe:ɲso:ro:]
faróis (m pl)	fényszóró	[fe:ɲso:ro:]
farol (m) baixo	tompított fényszóró	[tompi:tott fe:ɲso:ro:]
farol (m) alto	fényszóró	[fe:ɲso:ro:]
luzes (f pl) de parada	stoplámpa	[ʃtopla:mpɒ]
luzes (f pl) de posição	helyzetjelző lámpa	[hɛjzɛtjɛlzø: la:mpɒ]
luzes (f pl) de emergência	villogó lámpa	[villogo: la:mpɒ]
faróis (m pl) de neblina	ködlámpa	[kødla:mpɒ]
pisca-pisca (m)	indexlámpa	[indɛksla:mpɒ]
luz (f) de marcha ré	tolatólámpa	[tolɒto: la:mpɒ]

176. Carros. Habitáculo

interior (do carro)	utastér	[utaste:r]
de couro	bőr	[bø:r]
de veludo	velúr	[vɛlu:r]
estofamento (m)	kárpitozás	[ka:rpitoza:ʃ]
indicador (m)	készülék	[ke:syle:k]
painel (m)	szerelvényfal	[sɛrɛlve:ɲfɒl]
velocímetro (m)	sebességmérő	[ʃɛbɛʃe:gme:rø:]
ponteiro (m)	mutató	[mutɒto:]
hodômetro, odômetro (m)	kilométerszámláló	[kilome:tɛrsa:mla:lo:]
indicador (m)	érzékelő	[e:rze:kɛlø:]

nível (m)	szint	[sint]
luz (f) de aviso	figyelmeztető lámpa	[fiɟɛlmɛstɛtø: la:mpɒ]
volante (m)	kormány	[korma:ɲ]
buzina (f)	kürt	[kyrt]
botão (m)	gomb	[gomb]
interruptor (m)	átkapcsoló	[a:tkɒptʃolo:]
assento (m)	ülés	[yle:ʃ]
costas (f pl) do assento	támla	[ta:mlɒ]
cabeceira (f)	fejtámla	[fɛjta:mlɒ]
cinto (m) de segurança	biztonsági öv	[bistonʃa:gi øv]
apertar o cinto	övet csatol	[øvɛt tʃɒtol]
ajuste (m)	szabályozás	[sɒba:joza:ʃ]
airbag (m)	légpárna	[le:gpa:rnɒ]
ar (m) condicionado	légkondicionáló	[le:gkonditsiona:lo:]
rádio (m)	rádió	[ra:dio:]
leitor (m) de CD	CDlejátszó	[tsɛdɛlɛja:tso:]
ligar (vt)	bekapcsol	[bɛkɒptʃol]
antena (f)	antenna	[ɒntɛnnɒ]
porta-luvas (m)	kesztyűtartó	[kɛscytɒrto:]
cinzeiro (m)	hamutartó	[hɒmutɒrto:]

177. Carros. Motor

motor (m)	motor	[motor]
a diesel	diesel	[dizɛl]
a gasolina	benzin	[bɛnzin]
cilindrada (f)	hengerűrtartalom	[hɛŋgɛr y:r tɒrtɒlom]
potência (f)	teljesítmény	[tɛjɛʃi:tme:ɲ]
cavalo (m) de potência	lóerő	[lo:ɛrø:]
pistão (m)	dugattyú	[duɡɒcu:]
cilindro (m)	henger	[hɛŋgɛr]
válvula (f)	szelep	[sɛlɛp]
injetor (m)	injektor	[inʒɛktor]
gerador (m)	generátor	[gɛnɛra:tor]
carburador (m)	karburátor	[kɒrbura:tor]
óleo (m) de motor	motorolaj	[motorolɒj]
radiador (m)	radiátor	[rɒdia:tor]
líquido (m) de arrefecimento	hűtővíz	[hy:tø:vi:z]
ventilador (m)	ventilátor	[vɛntila:tor]
bateria (f)	akkumulátor	[ɒkkumula:tor]
dispositivo (m) de arranque	indító	[indi:to:]
ignição (f)	gyújtó	[ɟu:jto:]
vela (f) de ignição	gyújtógyertya	[ɟu:jto:ɟɛrcɒ]
terminal (m)	csatlakozócsavar	[tʃɒtlɒkozo:tʃɒvɒr]
terminal (m) positivo	plusz	[plus]

| terminal (m) negativo | mínusz | [mi:nus] |
| fusível (m) | biztosíték | [bistoʃi:te:k] |

filtro (m) de ar	légszűrő	[le:gsy:rø:]
filtro (m) de óleo	olajszűrő	[olɒjsy:rø:]
filtro (m) de combustível	üzemanyagszűrő	[yzɛmɒɲɒgsy:rø:]

178. Carros. Batidas. Reparação

acidente (m) de carro	baleset	[bɒlɛʃɛt]
acidente (m) rodoviário	közlekedési baleset	[køzlɛkɛde:ʃi bɒlɛʃɛt]
bater (~ num muro)	belerohan	[bɛlɛrohɒn]
sofrer um acidente	karambolozik	[kɒrɒmbolozik]
dano (m)	kár	[ka:r]
intato	sértetlen	[ʃe:rtɛtlɛn]

| avariar (vi) | eltörik | [ɛltørik] |
| cabo (m) de reboque | vontatókötél | [vontɒto:køte:l] |

furo (m)	gumi defekt	[gumi dɛfɛkt]
estar furado	leenged	[lɛɛŋgɛd]
encher (vt)	felfúj	[fɛlfu:j]
pressão (f)	nyomás	[ɲoma:ʃ]
verificar (vt)	ellenőriz	[ɛllɛnø:riz]

reparo (m)	javítás	[jɒvi:ta:ʃ]
oficina (f) automotiva	szerviz	[sɛrvis]
peça (f) de reposição	pótalkatrész	[po:tɒlkɒtre:s]
peça (f)	alkatrész	[ɒlkɒtre:s]

parafuso (com porca)	csavar	[ʧɒvɒr]
parafuso (m)	csavar	[ʧɒvɒr]
porca (f)	csavaranya	[ʧɒvɒrɒɲɒ]
arruela (f)	alátétlemez	[ɒla:te:tlɛmɛz]
rolamento (m)	csapágy	[ʧɒpa:ɟ]

tubo (m)	cső	[ʧø:]
junta, gaxeta (f)	alátét	[ɒla:te:t]
fio, cabo (m)	vezeték	[vɛzɛte:k]

macaco (m)	emelő	[ɛmɛlø:]
chave (f) de boca	csavarkulcs	[ʧɒvɒr kulʧ]
martelo (m)	kalapács	[kɒlɒpa:ʧ]
bomba (f)	szivattyú	[sivɒc:u:]
chave (f) de fenda	csavarhúzó	[ʧɒvɒrhu:zo:]

extintor (m)	tűzoltó készülék	[ty:zolto: ke:syle:k]
morrer (motor)	lefullaszt	[lɛfullast]
paragem, "morte" (f)	leállítás	[lɛa:lli:ta:ʃ]
estar quebrado	el van törve	[ɛl vɒn tørvɛ]

superaquecer-se (vr)	túlmelegszik	[tu:lmɛlɛgsik]
entupir-se (vr)	eldugul	[ɛldugul]
congelar-se (vr)	megfagy	[mɛgfɒɟ]

rebentar (vi)	elreped	[ɛlrɛpɛd]
pressão (f)	nyomás	[ɲomaːʃ]
nível (m)	szint	[sint]
frouxo (adj)	ernyedt	[ɛrɲɛtt]
batida (f)	horpadás	[horpɒdaːʃ]
ruído (m)	kopogás	[kopogaːʃ]
fissura (f)	repedés	[rɛpɛdeːʃ]
arranhão (m)	karcolás	[kɒrtsolaːʃ]

179. Carros. Estrada

estrada (f)	út	[uːt]
autoestrada (f)	autópálya	[ɒutoːpaːjɒ]
rodovia (f)	országút	[orsaːguːt]
direção (f)	irány	[iraːɲ]
distância (f)	távolság	[taːvolʃaːg]
ponte (f)	híd	[hiːd]
parque (m) de estacionamento	parkolóhely	[pɒrkoloːhɛj]
praça (f)	tér	[teːr]
nó (m) rodoviário	autópálya kereszteződése	[ɒutoːpaːjɒ kɛrɛstɛzøːdeːsɛ]
túnel (m)	alagút	[ɒlɒguːt]
posto (m) de gasolina	benzinkút	[bɛnziŋkuːt]
parque (m) de estacionamento	parkolóhely	[pɒrkoloːhɛj]
bomba (f) de gasolina	kútoszlop	[kuːtoslop]
oficina (f) automotiva	autóműhely	[ɒutomyːhɛj]
abastecer (vt)	feltölt	[fɛltølt]
combustível (m)	üzemanyag	[yzɛmɒɲɒg]
galão (m) de gasolina	kanna	[kɒnnɒ]
asfalto (m)	aszfalt	[ɒsfolt]
marcação (f) de estradas	indexálás	[indɛksaːlaːʃ]
meio-fio (m)	útszegély	[uːtsɛgeːj]
guard-rail (m)	kerítés	[kɛriːteːʃ]
valeta (f)	útárok	[uːtaːrok]
acostamento (m)	útszél	[uːtseːl]
poste (m) de luz	utcai lámpa	[utsɒj laːmpɒ]
dirigir (vt)	vezet	[vɛzɛt]
virar (~ para a direita)	fordul	[fordul]
dar retorno	visszafordul	[visːɒfordul]
ré (f)	tolatás	[tolɒtaːʃ]
buzinar (vi)	jelez	[jɛlɛz]
buzina (f)	hangjel	[hɒŋgjɛl]
atolar-se (vr)	elakad	[ɛlɒkɒd]
patinar (na lama)	megcsúszni	[mɛktʃuːsni]
desligar (vt)	lefojt	[lɛfojt]
velocidade (f)	sebesség	[ʃɛbɛʃeːg]
exceder a velocidade	túllépi a sebességet	[tuːlleːpi ɒ ʃɛbɛʃeːgɛt]
multar (vt)	büntet	[byntɛt]

semáforo (m)	lámpa	[la:mpɒ]
carteira (f) de motorista	jogosítvány	[jogoʃi:tva:ɲ]
passagem (f) de nível	átjáró	[a:tja:ro:]
cruzamento (m)	kereszteződés	[kɛrɛstɛzø:de:s]
faixa (f)	zebra	[zɛbrɒ]
curva (f)	forduló	[fordulo:]
zona (f) de pedestres	gyalogút	[ɟologu:t]

180. Sinais de trânsito

código (m) de trânsito	közlekedési szabályok	[køzlɛkɛde:ʃi sɒba:jok]
sinal (m) de trânsito	közlekedési tábla	[køzlɛkɛde:ʃi ta:blɒ]
ultrapassagem (f)	megelőzés	[mɛgɛlø:ze:ʃ]
curva (f)	fordulás	[fordula:ʃ]
retorno (m)	megfordulás	[mɛgfordula:ʃ]
rotatória (f)	körforgalom	[kørforgɒlom]
sentido proibido	behajtani tilos	[bɛhɒjtɒni tiloʃ]
trânsito proibido	közlekedni tilos	[køzlɛkɛdni tiloʃ]
proibido de ultrapassar	megelőzni tilos	[mɛgɛlø:zni tiloʃ]
estacionamento proibido	parkolni tilos	[pɒrkolni tiloʃ]
paragem proibida	megállni tilos	[mɛga:llni tiloʃ]
curva (f) perigosa	hirtelen fordulat	[hirtɛlɛn fordulɒt]
descida (f) perigosa	veszélyes lejtő	[vɛse:jɛʃ lɛjtø:]
trânsito de sentido único	egyirányú közlekedés	[ɛɟira:nju: køzlɛkɛde:ʃ]
faixa (f)	zebra	[zɛbrɒ]
pavimento (m) escorregadio	csúszásveszély	[tʃu:sa:ʃvɛse:j]
conceder passagem	add a szabad utat	[ɒdd ɒ sɒbɒd utɒt]

PESSOAS. EVENTOS

Eventos

181. Férias. Evento

festa (f)	ünnep	[ynnɛp]
feriado (m) nacional	nemzeti ünnep	[nɛmzɛti ynnɛp]
feriado (m)	ünnepnap	[ynnɛpnɒp]
festejar (vt)	ünnepel	[ynnɛpɛl]
evento (festa, etc.)	esemény	[ɛʃɛmeːɲ]
evento (banquete, etc.)	rendezvény	[rɛndɛzveːɲ]
banquete (m)	díszvacsora	[diːsvɒtʃorɒ]
recepção (f)	fogadás	[fogɒdaːʃ]
festim (m)	lakoma	[lɒkomɒ]
aniversário (m)	évforduló	[eːvfordulo:]
jubileu (m)	jubileum	[jubilɛum]
celebrar (vt)	megemlékezik	[mɛgɛmleːkɛzik]
Ano (m) Novo	Újév	[uːjeːv]
Feliz Ano Novo!	Boldog Újévet!	[boldog uːjeːvɛt]
Natal (m)	karácsony	[kɒraːtʃoɲ]
Feliz Natal!	Boldog karácsonyt!	[boldog kɒraːtʃoɲt]
árvore (f) de Natal	karácsonyfa	[kɒraːtʃoɲfɒ]
fogos (m pl) de artifício	tűzijáték	[tyːzijaːteːk]
casamento (m)	lakodalom	[lɒkodɒlom]
noivo (m)	vőlegény	[vøːlɛgeːɲ]
noiva (f)	mennyasszony	[mɛnɲɒssoɲ]
convidar (vt)	meghív	[mɛghiːv]
convite (m)	meghívó	[mɛghiːvoː]
convidado (m)	vendég	[vɛndeːg]
visitar (vt)	vendégségbe megy	[vɛndeːgʃeːgbɛ mɛɟ]
receber os convidados	vendéget fogad	[vɛndeːgɛt fogɒd]
presente (m)	ajándék	[ɒjaːndeːk]
oferecer, dar (vt)	ajándékoz	[ɒjaːndeːkoz]
receber presentes	ajándékot kap	[ɒjaːndeːkot kɒp]
buquê (m) de flores	csokor	[tʃokor]
felicitações (f pl)	üdvözlet	[ydvøzlɛt]
felicitar (vt)	gratulál	[grɒtulaːl]
cartão (m) de parabéns	üdvözlő képeslap	[ydvøzlø: keːpɛʃlɒp]
enviar um cartão postal	képeslapot küld	[keːpɛʃlɒpot kyld]

receber um cartão postal	képeslapot kap	[keːpɛʃlɒpot kɒp]
brinde (m)	pohárköszöntő	[pohaːrkøsøntøː]
oferecer (vt)	kínál	[kiːnaːl]
champanhe (m)	pezsgő	[pɛʒgøː]
divertir-se (vr)	szórakozik	[soːrɒkozik]
diversão (f)	vidámság	[vidaːmʃaːg]
alegria (f)	öröm	[ørøm]
dança (f)	tánc	[taːnts]
dançar (vi)	táncol	[taːntsol]
valsa (f)	keringő	[kɛriŋgøː]
tango (m)	tangó	[tɒŋgoː]

182. Funerais. Enterro

cemitério (m)	temető	[tɛmɛtøː]
sepultura (f), túmulo (m)	sír	[ʃiːr]
cruz (f)	kereszt	[kɛrɛst]
lápide (f)	sírkő	[ʃiːrkøː]
cerca (f)	kerítés	[kɛriːteːʃ]
capela (f)	kápolna	[kaːpolnɒ]
morte (f)	halál	[hɒlaːl]
morrer (vi)	meghal	[mɛghɒl]
defunto (m)	halott	[hɒlott]
luto (m)	gyász	[ɟaːs]
enterrar, sepultar (vt)	temet	[tɛmɛt]
funerária (f)	temetkezési vállalat	[tɛmɛtkɛzeːʃi vaːllɒlɒt]
funeral (m)	temetés	[tɛmɛteːʃ]
coroa (f) de flores	koszorú	[kosoruː]
caixão (m)	koporsó	[koporʃoː]
carro (m) funerário	ravatal	[rɒvɒtɒl]
mortalha (f)	halotti ruha	[hɒlotti ruhɒ]
urna (f) funerária	urna	[urnɒ]
crematório (m)	krematórium	[krɛmɒtoːrium]
obituário (m), necrologia (f)	nekrológ	[nɛkroloːg]
chorar (vi)	sír	[ʃiːr]
soluçar (vi)	zokog	[zokog]

183. Guerra. Soldados

pelotão (m)	szakasz	[sɒkɒs]
companhia (f)	század	[saːzɒd]
regimento (m)	ezred	[ɛzrɛd]
exército (m)	hadsereg	[hɒtʃɛrɛg]
divisão (f)	hadosztály	[hɒdostaːj]

esquadrão (m)	csapat	[tʃɒpɒt]
hoste (f)	hadsereg	[hɒtʃɛrɛg]

soldado (m)	katona	[kɒtonɒ]
oficial (m)	tiszt	[tist]

soldado (m) raso	közlegény	[køzlɛgeːɲ]
sargento (m)	őrmester	[øːrmɛʃtɛr]
tenente (m)	hadnagy	[hɒdnɒɟ]
capitão (m)	százados	[saːzɒdoʃ]
major (m)	őrnagy	[øːrnɒɟ]
coronel (m)	ezredes	[ɛzrɛdɛʃ]
general (m)	tábornok	[taːbornok]

marujo (m)	tengerész	[tɛŋgɛreːs]
capitão (m)	kapitány	[kɒpitaːɲ]
contramestre (m)	fedélzetmester	[fɛdeːlzɛtmɛʃtɛr]

artilheiro (m)	tüzér	[tyzeːr]
soldado (m) paraquedista	deszantos	[dɛsɒntoʃ]
piloto (m)	pilóta	[piloːtɒ]
navegador (m)	kormányos	[kormaːnøʃ]
mecânico (m)	gépész	[geːpeːs]

sapador-mineiro (m)	utász	[utaːs]
paraquedista (m)	ejtőernyős	[ɛjtøːɛrɲøːʃ]
explorador (m)	felderítő	[fɛldɛriːtøː]
atirador (m) de tocaia	mesterlövész	[mɛʃtɛrløveːs]

patrulha (f)	őrjárat	[øːrjaːrɒt]
patrulhar (vt)	őrjáratoz	[øːrjaːrɒtoz]
sentinela (f)	őr	[øːr]

guerreiro (m)	harcos	[hɒrtsoʃ]
patriota (m)	hazafi	[hɒzɒfi]
herói (m)	hős	[høːʃ]
heroína (f)	hősnő	[høːʃnøː]

traidor (m)	áruló	[aːruloː]
desertor (m)	szökevény	[søkveːɲ]
desertar (vt)	megszökik	[mɛgsøkik]

mercenário (m)	zsoldos	[ʒoldoʃ]
recruta (m)	újonc	[uːjonts]
voluntário (m)	önkéntes	[ønkeːntɛʃ]

morto (m)	halott	[hɒlott]
ferido (m)	sebesült	[ʃɛbɛʃylt]
prisioneiro (m) de guerra	fogoly	[fogoj]

184. Guerra. Ações militares. Parte 1

guerra (f)	háború	[haːboruː]
guerrear (vt)	harcol	[hɒrtsol]

guerra (f) civil	polgárháború	[pɔlga:rha:boru:]
perfidamente	alattomos	[alattomos]
declaração (f) de guerra	hadüzenet	[hɔdyzɛnɛt]
declarar guerra	hadat üzen	[hɔdɔt yzɛn]
agressão (f)	agresszió	[ɔgrɛssio:]
atacar (vt)	támad	[ta:mɔd]

invadir (vt)	meghódít	[mɛgho:di:t]
invasor (m)	megszállók	[mɛksa:llo:k]
conquistador (m)	hódító	[ho:di:to:]

defesa (f)	védelem	[ve:dɛlɛm]
defender (vt)	védelmez	[ve:dɛlmɛz]
defender-se (vr)	védekezik	[ve:dɛkɛzik]

inimigo (m)	ellenség	[ɛllɛnʃe:g]
adversário (m)	ellenfél	[ɛllɛnfe:l]
inimigo (adj)	ellenséges	[ɛllɛnʃe:gɛʃ]

| estratégia (f) | hadászat | [hɔda:sɔt] |
| tática (f) | taktika | [tɔktikɔ] |

ordem (f)	parancs	[pɔrɔntʃ]
comando (m)	parancs	[pɔrɔntʃ]
ordenar (vt)	parancsol	[pɔrɔntʃol]
missão (f)	megbízás	[mɛgbi:za:ʃ]
secreto (adj)	titkos	[titkoʃ]

| batalha (f) | csata | [tʃɔtɔ] |
| combate (m) | harc | [hɔrts] |

ataque (m)	támadás	[ta:mɔda:ʃ]
assalto (m)	roham	[rohɔm]
assaltar (vt)	megrohamoz	[mɛgrohɔmoz]
assédio, sítio (m)	ostrom	[oʃtrom]

| ofensiva (f) | támadás | [ta:mɔda:ʃ] |
| tomar à ofensiva | támad | [ta:mɔd] |

| retirada (f) | visszavonulás | [vissɔvonula:ʃ] |
| retirar-se (vr) | visszavonul | [vissɔvonul] |

| cerco (m) | bekerítés | [bɛkɛri:te:ʃ] |
| cercar (vt) | körülvesz | [kørylvɛs] |

bombardeio (m)	bombázás	[bomba:za:ʃ]
lançar uma bomba	bombáz	[bomba:z]
bombardear (vt)	bombáz	[bomba:z]
explosão (f)	robbanás	[robbɔna:ʃ]

tiro (m)	lövés	[løve:ʃ]
dar um tiro	lő	[lø:]
tiroteio (m)	tüzelés	[tyzɛle:ʃ]

| apontar para ... | céloz | [tse:loz] |
| apontar (vt) | céloz | [tse:loz] |

acertar (vt)	eltalál	[ɛltɒlaːl]
afundar (~ um navio, etc.)	elsüllyeszt	[ɛlʃyjːɛst]
brecha (f)	lék	[leːk]
afundar-se (vr)	elsüllyed	[ɛlʃyjːɛd]

frente (m)	front	[front]
evacuação (f)	kitelepítés	[kitɛlɛpiːteːʃ]
evacuar (vt)	kitelepít	[kitɛlɛpiːt]

arame (m) enfarpado	tüskésdrót	[tyʃkeːʃdroːt]
barreira (f) anti-tanque	torlasz	[torlɒs]
torre (f) de vigia	torony	[toroɲ]

hospital (m) militar	katonai kórház	[kɒtonɒj koːrhaːz]
ferir (vt)	megsebez	[mɛgʃɛbɛz]
ferida (f)	seb	[ʃɛb]
ferido (m)	sebesült	[ʃɛbɛʃylt]
ficar ferido	megsebesül	[mɛgʃɛbɛʃyl]
grave (ferida ~)	súlyos	[ʃuːjoʃ]

185. Guerra. Ações militares. Parte 2

cativeiro (m)	fogság	[fogʃaːg]
capturar (vt)	foglyul ejt	[fogjyl ɛjt]
estar em cativeiro	fogságban van	[fogʃaːgbɒn vɒn]
ser aprisionado	fogságba esik	[fogʃaːgbɒ ɛʃik]

campo (m) de concentração	koncentrációs tábor	[kontsɛntraːtsioːʃ taːbor]
prisioneiro (m) de guerra	fogoly	[fogoj]
escapar (vi)	megszökik	[mɛgsøkik]

trair (vt)	elárul	[ɛlaːrul]
traidor (m)	áruló	[aːruloː]
traição (f)	árulás	[aːrulaːʃ]

| fuzilar, executar (vt) | agyonlő | [ɒɟɒnløː] |
| fuzilamento (m) | agyonlövés | [ɒɟɒnløveːʃ] |

equipamento (m)	felszerelés	[fɛlsɛrɛleːʃ]
insígnia (f) de ombro	válllap	[vaːlllɒp]
máscara (f) de gás	gázálarc	[gaːzaːlɒrts]

rádio (m)	rádió	[raːdioː]
cifra (f), código (m)	rejtjel	[rɛjtjɛl]
conspiração (f)	konspiráció	[konʃpiraːtsioː]
senha (f)	jelszó	[jɛlsoː]

mina (f)	akna	[ɒknɒ]
minar (vt)	elaknásít	[ɛlɒknaːʃiːt]
campo (m) minado	aknamező	[ɒknɒmɛzøː]

alarme (m) aéreo	légiriadó	[leːgiriɒdoː]
alarme (m)	riadó	[riɒdoː]
sinal (m)	jelzés	[jɛlzeːʃ]

sinalizador (m)	jelzőrakéta	[jɛlzø:rɒke:tɒ]
quartel-general (m)	főhadiszállás	[fø:hɒdisa:lla:ʃ]
reconhecimento (m)	felderítés	[fɛldɛri:teːʃ]
situação (f)	helyzet	[hɛjzɛt]
relatório (m)	beszámoló	[bɛsa:molo:]
emboscada (f)	les	[lɛʃ]
reforço (m)	erősítés	[ɛrø:ʃi:teːʃ]
alvo (m)	célpont	[tse:lpont]
campo (m) de tiro	lőtér	[lø:te:r]
manobras (f pl)	hadgyakorlatok	[hɒdjokorlɒtok]
pânico (m)	pánik	[pa:nik]
devastação (f)	pusztulás	[pustula:ʃ]
ruínas (f pl)	elpusztítás	[ɛlpusti:ta:ʃ]
destruir (vt)	elpusztít	[ɛlpusti:t]
sobreviver (vi)	életben marad	[e:lɛtbɛn mɒrɒd]
desarmar (vt)	lefegyverez	[lɛfɛjvɛrɛz]
manusear (vt)	bánik	[ba:nik]
Sentido!	Vigyázz!	[vija:zz]
Descansar!	Pihenj!	[pihɛɲ]
façanha (f)	hőstett	[hø:ʃtɛtt]
juramento (m)	eskü	[ɛʃky]
jurar (vi)	esküszik	[ɛʃkysik]
condecoração (f)	kitüntetés	[kityntɛte:ʃ]
condecorar (vt)	kitüntet	[kityntɛt]
medalha (f)	érem	[e:rɛm]
ordem (f)	rendjel	[rɛɲjɛl]
vitória (f)	győzelem	[jø:zɛlɛm]
derrota (f)	vereség	[vɛrɛʃe:g]
armistício (m)	fegyverszünet	[fɛjvɛrsynɛt]
bandeira (f)	zászló	[za:slo:]
glória (f)	dicsőség	[ditʃø:ʃe:g]
parada (f)	díszszemle	[di:ssɛmlɛ]
marchar (vi)	menetel	[mɛnɛtɛl]

186. Armas

arma (f)	fegyver	[fɛjvɛr]
arma (f) de fogo	lőfegyver	[lø:fɛjvɛr]
arma (f) branca	vágó és szúrófegyver	[va:go: e:ʃ su:ro:fɛjvɛr]
arma (f) química	vegyifegyver	[vɛjifɛjvɛr]
nuclear (adj)	nukleáris	[nuklɛa:riʃ]
arma (f) nuclear	nukleáris fegyver	[nuklɛa:riʃ fɛjvɛr]
bomba (f)	bomba	[bombɒ]
bomba (f) atômica	atombomba	[ɒtombombɒ]

Portuguese	Hungarian	Pronunciation
pistola (f)	pisztoly	[pistoj]
rifle (m)	puska	[puʃkɒ]
semi-automática (f)	géppisztoly	[ge:ppistoj]
metralhadora (f)	géppuska	[ge:ppuʃkɒ]
boca (f)	cső	[ʧø:]
cano (m)	fegyvercső	[fɛɟvɛrʧø:]
calibre (m)	kaliber	[kɒlibɛr]
gatilho (m)	ravasz	[rɒvɒs]
mira (f)	irányzék	[ira:ɲze:k]
carregador (m)	tár	[ta:r]
coronha (f)	puskatus	[puʃkɒtuʃ]
granada (f) de mão	gránát	[gra:na:t]
explosivo (m)	robbanóanyag	[robbɒno:ɒɲɒg]
bala (f)	golyó	[gojo:]
cartucho (m)	töltény	[tølte:ɲ]
carga (f)	töltet	[tøltɛt]
munições (f pl)	lőszer	[lø:sɛr]
bombardeiro (m)	bombázó	[bomba:zo:]
avião (m) de caça	vadászgép	[vɒda:sge:p]
helicóptero (m)	helikopter	[hɛlikoptɛr]
canhão (m) antiaéreo	légvédelmi ágyú	[le:gve:dɛlmi a:ɟu:]
tanque (m)	harckocsi	[hɒrtskoʧi]
canhão (de um tanque)	ágyú	[a:ɟu:]
artilharia (f)	tüzérség	[tyze:rʃe:g]
fazer a pontaria	céloz	[tse:loz]
projétil (m)	lövedék	[løvɛde:k]
granada (f) de morteiro	akna	[ɒknɒ]
morteiro (m)	aknavető	[ɒknɒvɛtø:]
estilhaço (m)	szilánk	[sila:ŋk]
submarino (m)	tengeralattjáró	[tɛŋgɛrɒlɒttja:ro:]
torpedo (m)	torpedó	[torpɛdo:]
míssil (m)	rakéta	[rɒke:tɒ]
carregar (uma arma)	megtölt	[mɛgtølt]
disparar, atirar (vi)	lő	[lø:]
apontar para ...	céloz	[tse:loz]
baioneta (f)	szurony	[suroɲ]
espada (f)	párbajtőr	[pa:rbɒjtø:r]
sabre (m)	szablya	[sɒbjɒ]
lança (f)	dárda	[da:rdɒ]
arco (m)	íj	[i:j]
flecha (f)	nyíl	[ɲi:l]
mosquete (m)	muskéta	[muʃke:tɒ]
besta (f)	számszeríj	[sa:msɛri:j]

187. Povos da antiguidade

primitivo (adj)	ősi	[øːʃi]
pré-histórico (adj)	történelem előtti	[tørteːnɛlɛm ɛløːtti]
antigo (adj)	ősi	[øːʃi]
Idade (f) da Pedra	kőkorszak	[køːkorsɒk]
Idade (f) do Bronze	bronzkor	[bronskor]
Era (f) do Gelo	jégkorszak	[jeːgkorsɒk]
tribo (f)	törzs	[tørʒ]
canibal (m)	emberevő	[ɛmbɛrɛvøː]
caçador (m)	vadász	[vɒdaːs]
caçar (vi)	vadászik	[vɒdaːsik]
mamute (m)	mamut	[mɒmut]
caverna (f)	barlang	[bɒrlɒŋg]
fogo (m)	tűz	[tyːz]
fogueira (f)	tábortűz	[taːbortyːz]
pintura (f) rupestre	barlangrajz	[bɒrlɒŋg rɒjz]
ferramenta (f)	munkaeszköz	[muŋkɒɛskøz]
lança (f)	dárda	[daːrdɒ]
machado (m) de pedra	kőfejsze	[køːfɛjsɛ]
guerrear (vt)	harcol	[hɒrtsol]
domesticar (vt)	szelídít	[sɛliːdiːt]
ídolo (m)	bálvány	[baːlvaɲ]
adorar, venerar (vt)	imád	[imaːd]
superstição (f)	babona	[bɒbonɒ]
evolução (f)	fejlődés	[fɛjløːdeːʃ]
desenvolvimento (m)	fejlődés	[fɛjløːdeːʃ]
extinção (f)	eltűnés	[ɛltyːneːʃ]
adaptar-se (vr)	alkalmazkodik	[ɒlkɒlmɒskodik]
arqueologia (f)	régészet	[reːgeːsɛt]
arqueólogo (m)	régész	[reːgeːs]
arqueológico (adj)	régészeti	[reːgeːsɛti]
escavação (sítio)	ásatások	[aːʃotaːʃok]
escavações (f pl)	ásatások	[aːʃotaːʃok]
achado (m)	lelet	[lɛlɛt]
fragmento (m)	töredék	[tørɛdeːk]

188. Idade média

povo (m)	nép	[neːp]
povos (m pl)	népek	[neːpɛk]
tribo (f)	törzs	[tørʒ]
tribos (f pl)	törzsek	[tørʒɛk]
bárbaros (pl)	barbárok	[bɒrbaːrok]
galeses (pl)	gallok	[gɒllok]

godos (pl)	gótok	[goːtok]
eslavos (pl)	szlávok	[slaːvok]
viquingues (pl)	vikingek	[vikiŋgɛk]
romanos (pl)	rómaiak	[roːmɒjɒk]
romano (adj)	római	[roːmɒi]
bizantinos (pl)	bizánciak	[bizaːntsiɒk]
Bizâncio	Bizánc	[bizaːnts]
bizantino (adj)	bizánci	[bizaːntsi]
imperador (m)	császár	[ʧaːsaːr]
líder (m)	törzsfőnök	[tørʒføːnøk]
poderoso (adj)	hatalmas	[hɒtɒlmɒʃ]
rei (m)	király	[kiraːj]
governante (m)	uralkodó	[urɒlkodoː]
cavaleiro (m)	lovag	[lovɒg]
senhor feudal (m)	hűbérúr	[hyːbeːruːr]
feudal (adj)	hűbéri	[hyːbeːri]
vassalo (m)	hűbéres	[hyːbeːrɛʃ]
duque (m)	herceg	[hɛrtsɛg]
conde (m)	gróf	[groːf]
barão (m)	báró	[baːroː]
bispo (m)	püspök	[pyʃpøk]
armadura (f)	fegyverzet	[fɛɟvɛrzɛt]
escudo (m)	pajzs	[pɒjʒ]
espada (f)	kard	[kɒrd]
viseira (f)	sisakrostély	[ʃiʃɒkroʃteːj]
cota (f) de malha	páncéling	[paːntseːliŋg]
cruzada (f)	keresztes hadjárat	[kɛrɛstɛʃ hɒdjaːrɒt]
cruzado (m)	keresztes lovag	[kɛrɛstɛʃ lovɒg]
território (m)	terület	[tɛrylɛt]
atacar (vt)	támad	[taːmɒd]
conquistar (vt)	meghódít	[mɛghoːdiːt]
ocupar, invadir (vt)	meghódít	[mɛghoːdiːt]
assédio, sítio (m)	ostrom	[oʃtrom]
sitiado (adj)	ostromolt	[oʃtromolt]
assediar, sitiar (vt)	ostromol	[oʃtromol]
inquisição (f)	inkvizíció	[iŋkviziːtsioː]
inquisidor (m)	inkvizítor	[iŋkviziːtor]
tortura (f)	kínvallatás	[kiːnvɒllɒtaːʃ]
cruel (adj)	kegyetlen	[kɛɟɛtlɛn]
herege (m)	eretnek	[ɛrɛtnɛk]
heresia (f)	eretnekség	[ɛrɛtnɛkʃeːg]
navegação (f) marítima	tengerhajózás	[tɛŋgɛr hɒjoːzaːʃ]
pirata (m)	kalóz	[kɒloːz]
pirataria (f)	kalózság	[kɒloːzʃaːg]
abordagem (f)	csáklyázás	[ʧaːkjɒzaːʃ]

| presa (f), butim (m) | zsákmány | [ʒaːkmaːɲ] |
| tesouros (m pl) | kincsek | [kintʃɛk] |

descobrimento (m)	felfedezés	[fɛlfɛdɛzeːʃ]
descobrir (novas terras)	felfedez	[fɛlfɛdɛz]
expedição (f)	kutatóút	[kutɒtoːuːt]

mosqueteiro (m)	muskétás	[muʃkeːtaːʃ]
cardeal (m)	bíboros	[biːborɒʃ]
heráldica (f)	címertan	[tsiːmɛrtɒn]
heráldico (adj)	címertani	[tsiːmɛrtɒni]

189. Líder. Chefe. Autoridades

rei (m)	király	[kiraːj]
rainha (f)	királynő	[kiraːjnøː]
real (adj)	királyi	[kiraːji]
reino (m)	királyság	[kiraːjʃaːg]

| príncipe (m) | herceg | [hɛrtsɛg] |
| princesa (f) | hercegnő | [hɛrtsɛgnøː] |

presidente (m)	elnök	[ɛlnøk]
vice-presidente (m)	alelnök	[ɒlɛlnøk]
senador (m)	szenátor	[sɛnaːtor]

monarca (m)	egyeduralkodó	[ɛɟɛɹurɒlkodoː]
governante (m)	uralkodó	[urɒlkodoː]
ditador (m)	diktátor	[diktaːtor]
tirano (m)	zsarnok	[ʒɒrnok]
magnata (m)	mágnás	[maːgnaːʃ]

diretor (m)	igazgató	[igɒzgɒtoː]
chefe (m)	főnök	[føːnøk]
gerente (m)	vezető	[vɛzɛtøː]

| patrão (m) | főnök | [føːnøk] |
| dono (m) | tulajdonos | [tulɒjdonoʃ] |

chefe (m)	vezető	[vɛzɛtøː]
autoridades (f pl)	hatóságok	[hɒtoːʃɑgok]
superiores (m pl)	vezetőség	[vɛzɛtøːʃeːg]

governador (m)	kormányzó	[kormaːɲzoː]
cônsul (m)	konzul	[konzul]
diplomata (m)	diplomata	[diplomɒtɒ]

| Presidente (m) da Câmara | polgármester | [polgaːrmɛʃtɛr] |
| xerife (m) | seriff | [ʃɛriff] |

imperador (m)	császár	[tʃaːsaːr]
czar (m)	cár	[tsaːr]
faraó (m)	fáraó	[faːrɒoː]
cã, khan (m)	kán	[kaːn]

190. Estrada. Caminho. Direções

estrada (f)	út	[u:t]
via (f)	út	[u:t]
rodovia (f)	országút	[orsa:gu:t]
autoestrada (f)	autopálya	[ɒuto:pa:jɒ]
estrada (f) nacional	országút	[orsa:gu:t]
estrada (f) principal	főút	[fø:u:t]
estrada (f) de terra	dűlőút	[dy:lø:u:t]
trilha (f)	ösvény	[øʃve:ɲ]
pequena trilha (f)	gyalogút	[ɟologu:t]
Onde?	Hol?	[hol]
Para onde?	Hová?	[hova:]
De onde?	Honnan?	[honnɒn]
direção (f)	irány	[ira:ɲ]
indicar (~ o caminho)	mutat	[mutɒt]
para a esquerda	balra	[bɒlrɒ]
para a direita	jobbra	[jobbrɒ]
em frente	egyenesen	[ɛɟɛnɛʃɛn]
para trás	hátra	[ha:trɒ]
curva (f)	kanyar	[kɒɲɒr]
virar (~ para a direita)	fordul	[fordul]
dar retorno	visszafordul	[vis:ɒfordul]
estar visível	látszik	[la:tsik]
aparecer (vi)	megjelenik	[mɛgjɛlɛnik]
paragem (pausa)	megállás	[mɛga:lla:ʃ]
descansar (vi)	pihen	[pihɛn]
descanso, repouso (m)	pihenés	[pihɛne:ʃ]
perder-se (vr)	eltéved	[ɛlte:vɛd]
conduzir a ... (caminho)	vezet ...hez	[vɛzɛt ...hɛz]
chegar a ...	kimegy ...hez	[kimɛɟ ...hɛz]
trecho (m)	szakasz	[sɒkɒs]
asfalto (m)	aszfalt	[ɒsfɒlt]
meio-fio (m)	útszegély	[u:tsɛge:j]
valeta (f)	árok	[a:rok]
tampa (f) de esgoto	csatornafedél	[ʧɒtornɒfɛde:l]
acostamento (m)	útszél	[u:tse:l]
buraco (m)	gödör	[gødør]
ir (a pé)	megy	[mɛɟ]
ultrapassar (vt)	megelőz	[mɛgɛlø:z]
passo (m)	lépés	[le:pe:ʃ]
a pé	gyalog	[ɟolog]

bloquear (vt)	elkerít	[ɛlkɛriːt]
cancela (f)	sorompó	[ʃorompoː]
beco (m) sem saída	zsákutca	[ʒaːkuttsɒ]

191. Violação da lei. Criminosos. Parte 1

bandido (m)	bandita	[bɒnditɒ]
crime (m)	bűntett	[byːntɛtt]
criminoso (m)	bűnöző	[byːnøzøː]

ladrão (m)	tolvaj	[tolvɒj]
roubar (vt)	lop	[lop]
furto, roubo (m)	lopás	[lopaːʃ]

raptar, sequestrar (vt)	elrabol	[ɛlrɒbol]
sequestro (m)	elrablás	[ɛlrɒblaːʃ]
sequestrador (m)	elrabló	[ɛlrɒbloː]

| resgate (m) | váltságdíj | [vaːltʃaːgdiːj] |
| pedir resgate | váltságdíjat követel | [vaːltʃaːgdiːjɒt køvɛtɛl] |

| roubar (vt) | kirabol | [kirɒbol] |
| assaltante (m) | rabló | [rɒbloː] |

extorquir (vt)	kizsarol	[kiʒɒrol]
extorsionário (m)	zsaroló	[ʒɒroloː]
extorsão (f)	zsarolás	[ʒɒrolaːʃ]

matar, assassinar (vt)	megöl	[mɛgøl]
homicídio (m)	gyilkosság	[ɟilkoʃaːg]
homicida, assassino (m)	gyilkos	[ɟilkoʃ]

tiro (m)	lövés	[løveːʃ]
dar um tiro	lő	[løː]
matar a tiro	agyonlő	[ɒɟɒnløː]
disparar, atirar (vi)	tüzel	[tyzɛl]
tiroteio (m)	tüzelés	[tyzɛleːʃ]

incidente (m)	eset	[ɛʃɛt]
briga (~ de rua)	verekedés	[vɛrɛkɛdeːʃ]
Socorro!	Segítség!	[ʃɛgiːtʃeːg]
vítima (f)	áldozat	[aːldozɒt]

danificar (vt)	megrongál	[mɛgroŋgaːl]
dano (m)	kár	[kaːr]
cadáver (m)	hulla	[hullɒ]
grave (adj)	súlyos	[ʃuːjoʃ]

atacar (vt)	támad	[taːmɒd]
bater (espancar)	üt	[yt]
espancar (vt)	megver	[mɛgvɛr]
tirar, roubar (dinheiro)	elvesz	[ɛlvɛs]
esfaquear (vt)	levág	[lɛvaːg]
mutilar (vt)	megcsonkít	[mɛgtʃoŋkiːt]

ferir (vt)	megsebez	[mɛgʃɛbɛz]
chantagem (f)	zsarolás	[ʒɒrolaːʃ]
chantagear (vt)	zsarol	[ʒɒrol]
chantagista (m)	zsaroló	[ʒɒroloː]

extorsão (f)	védelmi pénz zsarolása	[veːdɛlmi peːnz ʒɒrolaːʃɒ]
extorsionário (m)	védelmi pénz beszedője	[veːdɛlmi peːnz bɛsɛdøːjɛ]
gângster (m)	gengszter	[gɛŋgstɛr]
máfia (f)	maffia	[mɒffiɒ]

punguista (m)	zsebtolvaj	[ʒɛptolvɒj]
assaltante, ladrão (m)	betörő	[bɛtørøː]
contrabando (m)	csempészés	[ʧɛmpeːseːʃ]
contrabandista (m)	csempész	[ʧɛmpeːs]

falsificação (f)	hamisítás	[hɒmiʃiːtaːʃ]
falsificar (vt)	hamisít	[hɒmiʃiːt]
falsificado (adj)	hamisított	[hɒmiʃiːtott]

192. Violação da lei. Criminosos. Parte 2

estupro (m)	erőszakolás	[ɛrøːsɒkolaːʃ]
estuprar (vt)	erőszakol	[ɛrøːsɒkol]
estuprador (m)	erőszakos	[ɛrøːsɒkoʃ]
maníaco (m)	megszállott	[mɛksaːllott]

prostituta (f)	prostituált nő	[proʃtituaːlt nøː]
prostituição (f)	prostitúció	[proʃtituːtsioː]
cafetão (m)	strici	[ʃtritsi]

| drogado (m) | narkós | [nɒrkoːʃ] |
| traficante (m) | kábítószerkereskedő | [kaːbiːtoːsɛrkɛrɛʃkɛdø] |

explodir (vt)	felrobbant	[fɛlrobbɒnt]
explosão (f)	robbanás	[robbɒnaːʃ]
incendiar (vt)	felgyújt	[fɛʟʝuːjt]
incendiário (m)	gyújtogató	[ʝuːjtogɒtoː]

terrorismo (m)	terrorizmus	[tɛrrorizmuʃ]
terrorista (m)	terrorista	[tɛrroriʃtɒ]
refém (m)	túsz	[tuːs]

enganar (vt)	megcsal	[mɛgʧɒl]
engano (m)	csalás	[ʧɒlaːʃ]
vigarista (m)	csaló	[ʧɒloː]

subornar (vt)	megveszteget	[mɛgvɛstɛgɛt]
suborno (atividade)	megvesztegetés	[mɛgvɛstɛgɛteːʃ]
suborno (dinheiro)	csúszópénz	[ʧuːsoːpeːnz]

veneno (m)	méreg	[meːrɛg]
envenenar (vt)	megmérgez	[mɛgmeːrgɛz]
envenenar-se (vr)	megmérgezi magát	[mɛgmeːrgɛzi mɒgaːt]
suicídio (m)	öngyilkosság	[øɲɲilkoʃaːg]

suicida (m)	öngyilkos	[øɲɟilkoʃ]
ameaçar (vt)	fenyeget	[fɛnɛgɛt]
ameaça (f)	fenyegetés	[fɛnɛgɛte:ʃ]
atentar contra a vida de …	megkísért	[mɛkki:ʃe:rt]
atentado (m)	merénylet	[mɛre:ɲlɛt]

roubar (um carro)	ellop	[ɛllop]
sequestrar (um avião)	eltérít	[ɛlte:ri:t]

vingança (f)	bosszú	[bossu:]
vingar (vt)	megbosszul	[mɛgbossul]

torturar (vt)	kínoz	[ki:noz]
tortura (f)	kínvallatás	[ki:nvɒllɒta:ʃ]
atormentar (vt)	gyötör	[ɟøtør]

pirata (m)	kalóz	[kɒlo:z]
desordeiro (m)	huligán	[huliga:n]
armado (adj)	fegyveres	[fɛɟvɛrɛʃ]
violência (f)	erőszak	[ɛrø:sɒk]

espionagem (f)	kémkedés	[ke:mkɛde:ʃ]
espionar (vi)	kémkedik	[ke:mkɛdik]

193. Polícia. Lei. Parte 1

justiça (sistema de ~)	igazságügy	[igɒʃa:gyɟ]
tribunal (m)	bíróság	[bi:ro:ʃa:g]

juiz (m)	bíró	[bi:ro:]
jurados (m pl)	esküdtek	[ɛʃkyttɛk]
tribunal (m) do júri	esküdtbíróság	[ɛʃkyttbi:ro:ʃa:g]
julgar (vt)	elítél	[ɛli:te:l]

advogado (m)	ügyvéd	[yɟve:d]
réu (m)	vádlott	[va:dlott]
banco (m) dos réus	vádlottak padja	[va:dlottɒk pɒɟɒ]

acusação (f)	vád	[va:d]
acusado (m)	vádlott	[va:dlott]

sentença (f)	ítélet	[i:te:lɛt]
sentenciar (vt)	elítél	[ɛli:te:l]

culpado (m)	bűnös	[by:nøʃ]
punir (vt)	büntet	[byntɛt]
punição (f)	büntetés	[byntɛte:ʃ]

multa (f)	pénzbüntetés	[pe:nzbyntɛte:ʃ]
pena (f) de morte	halálbüntetés	[hɒla:lbyntɛte:ʃ]
cadeira (f) elétrica	villamosszék	[villɒmoʃse:k]
forca (f)	akasztófa	[ɒkɒsto:fɒ]
executar (vt)	kivégez	[kive:gɛz]
execução (f)	kivégzés	[kive:gze:ʃ]

| prisão (f) | börtön | [børtøn] |
| cela (f) de prisão | cella | [tsɛllɒ] |

escolta (f)	őrkíséret	[ø:rki:ʃe:rɛt]
guarda (m) prisional	börtönőr	[børtønø:r]
preso, prisioneiro (m)	fogoly	[fogoj]

| algemas (f pl) | kézbilincs | [ke:zbilintʃ] |
| algemar (vt) | megbilincsel | [mɛgbilintʃɛl] |

fuga, evasão (f)	szökés	[søke:ʃ]
fugir (vi)	megszökik	[mɛgsøkik]
desaparecer (vi)	eltűnik	[ɛlty:nik]
soltar, libertar (vt)	megszabadít	[mɛgsɒbɒdi:t]
anistia (f)	közkegyelem	[køskɛɟɛlɛm]

polícia (instituição)	rendőrség	[rɛndø:rʃe:g]
polícia (m)	rendőr	[rɛndø:r]
delegacia (f) de polícia	rendőrőrszoba	[rɛndø:rø:rsobɒ]
cassetete (m)	gumibot	[gumibot]
megafone (m)	hangtölcsér	[hɒŋg tøltʃe:r]

carro (m) de patrulha	járőrszolgálat	[ja:rø:r solga:lɒt]
sirene (f)	sziréna	[sire:na]
ligar a sirene	bekapcsolja a szirénát	[bɛkɒptʃojo ɒ sire:na:t]
toque (m) da sirene	szirénahang	[sire:nɒhɒŋg]

cena (f) do crime	helyszín	[hɛjsi:n]
testemunha (f)	tanú	[tɒnu:]
liberdade (f)	szabadság	[sɒbɒdʃa:g]
cúmplice (m)	bűntárs	[by:nta:rʃ]
escapar (vi)	elbújik	[ɛlbu:jik]
traço (não deixar ~s)	nyom	[ɲom]

194. Polícia. Lei. Parte 2

procura (f)	körözés	[kørøze:ʃ]
procurar (vt)	keres	[kɛrɛʃ]
suspeita (f)	gyanú	[ɟonu:]
suspeito (adj)	gyanús	[ɟonu:ʃ]
parar (veículo, etc.)	megállít	[mɛga:lli:t]
deter (fazer parar)	letartóztat	[lɛtɒrto:ztɒt]

caso (~ criminal)	ügy	[yɟ]
investigação (f)	vizsgálat	[viʒga:lɒt]
detetive (m)	nyomozó	[ɲomozo:]
investigador (m)	vizsgáló	[viʒga:lo:]
versão (f)	verzió	[vɛrzio:]

motivo (m)	indok	[indok]
interrogatório (m)	vallatás	[vɒllɒta:ʃ]
interrogar (vt)	vallat	[vɒllɒt]
questionar (vt)	kikérdez	[kike:rdɛz]
verificação (f)	ellenőrzés	[ɛllɛnø:rze:ʃ]

batida (f) policial	razzia	[rɒzziɒ]
busca (f)	átkutatás	[aːtkutɒtaːʃ]
perseguição (f)	üldözés	[yldøzeːʃ]
perseguir (vt)	üldöz	[yldøz]
seguir, rastrear (vt)	követ	[køvɛt]

prisão (f)	letartóztatás	[lɛtɒrtoːztɒtaːʃ]
prender (vt)	letartóztat	[lɛtɒrtoːztɒt]
pegar, capturar (vt)	elfog	[ɛlfog]
captura (f)	elfogás	[ɛlfogaːʃ]

documento (m)	irat	[irɒt]
prova (f)	bizonyíték	[bizoniːteːk]
provar (vt)	bebizonyít	[bɛbizoniːt]
pegada (f)	nyom	[ɲom]
impressões (f pl) digitais	ujjlenyomat	[ujjlɛnømɒt]
prova (f)	bizonyíték	[bizoniːteːk]

álibi (m)	alibi	[ɒlibi]
inocente (adj)	ártatlan	[aːrtɒtlɒn]
injustiça (f)	igazságtalanság	[igɒʃaːgtɒlɒnʃaːg]
injusto (adj)	igazságtalan	[igɒʃaːgtɒlɒn]

criminal (adj)	krimi	[krimi]
confiscar (vt)	elkoboz	[ɛlkoboz]
droga (f)	kábítószer	[kaːbiːtoːsɛr]
arma (f)	fegyver	[fɛɟvɛr]
desarmar (vt)	lefegyverez	[lɛfɛɟvɛrɛz]
ordenar (vt)	parancsol	[pɒrɒntʃol]
desaparecer (vi)	eltűnik	[ɛltyːnik]

lei (f)	törvény	[tørveːɲ]
legal (adj)	törvényes	[tørveːɲɛʃ]
ilegal (adj)	törvénytelen	[tørveːɲtɛlɛn]

| responsabilidade (f) | felelősség | [fɛlɛløːʃeːg] |
| responsável (adj) | felelős | [fɛlɛløːʃ] |

NATUREZA

A Terra. Parte 1

195. Espaço sideral

espaço, cosmo (m)	világűr	[vila:gy:r]
espacial, cósmico (adj)	űr	[y:r]
espaço (m) cósmico	világűr	[vila:gy:r]
mundo (m)	világmindenség	[vila:g mindɛnʃe:g]
universo (m)	világegyetem	[vila:gɛɟɛtɛm]
galáxia (f)	galaxis	[gɒlɒksis]
estrela (f)	csillag	[ʧillɒg]
constelação (f)	csillagzat	[ʧillɒgzɒt]
planeta (m)	bolygó	[bojgo:]
satélite (m)	műhold	[my:hold]
meteorito (m)	meteorit	[mɛtɛorit]
cometa (m)	üstökös	[yʃtøkøʃ]
asteroide (m)	aszteroida	[ɒstɛroidɒ]
órbita (f)	égitest pályája	[e:gitɛʃt pa:ja:jɒ]
girar (vi)	kering	[kɛriŋg]
atmosfera (f)	légkör	[le:gkør]
Sol (m)	a Nap	[ɒ nɒp]
Sistema (m) Solar	naprendszer	[nɒprɛndsɛr]
eclipse (m) solar	napfogyatkozás	[nɒpfoɟotkoza:ʃ]
Terra (f)	a Föld	[ɒ føld]
Lua (f)	a Hold	[ɒ hold]
Marte (m)	Mars	[mɒrʃ]
Vênus (f)	Vénusz	[ve:nus]
Júpiter (m)	Jupiter	[jupitɛr]
Saturno (m)	Szaturnusz	[sɒturnus]
Mercúrio (m)	Merkúr	[mɛrkur]
Urano (m)	Uranus	[urɒnuʃ]
Netuno (m)	Neptunusz	[nɛptunus]
Plutão (m)	Plútó	[plu:to:]
Via Láctea (f)	Tejút	[tɛju:t]
Ursa Maior (f)	Göncölszekér	[gøntsølsɛke:r]
Estrela Polar (f)	Sarkcsillag	[ʃɒrkʧillɒg]
marciano (m)	marslakó	[mɒrʃlɒko:]
extraterrestre (m)	földönkívüli	[føldøŋki:vyli]

alienígena (m)	űrlény	[y:rle:ɲ]
disco (m) voador	ufó	[ufo:]

espaçonave (f)	űrhajó	[y:rhɒjo:]
estação (f) orbital	orbitális űrállomás	[orbita:liʃ y:ra:lloma:ʃ]
lançamento (m)	rajt	[rɒjt]

motor (m)	hajtómű	[hɒjto:my:]
bocal (m)	fúvóka	[fu:vo:kɒ]
combustível (m)	fűtőanyag	[fy:tø:ɒɲɒg]

cabine (f)	fülke	[fylkɛ]
antena (f)	antenna	[ɒntɛnnɒ]
vigia (f)	hajóablak	[hɒjo:ɒblɒk]
bateria (f) solar	napelem	[nɒpɛlɛm]
traje (m) espacial	űrhajósruha	[y:rhɒjo:ʃ ruhɒ]

imponderabilidade (f)	súlytalanság	[ʃu:jtɒlɒnʃa:g]
oxigênio (m)	oxigén	[oksige:n]

acoplagem (f)	összekapcsolás	[øssɛkɒptʃola:ʃ]
fazer uma acoplagem	összekapcsol	[øssɛkɒptʃol]

observatório (m)	csillagvizsgáló	[tʃillɒgviʒga:lo:]
telescópio (m)	távcső	[ta:vtʃø:]
observar (vt)	figyel	[fiɟɛl]
explorar (vt)	kutat	[kutɒt]

196. A Terra

Terra (f)	a Föld	[ɒ føld]
globo terrestre (Terra)	földgolyó	[føldgojo:]
planeta (m)	bolygó	[bojgo:]

atmosfera (f)	légkör	[le:gkør]
geografia (f)	földrajz	[føldrɒjz]
natureza (f)	természet	[tɛrme:sɛt]

globo (mapa esférico)	földgömb	[føldgomb]
mapa (m)	térkép	[te:rke:p]
atlas (m)	atlasz	[ɒtlɒs]

Europa (f)	Európa	[ɛuro:pɒ]
Ásia (f)	Ázsia	[a:ʒiɒ]

África (f)	Afrika	[ɒfrikɒ]
Austrália (f)	Ausztrália	[ɒustra:liɒ]

América (f)	Amerika	[ɒmɛrikɒ]
América (f) do Norte	ÉszakAmerika	[e:sɒkɒmɛrikɒ]
América (f) do Sul	DélAmerika	[de:lɒmɛrikɒ]

Antártida (f)	Antarktisz	[ɒntɒrktis]
Ártico (m)	Arktisz	[ɒrktis]

197. Pontos cardeais

norte (m)	észak	[eːsɒk]
para norte	északra	[eːsɒkrɒ]
no norte	északon	[eːsɒkon]
do norte (adj)	északi	[eːsɒki]
sul (m)	dél	[deːl]
para sul	délre	[deːlrɛ]
no sul	délen	[deːlɛn]
do sul (adj)	déli	[deːli]
oeste, ocidente (m)	nyugat	[ɲugɒt]
para oeste	nyugatra	[ɲugɒtrɒ]
no oeste	nyugaton	[ɲugɒton]
ocidental (adj)	nyugati	[ɲugɒti]
leste, oriente (m)	kelet	[kɛlɛt]
para leste	keletre	[kɛlɛtrɛ]
no leste	keleten	[kɛlɛtɛn]
oriental (adj)	keleti	[kɛlɛti]

198. Mar. Oceano

mar (m)	tenger	[tɛŋgɛr]
oceano (m)	óceán	[oːtsɛaːn]
golfo (m)	öböl	[øbøl]
estreito (m)	tengerszoros	[tɛŋgɛrsoroʃ]
continente (m)	földrész	[føldreːs]
ilha (f)	sziget	[sigɛt]
península (f)	félsziget	[feːlsigɛt]
arquipélago (m)	szigetcsoport	[sigɛttʃoport]
baía (f)	öböl	[øbøl]
porto (m)	rév	[reːv]
lagoa (f)	lagúna	[lɒguːnɒ]
cabo (m)	fok	[fok]
atol (m)	atoll	[ɒtoll]
recife (m)	szirt	[sirt]
coral (m)	korall	[korɒll]
recife (m) de coral	korallszirt	[korɒllsirt]
profundo (adj)	mély	[meːj]
profundidade (f)	mélység	[meːjʃeːg]
abismo (m)	abisszikus	[abisszikus]
fossa (f) oceânica	mélyedés	[meːjɛdeːʃ]
corrente (f)	folyás	[fojaːʃ]
banhar (vt)	körülvesz	[køryvlɛs]
litoral (m)	part	[pɒrt]
costa (f)	part	[pɒrt]

maré (f) alta	dagály	[dɒgaːj]
refluxo (m)	apály	[ɒpaːj]
restinga (f)	zátony	[zaːtoɲ]
fundo (m)	alj	[ɒj]

onda (f)	hullám	[hullaːm]
crista (f) da onda	taraj	[tɒrɒj]
espuma (f)	hab	[hɒb]

tempestade (f)	vihar	[vihɒr]
furacão (m)	orkán	[orkaːn]
tsunami (m)	szökőár	[søkøːaːr]
calmaria (f)	szélcsend	[seːltʃɛnd]
calmo (adj)	csendes	[tʃɛndɛʃ]

polo (m)	sark	[ʃɒrk]
polar (adj)	sarki	[ʃɒrki]

latitude (f)	szélesség	[seːlɛʃeːg]
longitude (f)	hosszúság	[hossuːʃaːg]
paralela (f)	szélességi kör	[seːlɛʃeːgi kør]
equador (m)	egyenlítő	[ɛɟɛnliːtøː]

céu (m)	ég	[eːg]
horizonte (m)	látóhatár	[laːtoːhɒtaːr]
ar (m)	levegő	[lɛvɛgøː]

farol (m)	világítótorony	[vilaːgiːtoːtoroɲ]
mergulhar (vi)	lemerül	[lɛmɛryl]
afundar-se (vr)	elsüllyed	[ɛlʃyjːɛd]
tesouros (m pl)	kincsek	[kintʃɛk]

199. Nomes de Mares e Oceanos

Oceano (m) Atlântico	Atlantióceán	[ɒtlɒntioːtsɛaːn]
Oceano (m) Índico	Indiaióceán	[indiɒioːtsɛaːn]
Oceano (m) Pacífico	Csendesóceán	[tʃɛndɛʃoːtsɛaːn]
Oceano (m) Ártico	Északisarkióceán	[eːsɒkiʃʃɒrkioːtsɛaːn]

Mar (m) Negro	Feketetenger	[fɛkɛtɛtɛŋgɛr]
Mar (m) Vermelho	Vöröstenger	[vørøʃtɛŋgɛr]
Mar (m) Amarelo	Sárgatenger	[ʃaːrgɒtɛŋgɛr]
Mar (m) Branco	Fehértenger	[fɛheːrtɛŋgɛr]

Mar (m) Cáspio	Kaszpitenger	[kɒspitɛŋgɛr]
Mar (m) Morto	Holttenger	[holttɛŋgɛr]
Mar (m) Mediterrâneo	Földközitenger	[føldkøzitɛŋgɛr]

Mar (m) Egeu	Égeitenger	[eːgɛitɛŋgɛr]
Mar (m) Adriático	Adriaitenger	[ɒdriɒitɛŋgɛr]

Mar (m) Arábico	Arabtenger	[ɒrɒbtɛŋgɛr]
Mar (m) do Japão	Japántenger	[jɒpaːntɛŋgɛr]
Mar (m) de Bering	Beringtenger	[bɛriŋtɛŋgɛr]

Mar (m) da China Meridional	Délkínaitenger	[deːlkiːnɒitɛŋgɛr]
Mar (m) de Coral	Koralltenger	[kɒrɒlltɛŋgɛr]
Mar (m) de Tasman	Tasmántenger	[tɒsmaːntɛŋgɛr]
Mar (m) do Caribe	Karibtenger	[kɒribtɛŋgɛr]
Mar (m) de Barents	Barentstenger	[bɒrɛntʃtɛŋgɛr]
Mar (m) de Kara	Karatenger	[kɒrɒtɛŋgɛr]
Mar (m) do Norte	Északitenger	[eːsɒkitɛŋgɛr]
Mar (m) Báltico	Baltitenger	[bɒltitɛŋgɛr]
Mar (m) da Noruega	Norvégtenger	[norveːgtɛŋgɛr]

200. Montanhas

montanha (f)	hegy	[hɛɟ]
cordilheira (f)	hegylánc	[hɛɟlaːnts]
serra (f)	hegygerinc	[hɛɟgɛrints]
cume (m)	csúcs	[tʃuːtʃ]
pico (m)	hegyfok	[hɛɟfok]
pé (m)	láb	[laːb]
declive (m)	lejtő	[lɛjtø:]
vulcão (m)	vulkán	[vulkaːn]
vulcão (m) ativo	működő vulkán	[mykødø: vulkaːn]
vulcão (m) extinto	kialudt vulkán	[kiɒlutt vulkaːn]
erupção (f)	kitörés	[kitøreːʃ]
cratera (f)	vulkántölcsér	[vulkaːntøltʃeːr]
magma (m)	magma	[mɒgmɒ]
lava (f)	láva	[laːvɒ]
fundido (lava ~a)	izzó	[izzoː]
cânion, desfiladeiro (m)	kanyon	[kɒɲon]
garganta (f)	hegyszoros	[hɛɟsoroʃ]
fenda (f)	hasadék	[hɒʃɒdeːk]
passo, colo (m)	hágó	[haːgoː]
planalto (m)	fennsík	[fɛnnʃiːk]
falésia (f)	szikla	[siklɒ]
colina (f)	domb	[domb]
geleira (f)	gleccser	[glɛtʃɛr]
cachoeira (f)	vízesés	[viːzɛʃeːʃ]
gêiser (m)	szökőforrás	[søkøːforraːʃ]
lago (m)	tó	[toː]
planície (f)	síkság	[ʃiːkʃaːg]
paisagem (f)	táj	[tɒːj]
eco (m)	visszhang	[visshɒŋg]
alpinista (m)	alpinista	[ɒlpiniʃtɒ]
escalador (m)	sziklamászó	[siklɒ maːsoː]
conquistar (vt)	meghódít	[mɛghoːdiːt]
subida, escalada (f)	megmászás	[mɛgmaːsaːʃ]

201. Nomes de montanhas

Alpes (m pl)	Alpok	[ɒlpok]
Monte Branco (m)	Mont Blanc	[mont blɒn]
Pirineus (m pl)	Pireneusok	[pirɛnɛuʃok]
Cárpatos (m pl)	Kárpátok	[kaːrpaːtok]
Urais (m pl)	Urál hegység	[uraːl hɛɟʃeːg]
Cáucaso (m)	Kaukázus	[kɒukaːzuʃ]
Elbrus (m)	Elbrusz	[ɛlbruʃ]
Altai (m)	Altaj hegység	[ɒltoj hɛɟʃeːg]
Tian Shan (m)	Tiensan	[tjanʃan]
Pamir (m)	Pamír	[pɒmiːr]
Himalaia (m)	Himalája	[himɒlaːjɒ]
monte Everest (m)	Everest	[ɛvɛrɛst]
Cordilheira (f) dos Andes	Andok	[ɒndok]
Kilimanjaro (m)	Kilimandzsáró	[kilimɒndʒaːroː]

202. Rios

rio (m)	folyó	[fojoː]
fonte, nascente (f)	forrás	[forraːʃ]
leito (m) de rio	meder	[mɛdɛr]
bacia (f)	medence	[mɛdɛntsɛ]
desaguar no ...	befolyik	[bɛfojik]
afluente (m)	mellékfolyó	[mɛlleːkfojoː]
margem (do rio)	part	[pɒrt]
corrente (f)	folyás	[fojaːʃ]
rio abaixo	folyón lefelé	[fojoːn lɛfɛleː]
rio acima	folyón fölfelé	[fojoːn følfɛleː]
inundação (f)	árvíz	[aːrviːz]
cheia (f)	áradás	[aːrɒdaːʃ]
transbordar (vi)	kiárad	[kiɒrɒd]
inundar (vt)	eláraszt	[ɛlaːrɒst]
banco (m) de areia	zátony	[zaːtoɲ]
corredeira (f)	zuhogó	[zuhogoː]
barragem (f)	gát	[gaːt]
canal (m)	csatorna	[tʃɒtornɒ]
reservatório (m) de água	víztároló	[viːztaːroloː]
eclusa (f)	zsilip	[ʒilip]
corpo (m) de água	vizek	[vizɛk]
pântano (m)	mocsár	[motʃaːr]
lamaçal (m)	ingovány	[iŋgovaːɲ]
redemoinho (m)	forgatag	[forgotɒg]
riacho (m)	patak	[pɒtɒk]

| potável (adj) | iható | [ihɒtoː] |
| doce (água) | édesvízi | [eːdɛʃviːzi] |

| gelo (m) | jég | [jeːg] |
| congelar-se (vr) | befagy | [bɛfɒɟ] |

203. Nomes de rios

| rio Sena (m) | Szajna | [sɒjnɒ] |
| rio Loire (m) | Loire | [luɒr] |

rio Tâmisa (m)	Temze	[tɛmzɛ]
rio Reno (m)	Rajna	[rɒjnɒ]
rio Danúbio (m)	Duna	[dunɒ]

rio Volga (m)	Volga	[volgɒ]
rio Don (m)	Don	[don]
rio Lena (m)	Léna	[leːnɒ]

rio Amarelo (m)	Sárgafolyó	[ʃaːrgɒfojoː]
rio Yangtzé (m)	Jangce	[jɒŋgtsɛ]
rio Mekong (m)	Mekong	[mɛkoŋg]
rio Ganges (m)	Gangesz	[gɒŋgɛs]

rio Nilo (m)	Nílus	[niːluʃ]
rio Congo (m)	Kongó	[koŋgoː]
rio Cubango (m)	Okavango	[okɒvɒŋgo]
rio Zambeze (m)	Zambézi	[zɒmbeːzi]
rio Limpopo (m)	Limpopo	[limpopo]
rio Mississippi (m)	Mississippi	[mississippi]

204. Floresta

| floresta (f), bosque (m) | erdő | [ɛrdøː] |
| florestal (adj) | erdő | [ɛrdøː] |

mata (f) fechada	sűrűség	[ʃyːryːʃeːg]
arvoredo (m)	erdőcske	[ɛrdøːtʃkɛ]
clareira (f)	tisztás	[tistaːʃ]

| matagal (m) | bozót | [bozoːt] |
| mato (m), caatinga (f) | cserje | [tʃɛrjɛ] |

| pequena trilha (f) | gyalogút | [ɟologuːt] |
| ravina (f) | vízmosás | [viːzmoʃaːʃ] |

árvore (f)	fa	[fɒ]
folha (f)	levél	[lɛveːl]
folhagem (f)	lomb	[lomb]

| queda (f) das folhas | lombhullás | [lombhullaːʃ] |
| cair (vi) | lehull | [lɛhull] |

topo (m)	tető	[tɛtø:]
ramo (m)	ág	[a:g]
galho (m)	ág	[a:g]
botão (m)	rügy	[ryɟ]
agulha (f)	tűlevél	[ty:lɛve:l]
pinha (f)	toboz	[toboz]

buraco (m) de árvore	odú	[odu:]
ninho (m)	fészek	[fe:sɛk]
toca (f)	üreg	[yrɛg]

tronco (m)	törzs	[tørʒ]
raiz (f)	gyökér	[ɟøke:r]
casca (f) de árvore	kéreg	[ke:rɛg]
musgo (m)	moha	[mohɒ]

arrancar pela raiz	kiás	[kia:ʃ]
cortar (vt)	irt	[irt]
desflorestar (vt)	irt	[irt]
toco, cepo (m)	tönk	[tøŋk]

fogueira (f)	tábortűz	[ta:borty:z]
incêndio (m) florestal	erdőtűz	[ɛrdø:ty:z]
apagar (vt)	olt	[olt]

guarda-parque (m)	erdész	[ɛrde:s]
proteção (f)	őrzés	[ø:rze:ʃ]
proteger (a natureza)	őriz	[ø:riz]
caçador (m) furtivo	vadorzó	[vɒdorzo:]
armadilha (f)	csapda	[ʧɒbdɒ]

colher (cogumelos)	gombázik	[gomba:zik]
colher (bagas)	szed	[sɛd]
perder-se (vr)	eltéved	[ɛlte:vɛd]

205. Recursos naturais

recursos (m pl) naturais	természeti kincsek	[tɛrme:sɛti kinʧɛk]
minerais (m pl)	ásványkincsek	[a:ʃva:ɲ kinʧɛk]
depósitos (m pl)	rétegek	[re:tɛgɛk]
jazida (f)	lelőhely	[lɛlø:hɛj]

extrair (vt)	kitermel	[kitɛrmɛl]
extração (f)	kitermelés	[kitɛrmɛle:ʃ]
minério (m)	érc	[e:rts]
mina (f)	bánya	[ba:ɲɒ]
poço (m) de mina	akna	[ɒknɒ]
mineiro (m)	bányász	[ba:nja:s]

| gás (m) | gáz | [ga:z] |
| gasoduto (m) | gázvezeték | [ga:zvɛzɛte:k] |

| petróleo (m) | nyersolaj | [ɲɛrʃolɒj] |
| oleoduto (m) | olajvezeték | [olɒjvɛzɛte:k] |

poço (m) de petróleo	olajkút	[olɒjkuːt]
torre (f) petrolífera	fúrótorony	[fuːroːtoroɲ]
petroleiro (m)	tartályhajó	[tɒrtaːjhɒjoː]
areia (f)	homok	[homok]
calcário (m)	mészkő	[meːskøː]
cascalho (m)	kavics	[kɒvitʃ]
turfa (f)	tőzeg	[tøːzɛg]
argila (f)	agyag	[ɒɟog]
carvão (m)	szén	[seːn]
ferro (m)	vas	[vɒʃ]
ouro (m)	arany	[ɒrɒɲ]
prata (f)	ezüst	[ɛzyʃt]
níquel (m)	nikkel	[nikkɛl]
cobre (m)	réz	[reːz]
zinco (m)	horgany	[horgɒɲ]
manganês (m)	mangán	[mɒŋgaːn]
mercúrio (m)	higany	[higɒɲ]
chumbo (m)	ólom	[oːlom]
mineral (m)	ásvány	[aːʃvaːɲ]
cristal (m)	kristály	[kriʃtaːj]
mármore (m)	márvány	[maːrvaːɲ]
urânio (m)	uránium	[uraːnium]

A Terra. Parte 2

206. Tempo

tempo (m)	időjárás	[idø:ja:ra:ʃ]
previsão (f) do tempo	időjárásjelentés	[idø:ja:ra:ʃjɛlɛnte:ʃ]
temperatura (f)	hőmérséklet	[hø:me:rʃe:klɛt]
termômetro (m)	hőmérő	[hø:me:rø:]
barômetro (m)	légsúlymérő	[le:gʃu:jme:rø:]
umidade (f)	nedvesség	[nɛdvɛʃe:g]
calor (m)	hőség	[hø:ʃe:g]
tórrido (adj)	forró	[forro:]
está muito calor	hőség van	[hø:ʃe:g vɒn]
está calor	meleg van	[mɛlɛg vɒn]
quente (morno)	meleg	[mɛlɛg]
está frio	hideg van	[hidɛg vɒn]
frio (adj)	hideg	[hidɛg]
sol (m)	nap	[nɒp]
brilhar (vi)	süt	[ʃyt]
de sol, ensolarado	napos	[nɒpoʃ]
nascer (vi)	felkel	[fɛlkɛl]
pôr-se (vr)	lemegy	[lɛmɛɟ]
nuvem (f)	felhő	[fɛlhø:]
nublado (adj)	felhős	[fɛlhø:ʃ]
nuvem (f) preta	esőfelhő	[ɛʃø:fɛlhø:]
escuro, cinzento (adj)	borús	[boru:ʃ]
chuva (f)	eső	[ɛʃø:]
está a chover	esik az eső	[ɛʃik ɒz ɛʃø:]
chuvoso (adj)	esős	[ɛʃø:ʃ]
chuviscar (vi)	szemerkél	[sɛmɛrke:l]
chuva (f) torrencial	zápor	[za:por]
aguaceiro (m)	zápor	[za:por]
forte (chuva, etc.)	erős	[ɛrø:ʃ]
poça (f)	tócsa	[to:tʃɒ]
molhar-se (vr)	ázik	[a:zik]
nevoeiro (m)	köd	[kød]
de nevoeiro	ködös	[kødøʃ]
neve (f)	hó	[ho:]
está nevando	havazik	[hɒvɒzik]

207. Tempo extremo. Catástrofes naturais

trovoada (f)	zivatar	[zivɒtɒr]
relâmpago (m)	villám	[villa:m]
relampejar (vi)	villámlik	[villa:mlik]
trovão (m)	mennydörgés	[mɛɲɲdørge:ʃ]
trovejar (vi)	dörög	[dørøg]
está trovejando	mennydörög	[mɛɲɲdørøg]
granizo (m)	jégeső	[je:gɛʃø:]
está caindo granizo	jég esik	[je:g ɛʃik]
inundar (vt)	elárad	[ɛla:rɒd]
inundação (f)	árvíz	[a:rvi:z]
terremoto (m)	földrengés	[føldrɛŋge:ʃ]
abalo, tremor (m)	lökés	[løke:ʃ]
epicentro (m)	epicentrum	[ɛpitsɛntrum]
erupção (f)	kitörés	[kitøre:ʃ]
lava (f)	láva	[la:vɒ]
tornado (m)	forgószél	[forgo:se:l]
tornado (m)	tornádó	[torna:do:]
tufão (m)	tájfun	[ta:jfun]
furacão (m)	orkán	[orka:n]
tempestade (f)	vihar	[vihɒr]
tsunami (m)	szökőár	[søkø:a:r]
ciclone (m)	ciklon	[tsiklon]
mau tempo (m)	rossz idő	[ross idø:]
incêndio (m)	tűz	[ty:z]
catástrofe (f)	katasztrófa	[kɒtɒstro:fɒ]
meteorito (m)	meteorit	[mɛtɛorit]
avalanche (f)	lavina	[lɒvinɒ]
deslizamento (m) de neve	hógörgeteg	[ho:gørgɛtɛg]
nevasca (f)	hóvihar	[ho:vihɒr]
tempestade (f) de neve	hóvihar	[ho:vihɒr]

208. Ruídos. Sons

silêncio (m)	csend	[tʃɛnd]
som (m)	hang	[hɒng]
ruído, barulho (m)	lárma	[la:rmɒ]
fazer barulho	lármázik	[la:rma:zik]
ruidoso, barulhento (adj)	lármás	[la:rma:ʃ]
alto	hangosan	[hɒŋgoʃɒn]
alto (ex. voz ~a)	hangos	[hɒŋgoʃ]
constante (ruído, etc.)	állandó	[a:llɒndo:]

grito (m)	kiáltás	[kia:lta:ʃ]
gritar (vi)	kiált	[kia:lt]
sussurro (m)	suttogás	[ʃuttoga:ʃ]
sussurrar (vi, vt)	suttog	[ʃuttog]
latido (m)	ugatás	[ugɒta:ʃ]
latir (vi)	ugat	[ugɒt]
gemido (m)	nyögés	[ɲøge:ʃ]
gemer (vi)	nyög	[ɲøg]
tosse (f)	köhögés	[køhøge:ʃ]
tossir (vi)	köhög	[køhøg]
assobio (m)	fütty	[fyc:]
assobiar (vi)	fütyül	[fycyl]
batida (f)	kopogás	[kopoga:ʃ]
bater (à porta)	kopog	[kopog]
estalar (vi)	recseg	[rɛtʃɛg]
estalido (m)	recsegés	[rɛtʃɛge:ʃ]
sirene (f)	sziréna	[sire:na]
apito (m)	síp	[ʃi:p]
apitar (vi)	sípol	[ʃi:pol]
buzina (f)	jel	[jɛl]
buzinar (vi)	jelez	[jɛlɛz]

209. Inverno

inverno (m)	tél	[te:l]
de inverno	téli	[te:li]
no inverno	télen	[te:lɛn]
neve (f)	hó	[ho:]
está nevando	havazik	[hɒvɒzik]
queda (f) de neve	hóesés	[ho:ɛʃe:ʃ]
amontoado (m) de neve	hótorlasz	[ho:torlɒs]
floco (m) de neve	hópehely	[ho:pɛhɛj]
bola (f) de neve	hógolyó	[ho:gojo:]
boneco (m) de neve	hóember	[ho:ɛmbɛr]
sincelo (m)	jégcsap	[je:gtʃɒp]
dezembro (m)	december	[dɛtsɛmbɛr]
janeiro (m)	január	[jɒnua:r]
fevereiro (m)	február	[fɛbrua:r]
gelo (m)	fagy	[fɒɟ]
gelado (tempo ~)	fagyos	[fɒɟøʃ]
abaixo de zero	fagypont alatt	[fɒɟpont ɒlɒtt]
primeira geada (f)	reggeli fagy	[rɛggɛli fɒɟ]
geada (f) branca	zúzmara	[zu:zmɒrɒ]
frio (m)	hideg	[hidɛg]

está frio	hideg van	[hidɛg vɒn]
casaco (m) de pele	bunda	[bundɒ]
mitenes (f pl)	egyujjas kesztyű	[ɛɟujjɒʃ kɛscy:]

adoecer (vi)	megbetegeskedik	[mɛgbɛtɛgɛʃkɛdik]
resfriado (m)	megfázás	[mɛgfa:za:ʃ]
ficar resfriado	megfázik	[mɛgfa:zik]

gelo (m)	jég	[je:g]
gelo (m) na estrada	jégkéreg	[je:gke:rɛg]
congelar-se (vr)	befagy	[bɛfɒɟ]
bloco (m) de gelo	jégtábla	[je:gta:blɒ]

esqui (m)	sí	[ʃi:]
esquiador (m)	síelő	[ʃi:ɛlø:]
esquiar (vi)	síel	[ʃi:ɛl]
patinar (vi)	korcsolyázik	[kɒrtʃoja:zik]

Fauna

210. Mamíferos. Predadores

predador (m)	ragadozó állat	[rɒgɒdozo: a:llɒt]
tigre (m)	tigris	[tigriʃ]
leão (m)	oroszlán	[orosla:n]
lobo (m)	farkas	[fɒrkɒʃ]
raposa (f)	róka	[ro:kɒ]

jaguar (m)	jaguár	[jɒgua:r]
leopardo (m)	leopárd	[lɛopa:rd]
chita (f)	gepárd	[gɛpa:rd]

pantera (f)	párduc	[pa:rduts]
puma (m)	puma	[pumɒ]
leopardo-das-neves (m)	hópárduc	[ho:pa:rduts]
lince (m)	hiúz	[hiu:z]

coiote (m)	prérifarkas	[pre:rifɒrkɒʃ]
chacal (m)	sakál	[ʃɒka:l]
hiena (f)	hiéna	[hie:nɒ]

211. Animais selvagens

animal (m)	állat	[a:llɒt]
besta (f)	vadállat	[vɒda:llɒt]

esquilo (m)	mókus	[mo:kuʃ]
ouriço (m)	sündisznó	[ʃyndisno:]
lebre (f)	nyúl	[ɲu:l]
coelho (m)	nyúl	[ɲu:l]

texugo (m)	borz	[borz]
guaxinim (m)	mosómedve	[moʃo:mɛdvɛ]
hamster (m)	hörcsög	[hørtʃøg]
marmota (f)	mormota	[mormotɒ]

toupeira (f)	vakond	[vɒkond]
rato (m)	egér	[ɛge:r]
ratazana (f)	patkány	[pɒtka:ɲ]
morcego (m)	denevér	[dɛnɛve:r]

arminho (m)	hermelin	[hɛrmɛlin]
zibelina (f)	coboly	[tsoboj]
marta (f)	nyuszt	[ɲust]
doninha (f)	menyét	[mɛɲe:t]
visom (m)	nyérc	[ɲe:rts]

castor (m)	hódprém	[hoːdpreːm]
lontra (f)	vidra	[vidrɒ]
cavalo (m)	ló	[loː]
alce (m)	jávorszarvas	[jaːvorsɒrvɒʃ]
veado (m)	szarvas	[sɒrvɒʃ]
camelo (m)	teve	[tɛvɛ]
bisão (m)	bölény	[bøleːɲ]
auroque (m)	európai bölény	[ɛuroːpɒj bøleːɲ]
búfalo (m)	bivaly	[bivɒj]
zebra (f)	zebra	[zɛbrɒ]
antílope (m)	antilop	[ɒntilop]
corça (f)	őz	[øːz]
gamo (m)	dámszarvas	[daːmsɒrvɒʃ]
camurça (f)	zerge	[zɛrgɛ]
javali (m)	vaddisznó	[vɒddisnoː]
baleia (f)	bálna	[baːlnɒ]
foca (f)	fóka	[foːkɒ]
morsa (f)	rozmár	[rozmaːr]
urso-marinho (m)	medvefóka	[mɛdvɛfoːkɒ]
golfinho (m)	delfin	[dɛlfin]
urso (m)	medve	[mɛdvɛ]
urso (m) polar	jegesmedve	[jɛgɛʃmɛdvɛ]
panda (m)	panda	[pɒndɒ]
macaco (m)	majom	[mɒjom]
chimpanzé (m)	csimpánz	[tʃimpaːnz]
orangotango (m)	orangután	[orɒŋgutaːn]
gorila (m)	gorilla	[gorillɒ]
macaco (m)	makákó	[mɒkaːkoː]
gibão (m)	gibbon	[gibbon]
elefante (m)	elefánt	[ɛlɛfaːnt]
rinoceronte (m)	orrszarvú	[orrsɒrvuː]
girafa (f)	zsiráf	[ʒiraːf]
hipopótamo (m)	víziló	[viːziloː]
canguru (m)	kenguru	[kɛŋguru]
coala (m)	koala	[koɒlɒ]
mangusto (m)	mongúz	[moŋguːz]
chinchila (f)	csincsilla	[tʃintʃillɒ]
cangambá (f)	bűzös borz	[byːzøʃ borz]
porco-espinho (m)	tarajos sül	[tɒrɒjoʃ ʃyl]

212. Animais domésticos

gata (f)	macska	[mɒtʃkɒ]
gato (m) macho	kandúr	[kɒnduːr]
cavalo (m)	ló	[loː]

| garanhão (m) | mén | [meːn] |
| égua (f) | kanca | [kɒntsɒ] |

vaca (f)	tehén	[tɛheːn]
touro (m)	bika	[bikɒ]
boi (m)	ökör	[økør]

ovelha (f)	juh	[juh]
carneiro (m)	kos	[koʃ]
cabra (f)	kecske	[kɛtʃkɛ]
bode (m)	bakkecske	[bɒkkɛtʃkɛ]

| burro (m) | szamár | [sɒmaːr] |
| mula (f) | öszvér | [øsveːr] |

porco (m)	disznó	[disnoː]
leitão (m)	malac	[mɒlɒts]
coelho (m)	nyúl	[ɲuːl]

| galinha (f) | tyúk | [cuːk] |
| galo (m) | kakas | [kɒkɒʃ] |

pata (f), pato (m)	kacsa	[kɒtʃɒ]
pato (m)	gácsér	[gaːtʃeːr]
ganso (m)	liba	[libɒ]

| peru (m) | pulykakakas | [pujkɒkɒkɒʃ] |
| perua (f) | pulyka | [pujkɒ] |

animais (m pl) domésticos	háziállatok	[haːzi aːllɒtok]
domesticado (adj)	szelíd	[sɛliːd]
domesticar (vt)	megszelídít	[mɛgsɛliːdiːt]
criar (vt)	tenyészt	[tɛɲeːst]

fazenda (f)	telep	[tɛlɛp]
aves (f pl) domésticas	baromfi	[bɒromfi]
gado (m)	jószág	[joːsaːg]
rebanho (m), manada (f)	nyáj	[ɲaːj]

estábulo (m)	istálló	[iʃtaːlloː]
chiqueiro (m)	disznóól	[disnoːoːl]
estábulo (m)	tehénistálló	[tɛheːniʃtaːlloː]
coelheira (f)	nyúlketrec	[ɲuːlkɛtrɛts]
galinheiro (m)	tyúkól	[cuːkoːl]

213. Cães. Raças de cães

cão (m)	kutya	[kucɒ]
cão pastor (m)	juhászkutya	[juhaːskucɒ]
poodle (m)	uszkár	[uskaːr]
linguicinha (m)	dakszli	[dɒksli]

| buldogue (m) | buldog | [buldog] |
| boxer (m) | boxer | [boksɛr] |

mastim (m)	masztiff	[mɒstiff]
rottweiler (m)	rottweiler	[rottvɛjlɛr]
dóberman (m)	dobermann	[dobɛrmɒnn]

basset (m)	Basset hound	[bɒssɛt hɒund]
pastor inglês (m)	bobtél	[bopteːl]
dálmata (m)	dalmata	[dɒlmɒtɒ]
cocker spaniel (m)	spániel	[ʃpaːniɛl]

| terra-nova (m) | újfundlandi | [uːjfundlɒdi] |
| são-bernardo (m) | bernáthegyi kutya | [bɛrnaːthɛɟi kucɒ] |

husky (m) siberiano	husky	[hɒski]
Chow-chow (m)	Csau csau	[tʃau-tʃau]
spitz alemão (m)	spicc	[ʃpits]
pug (m)	mopsz	[mops]

214. Sons produzidos pelos animais

latido (m)	ugatás	[ugɒtaːʃ]
latir (vi)	ugat	[ugɒt]
miar (vi)	nyávog	[ɲaːvog]
ronronar (vi)	dorombol	[dorombol]

mugir (vaca)	bőg	[bøːg]
bramir (touro)	bőg	[bøːg]
rosnar (vi)	morog	[morog]

uivo (m)	üvöltés	[yvølteːʃ]
uivar (vi)	üvölt	[yvølt]
ganir (vi)	szűköl	[syːkøl]

balir (vi)	béget	[beːgɛt]
grunhir (vi)	röfög	[røføg]
guinchar (vi)	visít	[viʃiːt]

coaxar (sapo)	brekeg	[brɛkɛg]
zumbir (inseto)	zümmög	[zymmøg]
ziziar (vi)	ciripel	[tsiripɛl]

215. Animais jovens

cria (f), filhote (m)	állatok kölyke	[aːllɒtok køjkɛ]
gatinho (m)	cica	[tsitsɒ]
ratinho (m)	kisegér	[kiʃɛgeːr]
cachorro (m)	kölyök	[køjøk]

filhote (m) de lebre	kisnyúl	[kiʃɲuːl]
coelhinho (m)	nyuszi	[ɲusi]
lobinho (m)	kisfarkas	[kiʃfɒrkɒʃ]
filhote (m) de raposa	kisróka	[kiʃroːkɒ]
filhote (m) de urso	bocs	[botʃ]

filhote (m) de leão	oroszlánkölyök	[orosla:n køjøk]
filhote (m) de tigre	tigriskölyök	[tigriʃ køjøk]
filhote (m) de elefante	kiselefánt	[kiʃɛlɛfa:nt]

leitão (m)	malac	[mɒlɒts]
bezerro (m)	borjú	[borju:]
cabrito (m)	gida	[gidɒ]
cordeiro (m)	kisbárány	[kiʃba:ra:ɲ]
filhote (m) de veado	szarvasborjú	[sɒrvɒʃborju:]
cria (f) de camelo	kisteve	[kiʃtɛvɛ]

| filhote (m) de serpente | kis kígyó | [kiʃ ki:ɟo:] |
| filhote (m) de rã | békácska | [be:ka:tʃkɒ] |

cria (f) de ave	madárfióka	[mɒda:rfio:kɒ]
pinto (m)	csibe	[tʃibɛ]
patinho (m)	kiskacsa	[kiʃkɒtʃɒ]

216. Pássaros

pássaro (m), ave (f)	madár	[mɒda:r]
pombo (m)	galamb	[gɒlɒmb]
pardal (m)	veréb	[vɛre:b]
chapim-real (m)	cinke	[tsiŋkɛ]
pega-rabuda (f)	szarka	[sɒrkɒ]

corvo (m)	holló	[hollo:]
gralha-cinzenta (f)	varjú	[vɒrju:]
gralha-de-nuca-cinzenta (f)	csóka	[tʃo:kɒ]
gralha-calva (f)	vetési varjú	[vɛte:ʃi vɒrju:]

pato (m)	kacsa	[kɒtʃɒ]
ganso (m)	liba	[libɒ]
faisão (m)	fácán	[fa:tsa:n]

águia (f)	sas	[ʃɒʃ]
açor (m)	héja	[he:jɒ]
falcão (m)	sólyom	[ʃo:jom]
abutre (m)	griff	[griff]
condor (m)	kondor	[kondor]

cisne (m)	hattyú	[hɒc:u:]
grou (m)	daru	[dɒru]
cegonha (f)	gólya	[go:jɒ]

papagaio (m)	papagáj	[pɒpɒga:j]
beija-flor (m)	kolibri	[kolibri]
pavão (m)	páva	[pa:vɒ]

avestruz (m)	strucc	[ʃtruts]
garça (f)	kócsag	[ko:tʃɒg]
flamingo (m)	flamingó	[flɒmiŋgo:]
pelicano (m)	pelikán	[pɛlika:n]
rouxinol (m)	fülemüle	[fylɛmylɛ]

andorinha (f)	fecske	[fɛtʃkɛ]
tordo-zornal (m)	rigó	[rigo:]
tordo-músico (m)	énekes rigó	[e:nɛkɛʃ rigo:]
melro-preto (m)	fekete rigó	[fɛkɛtɛ rigo:]
andorinhão (m)	sarlós fecske	[ʃɒrlo:ʃ fɛtʃkɛ]
cotovia (f)	pacsirta	[pɒtʃirtɒ]
codorna (f)	fürj	[fyrj]
pica-pau (m)	harkály	[hɒrka:j]
cuco (m)	kakukk	[kɒkukk]
coruja (f)	bagoly	[bɒgoj]
bufo-real (m)	fülesbagoly	[fylɛʃbɒgoj]
tetraz-grande (m)	süketfajd	[ʃykɛtfɒjd]
tetraz-lira (m)	nyírfajd	[ɲi:rfɒjd]
perdiz-cinzenta (f)	fogoly	[fogoj]
estorninho (m)	seregély	[ʃɛrɛge:j]
canário (m)	kanári	[kɒna:ri]
galinha-do-mato (f)	császármadár	[tʃa:sa:rmɒda:r]
tentilhão (m)	erdei pinty	[ɛrdɛi piɲc]
dom-fafe (m)	pirók	[piro:k]
gaivota (f)	sirály	[ʃira:j]
albatroz (m)	albatrosz	[ɒlbɒtros]
pinguim (m)	pingvin	[piŋgvin]

217. Pássaros. Canto e sons

cantar (vi)	énekel	[e:nɛkɛl]
gritar, chamar (vi)	kiabál	[kiɒba:l]
cantar (o galo)	kukorékol	[kukore:kol]
cocorocó (m)	kukurikú	[kukuriku:]
cacarejar (vi)	kotkodácsol	[kotkoda:tʃol]
crocitar (vi)	károg	[ka:rog]
grasnar (vi)	hápog	[ha:pog]
piar (vi)	csipog	[tʃipog]
chilrear, gorjear (vi)	csiripel	[tʃiripɛl]

218. Peixes. Animais marinhos

brema (f)	dévérkeszeg	[de:ve:rkɛsɛg]
carpa (f)	ponty	[poɲc]
perca (f)	folyami sügér	[fojɒmi ʃyge:r]
siluro (m)	harcsa	[hɒrtʃɒ]
lúcio (m)	csuka	[tʃukɒ]
salmão (m)	lazac	[lɒzɒts]
esturjão (m)	tokhal	[tokhɒl]
arenque (m)	hering	[hɛriŋg]
salmão (m) do Atlântico	lazac	[lɒzɒts]

cavala, sarda (f)	makréla	[mɒkreːlɒ]
solha (f), linguado (m)	lepényhal	[lɛpeːɲhɒl]
lúcio perca (m)	fogas	[fogɒʃ]
bacalhau (m)	tőkehal	[tøːkɛhɒl]
atum (m)	tonhal	[tonhɒl]
truta (f)	pisztráng	[pistraːŋg]
enguia (f)	angolna	[ɒŋgolnɒ]
raia (f) elétrica	villamos rája	[villɒmoʃ raːjɒ]
moreia (f)	muréna	[mureːnɒ]
piranha (f)	pirája	[piraːjɒ]
tubarão (m)	cápa	[tsaːpɒ]
golfinho (m)	delfin	[dɛlfin]
baleia (f)	bálna	[baːlnɒ]
caranguejo (m)	tarisznyarák	[tɒrisɲɒraːk]
água-viva (f)	medúza	[mɛduːzɒ]
polvo (m)	nyolckarú polip	[ɲoltskɒruː polip]
estrela-do-mar (f)	tengeri csillag	[tɛŋgɛri tʃillog]
ouriço-do-mar (m)	tengeri sün	[tɛŋgɛri ʃyn]
cavalo-marinho (m)	tengeri csikó	[tɛŋgɛri tʃikoː]
ostra (f)	osztriga	[ostrigɒ]
camarão (m)	garnélarák	[gɒrneːlɒraːk]
lagosta (f)	homár	[homaːr]
lagosta (f)	languszta	[lɒŋgustɒ]

219. Anfíbios. Répteis

cobra (f)	kígyó	[kiːɟøː]
venenoso (adj)	mérges	[meːrgɛʃ]
víbora (f)	vipera	[vipɛrɒ]
naja (f)	kobra	[kobrɒ]
píton (m)	piton	[piton]
jiboia (f)	boa	[boɒ]
cobra-de-água (f)	sikló	[ʃikloː]
cascavel (f)	csörgőkígyó	[tʃørgøːkiɟøː]
anaconda (f)	anakonda	[ɒnɒkondɒ]
lagarto (m)	gyík	[ɟiːk]
iguana (f)	leguán	[lɛguaːn]
varano (m)	varánusz	[vɒraːnus]
salamandra (f)	szalamandra	[sɒlomɒndrɒ]
camaleão (m)	kaméleon	[kɒmeːlɛon]
escorpião (m)	skorpió	[ʃkorpioː]
tartaruga (f)	teknősbéka	[tɛknøːʃbeːkɒ]
rã (f)	béka	[beːkɒ]
sapo (m)	varangy	[vɒrɒɲɟ]
crocodilo (m)	krokodil	[krokodil]

220. Insetos

Português	Húngaro	IPA
inseto (m)	rovar	[rovɒr]
borboleta (f)	lepke	[lɛpkɛ]
formiga (f)	hangya	[hɒɲɟɒ]
mosca (f)	légy	[le:ɟ]
mosquito (m)	szúnyog	[su:nøg]
escaravelho (m)	bogár	[boga:r]
vespa (f)	darázs	[dɒra:ʒ]
abelha (f)	méh	[me:h]
mamangaba (f)	poszméh	[pɒsme:h]
moscardo (m)	bögöly	[bøgøj]
aranha (f)	pók	[po:k]
teia (f) de aranha	pókháló	[po:kha:lo:]
libélula (f)	szitakötő	[sitɒkøtø:]
gafanhoto (m)	tücsök	[tytʃøk]
traça (f)	pillangó	[pillɒŋgo:]
barata (f)	svábbogár	[ʃva:bboga:r]
carrapato (m)	kullancs	[kullɒntʃ]
pulga (f)	bolha	[bolhɒ]
borrachudo (m)	muslica	[muʃlitsɒ]
gafanhoto (m)	sáska	[ʃa:ʃkɒ]
caracol (m)	csiga	[tʃigɒ]
grilo (m)	tücsök	[tytʃøk]
pirilampo, vaga-lume (m)	szentjánosbogár	[sɛntja:noʃboga:r]
joaninha (f)	katicabogár	[kɒtitsɒboga:r]
besouro (m)	cserebogár	[tʃɛrɛboga:r]
sanguessuga (f)	pióca	[pio:tsɒ]
lagarta (f)	hernyó	[hɛrnø:]
minhoca (f)	kukac	[kukɒts]
larva (f)	lárva	[la:rvɒ]

221. Animais. Partes do corpo

Português	Húngaro	IPA
bico (m)	csőr	[tʃø:r]
asas (f pl)	szárnyak	[sa:rɲɒk]
pata (f)	láb	[la:b]
plumagem (f)	tollazat	[tollɒzɒt]
pena, pluma (f)	toll	[toll]
crista (f)	bóbita	[bo:bitɒ]
brânquias, guelras (f pl)	kopoltyúk	[kopolcu:k]
ovas (f pl)	halikra	[hɒlikrɒ]
larva (f)	lárva	[la:rvɒ]
barbatana (f)	uszony	[usoɲ]
escama (f)	pikkely	[pikkɛj]
presa (f)	agyar	[ɒɟor]

pata (f)	mancs	[mɒntʃ]
focinho (m)	pofa	[pofɒ]
boca (f)	torok	[torok]
cauda (f), rabo (m)	farok	[fɒrok]
bigodes (m pl)	bajusz	[bɒjus]

| casco (m) | pata | [pɒtɒ] |
| corno (m) | szarv | [sɒrv] |

carapaça (f)	páncél	[pa:ntse:l]
concha (f)	kagyló	[kɒɟlo:]
casca (f) de ovo	héj	[he:j]

| pelo (m) | szőr | [sø:r] |
| pele (f), couro (m) | bőr | [bø:r] |

222. Ações dos animais

voar (vi)	repül	[rɛpyl]
dar voltas	kering	[kɛriŋg]
voar (para longe)	elrepül	[ɛlrɛpyl]
bater as asas	csapkod	[tʃɒpkod]

bicar (vi)	csíp	[tʃi:p]
incubar (vt)	kikölti a tojást	[kikøti ɒ toja:ʃt]
sair do ovo	kibújik	[kibu:jik]
fazer o ninho	fészket rak	[fe:skɛt rɒk]

rastejar (vi)	mászik	[ma:sik]
picar (vt)	szúr	[su:r]
morder (cachorro, etc.)	harap	[hɒrɒp]

cheirar (vt)	szagol	[sɒgol]
latir (vi)	ugat	[ugɒt]
silvar (vi)	sziszeg	[sisɛg]
assustar (vt)	ijesztget	[ijɛstgɛt]
atacar (vt)	támad	[ta:mɒd]

roer (vt)	rág	[ra:g]
arranhar (vt)	kapar	[kɒpɒr]
esconder-se (vr)	elbújik	[ɛlbu:jik]

brincar (vi)	játszik	[ja:tsik]
caçar (vi)	vadászik	[vɒda:sik]
hibernar (vi)	téli álomban van	[te:li a:lombɒn vɒn]
extinguir-se (vr)	kihal	[kihɒl]

223. Animais. Habitats

hábitat (m)	lakókörnyezet	[lɒko: kørnɛzɛt]
migração (f)	vándorlás	[va:ndorla:ʃ]
montanha (f)	hegy	[hɛɟ]

recife (m)	szirt	[sirt]
falésia (f)	szikla	[siklɒ]

floresta (f)	erdő	[ɛrdøː]
selva (f)	dzsungel	[dʒuŋgɛl]
savana (f)	szavanna	[sɒvɒnnɒ]
tundra (f)	tundra	[tundrɒ]

estepe (f)	sztyepp	[scɛpp]
deserto (m)	sivatag	[ʃivɒtɒg]
oásis (m)	oázis	[oaːziʃ]

mar (m)	tenger	[tɛŋgɛr]
lago (m)	tó	[toː]
oceano (m)	óceán	[oːtsɛaːn]

pântano (m)	mocsár	[motʃaːr]
de água doce	édesvízi	[eːdɛʃviːzi]
lagoa (f)	tó	[toː]
rio (m)	folyó	[fojoː]

toca (f) do urso	medvebarlang	[mɛdvɛ bɒrlɒŋg]
ninho (m)	fészek	[feːsɛk]
buraco (m) de árvore	odú	[oduː]
toca (f)	üreg	[yrɛg]
formigueiro (m)	hangyaboly	[hɒɲɒboj]

224. Cuidados com os animais

jardim (m) zoológico	állatkert	[aːllɒt kɛrt]
reserva (f) natural	természetvédelmi terület	[tɛrmeːsɛtveːdɛlmi tɛrylɛt]

viveiro (m)	tenyésztés	[tɛneːsteːs]
jaula (f) de ar livre	szabad kifutó	[sɒbɒd kifutoː]
jaula, gaiola (f)	ketrec	[kɛtrɛts]
casinha (f) de cachorro	kutyaól	[kucɒ oːl]

pombal (m)	galambdúc	[gɒlɒmb duːts]
aquário (m)	akvárium	[ɒkvaːrium]
delfinário (m)	delfinárium	[dɛlfinaːrium]

criar (vt)	tenyészt	[tɛneːst]
cria (f)	utódok	[utoːdok]
domesticar (vt)	szelídít	[sɛliːdiːt]
adestrar (vt)	idomít	[idomiːt]

ração (f)	takarmány	[tɒkɒrmaːɲ]
alimentar (vt)	etet	[ɛtɛt]

loja (f) de animais	állatkereskedés	[aːllɒt kɛrɛʃkɛdeːʃ]
focinheira (m)	szájkosár	[saːjkoʃaːr]
coleira (f)	nyakörv	[ɲɒkørv]
nome (do animal)	becenév	[bɛtsɛneːv]
pedigree (m)	családfa	[tʃɒlaːdfɒ]

225. Animais. Diversos

alcateia (f)	raj	[rɒj]
bando (pássaros)	falka	[fɒlkɒ]
cardume (peixes)	raj	[rɒj]
manada (cavalos)	csorda	[tʃordɒ]
macho (m)	hím	[hi:m]
fêmea (f)	nőstény	[nø:ʃte:ɲ]
faminto (adj)	éhes	[e:hɛʃ]
selvagem (adj)	vad	[vɒd]
perigoso (adj)	veszélyes	[vɛse:jɛʃ]

226. Cavalos

raça (f)	fajta	[fɒjtɒ]
potro (m)	csikó	[tʃiko:]
égua (f)	kanca	[kɒntsɒ]
mustangue (m)	musztáng	[musta:ng]
pônei (m)	póni	[po:ni]
cavalo (m) de tiro	igásló	[iga:ʃlo:]
crina (f)	sörény	[ʃøre:ɲ]
rabo (m)	farok	[fɒrok]
casco (m)	pata	[pɒtɒ]
ferradura (f)	patkó	[pɒtko:]
ferrar (vt)	megpatkol	[mɛgpɒtkol]
ferreiro (m)	kovács	[kova:tʃ]
sela (f)	nyereg	[ɲɛrɛg]
estribo (m)	kengyel	[kɛɲɟɛl]
brida (f)	kantár	[kɒnta:r]
rédeas (f pl)	gyeplő	[ɟɛplø:]
chicote (m)	ostor	[oʃtor]
cavaleiro (m)	lovas	[lovɒʃ]
colocar sela	nyergel	[ɲɛrgɛl]
montar no cavalo	felnyergel	[fɛlɲɛrgɛl]
galope (m)	vágta	[va:gtɒ]
galopar (vi)	vágtat	[va:gtɒt]
trote (m)	ügetés	[ygɛte:ʃ]
a trote	ügetve	[ygɛtvɛ]
cavalo (m) de corrida	versenyló	[vɛrʃɛɲlo:]
corridas (f pl)	lóverseny	[lo:vɛrʃɛɲ]
estábulo (m)	istálló	[iʃta:llo:]
alimentar (vt)	etet	[ɛtɛt]
feno (m)	széna	[se:nɒ]

dar água	**itat**	[itɒt]
limpar (vt)	**lecsutakol**	[lɛtʃutakol]
carroça (f)	**szekér**	[sɛkeːr]
pastar (vi)	**legel**	[lɛgɛl]
relinchar (vi)	**nyerít**	[ɲɛriːt]
dar um coice	**rúg**	[ruːg]

Flora

227. Árvores

árvore (f)	fa	[fɒ]
decídua (adj)	lombos	[lomboʃ]
conífera (adj)	tűlevelű	[ty:lɛvɛly:]
perene (adj)	örökzöld	[ørøgzøld]

macieira (f)	almafa	[ɒlmɒfɒ]
pereira (f)	körte	[kørtɛ]
cerejeira (f)	cseresznyefa	[ʧɛrɛsnɛfɒ]
ginjeira (f)	meggyfa	[mɛɟfɒ]
ameixeira (f)	szilvafa	[silvɒfɒ]

bétula (f)	nyírfa	[ɲi:rfɒ]
carvalho (m)	tölgy	[tølɟ]
tília (f)	hársfa	[ha:rʃfɒ]
choupo-tremedor (m)	rezgő nyár	[rɛzgø: ɲa:r]
bordo (m)	jávorfa	[ja:vorfɒ]
espruce (m)	lucfenyő	[lutsfɛɲø:]
pinheiro (m)	erdei fenyő	[ɛrdɛi fɛɲø:]
alerce, lariço (m)	vörösfenyő	[vørøʃfɛɲø:]
abeto (m)	jegenyefenyő	[jɛgɛnɛfɛɲø:]
cedro (m)	cédrus	[tse:druʃ]

choupo, álamo (m)	nyárfa	[ɲa:rfɒ]
tramazeira (f)	berkenye	[bɛrkɛnɛ]
salgueiro (m)	fűzfa	[fy:zfɒ]
amieiro (m)	égerfa	[ɛge:rfɒ]
faia (f)	bükkfa	[bykkfɒ]
ulmeiro, olmo (m)	szilfa	[silfɒ]
freixo (m)	kőrisfa	[kø:riʃfɒ]
castanheiro (m)	gesztenye	[gɛstɛnɛ]

magnólia (f)	magnólia	[mɒgno:liɒ]
palmeira (f)	pálma	[pa:lmɒ]
cipreste (m)	ciprusfa	[tsipruʃfɒ]

mangue (m)	mangrove	[mɒŋgrov]
embondeiro, baobá (m)	Majomkenyérfa	[mɒjomkɛnɛ:rfɒ]
eucalipto (m)	eukaliptusz	[ɛukɒliptus]
sequoia (f)	mamutfenyő	[mɒmutfɛɲø:]

228. Arbustos

arbusto (m)	bokor	[bokor]
arbusto (m), moita (f)	cserje	[ʧɛrjɛ]

| videira (f) | szőlő | [søːløː] |
| vinhedo (m) | szőlőskert | [søːløːʃkɛrt] |

framboeseira (f)	málna	[maːlnɒ]
groselheira-vermelha (f)	ribizli	[ribizli]
groselheira (f) espinhosa	egres	[ɛgrɛʃ]

acácia (f)	akácfa	[ɒkaːtsfɒ]
bérberis (f)	sóskaborbolya	[ʃoːʃkɒ borbojɒ]
jasmim (m)	jázmin	[jaːzmin]

junípero (m)	boróka	[boroːkɒ]
roseira (f)	rózsabokor	[roːʒɒ bokor]
roseira (f) brava	vadrózsa	[vɒdroːʒɒ]

229. Cogumelos

cogumelo (m)	gomba	[gombɒ]
cogumelo (m) comestível	ehető gomba	[ɛhɛtøː gombɒ]
cogumelo (m) venenoso	mérges gomba	[meːrgɛʃ gombɒ]
chapéu (m)	kalap	[kɒlɒp]
pé, caule (m)	tönk	[tøŋk]

boleto, porcino (m)	ízletes vargánya	[iːzlɛtɛʃ vɒrgaːɲɒ]
boleto (m) alaranjado	vörös érdesnyelű tinóru	[vørøʃ eːrdɛʃnɛlyː tinoruː]
boleto (m) de bétula	barna érdestinóru	[bɒrnɒ eːrdɛʃtinoːru]
cantarelo (m)	rókagomba	[roːkɒgombɒ]
rússula (f)	galambgomba	[gɒlɒmbgombɒ]

morchella (f)	kucsmagomba	[kutʃmɒgombɒ]
agário-das-moscas (m)	légyölő gomba	[leːɟøløː gombɒ]
cicuta (f) verde	mérges gomba	[meːrgɛʃ gombɒ]

230. Frutos. Bagas

maçã (f)	alma	[ɒlmɒ]
pera (f)	körte	[kørtɛ]
ameixa (f)	szilva	[silvɒ]

morango (m)	eper	[ɛpɛr]
ginja (f)	meggy	[mɛdɟ]
cereja (f)	cseresznye	[tʃɛrɛsɲɛ]
uva (f)	szőlő	[søːløː]

framboesa (f)	málna	[maːlnɒ]
groselha (f) negra	feketeribizli	[fɛkɛtɛ ribizli]
groselha (f) vermelha	pirosribizli	[piroʃribizli]
groselha (f) espinhosa	egres	[ɛgrɛʃ]
oxicoco (m)	áfonya	[aːfoɲɒ]

| laranja (f) | narancs | [nɒrɒntʃ] |
| tangerina (f) | mandarin | [mɒndɒrin] |

abacaxi (m)	ananász	[ɒnɒnaːs]
banana (f)	banán	[bɒnaːn]
tâmara (f)	datolya	[dɒtojɒ]
limão (m)	citrom	[tsitrom]
damasco (m)	sárgabarack	[ʃaːrgɒbɒrɒtsk]
pêssego (m)	őszibarack	[øːsibɒrɒtsk]
quiuí (m)	kivi	[kivi]
toranja (f)	citrancs	[tsitrɒntʃ]
baga (f)	bogyó	[bojøː]
bagas (f pl)	bogyók	[bojøːk]
arando (m) vermelho	vörös áfonya	[vørøʃ aːfoɲɒ]
morango-silvestre (m)	szamóca	[sɒmoːtsɒ]
mirtilo (m)	fekete áfonya	[fɛkɛtɛ aːfoɲɒ]

231. Flores. Plantas

flor (f)	virág	[viraːg]
buquê (m) de flores	csokor	[tʃokor]
rosa (f)	rózsa	[roːʒɒ]
tulipa (f)	tulipán	[tulipaːn]
cravo (m)	szegfű	[sɛgfyː]
gladíolo (m)	gladiólusz	[glɒdioːlus]
centáurea (f)	búzavirág	[buːzɒviraːg]
campainha (f)	harangvirág	[hɒrɒŋgviraːg]
dente-de-leão (m)	pitypang	[picpɒŋg]
camomila (f)	kamilla	[kɒmillɒ]
aloé (m)	aloé	[ɒloeː]
cacto (m)	kaktusz	[kɒktus]
fícus (m)	gumifa	[gumifɒ]
lírio (m)	liliom	[liliom]
gerânio (m)	muskátli	[muʃkaːtli]
jacinto (m)	jácint	[jaːtsint]
mimosa (f)	mimóza	[mimoːzɒ]
narciso (m)	nárcisz	[naːrtsis]
capuchinha (f)	sarkantyúvirág	[ʃɒrkɒɲcuːviraːg]
orquídea (f)	orchidea	[orhidɛɒ]
peônia (f)	pünkösdi rózsa	[pyŋkøʃdi roːʒɒ]
violeta (f)	ibolya	[ibojɒ]
amor-perfeito (m)	árvácska	[aːrvaːrtʃkɒ]
não-me-esqueças (m)	nefelejcs	[nɛfɛlɛjtʃ]
margarida (f)	százszorszép	[saːzsorseːp]
papoula (f)	mák	[maːk]
cânhamo (m)	kender	[kɛndɛr]
hortelã, menta (f)	menta	[mɛntɒ]

lírio-do-vale (m)	gyöngyvirág	[døɲɟviraːg]
campânula-branca (f)	hóvirág	[hoːviraːg]
urtiga (f)	csalán	[tʃɒlaːn]
azedinha (f)	sóska	[ʃoːʃkɒ]
nenúfar (m)	tündérrózsa	[tyndeːrroːʒɒ]
samambaia (f)	páfrány	[paːfraːɲ]
líquen (m)	sömör	[ʃømør]
estufa (f)	melegház	[mɛlɛkhaːz]
gramado (m)	gyep	[ɟɛp]
canteiro (m) de flores	virágágy	[viraːgaːɟ]
planta (f)	növény	[nøveːɲ]
grama (f)	fű	[fyː]
folha (f) de grama	fűszál	[fyːsaːl]
folha (f)	levél	[lɛveːl]
pétala (f)	szirom	[sirom]
talo (m)	szár	[saːr]
tubérculo (m)	gumó	[gumoː]
broto, rebento (m)	hajtás	[hɒjtaːʃ]
espinho (m)	tüske	[tyʃkɛ]
florescer (vi)	virágzik	[viraːgzik]
murchar (vi)	elhervad	[ɛlhɛrvɒd]
cheiro (m)	illat	[illɒt]
cortar (flores)	lemetsz	[lɛmɛts]
colher (uma flor)	leszakít	[lɛsɒkiːt]

232. Cereais, grãos

grão (m)	gabona	[gɒbonɒ]
cereais (plantas)	gabonanövény	[gɒbonɒnøveːɲ]
espiga (f)	kalász	[kɒlaːs]
trigo (m)	búza	[buːzɒ]
centeio (m)	rozs	[roʒ]
aveia (f)	zab	[zɒb]
painço (m)	köles	[kølɛʃ]
cevada (f)	árpa	[aːrpɒ]
milho (m)	kukorica	[kukoritsɒ]
arroz (m)	rizs	[riʒ]
trigo-sarraceno (m)	hajdina	[hɒjdinɒ]
ervilha (f)	borsó	[borʃoː]
feijão (m) roxo	bab	[bɒb]
soja (f)	szója	[soːjɒ]
lentilha (f)	lencse	[lɛntʃɛ]
feijão (m)	bab	[bɒb]

233. Vegetais. Verduras

vegetais (m pl)	zöldségek	[zøldʃeːgɛk]
verdura (f)	zöldség	[zøldʃeːg]

tomate (m)	paradicsom	[pɒrɒditʃom]
pepino (m)	uborka	[uborkɒ]
cenoura (f)	sárgarépa	[ʃaːrgɒreːpɒ]
batata (f)	krumpli	[krumpli]
cebola (f)	hagyma	[hɒɟmɒ]
alho (m)	fokhagyma	[fokhɒɟmɒ]

couve (f)	káposzta	[kaːpostɒ]
couve-flor (f)	karfiol	[kɒrfiol]
couve-de-bruxelas (f)	kelbimbó	[kɛlbimboː]

beterraba (f)	cékla	[tseːklɒ]
berinjela (f)	padlizsán	[pɒdliʒaːn]
abobrinha (f)	cukkini	[tsukkini]
abóbora (f)	tök	[tøk]
nabo (m)	répa	[reːpɒ]

salsa (f)	petrezselyem	[pɛtrɛʒɛjɛm]
endro, aneto (m)	kapor	[kɒpor]
alface (f)	saláta	[ʃɒlaːtɒ]
aipo (m)	zeller	[zɛllɛr]
aspargo (m)	spárga	[ʃpaːrgɒ]
espinafre (m)	spenót	[ʃpɛnoːt]

ervilha (f)	borsó	[borʃoː]
feijão (~ soja, etc.)	bab	[bɒb]
milho (m)	kukorica	[kukoritsɒ]
feijão (m) roxo	bab	[bɒb]

pimentão (m)	paprika	[pɒprikɒ]
rabanete (m)	hónapos retek	[hoːnɒpoʃ rɛtɛk]
alcachofra (f)	articsóka	[ɒrtitʃoːkɒ]

GEOGRAFIA REGIONAL

Países. Nacionalidades

234. Europa Ocidental

Europa (f)	Európa	[ɛuroːpɒ]
União (f) Europeia	Európai Unió	[ɛuroːpɒi unioː]
europeu (m)	európai	[ɛuroːpɒi]
europeu (adj)	európai	[ɛuroːpɒi]

Áustria (f)	Ausztria	[ɒustriɒ]
austríaco (m)	osztrák	[ostraːk]
austríaca (f)	osztrák nő	[ostraːk nøː]
austríaco (adj)	osztrák	[ostraːk]

Grã-Bretanha (f)	NagyBritannia	[nɒɟbritɒɲiɒ]
Inglaterra (f)	Anglia	[ɒngliɒ]
inglês (m)	angol	[ɒŋgol]
inglesa (f)	angol nő	[ɒŋgol nøː]
inglês (adj)	angol	[ɒŋgol]

Bélgica (f)	Belgium	[bɛlgium]
belga (m)	belga	[bɛlgɒ]
belga (f)	belga nő	[bɛlgɒ nøː]
belga (adj)	belga	[bɛlgɒ]

Alemanha (f)	Németország	[neːmɛtorsaːg]
alemão (m)	német	[neːmɛt]
alemã (f)	német nő	[neːmɛt nøː]
alemão (adj)	német	[neːmɛt]

Países Baixos (m pl)	Németalföld	[neːmɛtɒlføld]
Holanda (f)	Hollandia	[hollɒndiɒ]
holandês (m)	holland	[hollɒnd]
holandesa (f)	holland nő	[hollɒnd nøː]
holandês (adj)	holland	[hollɒnd]

Grécia (f)	Görögország	[gørøgorsaːg]
grego (m)	görög	[gørøg]
grega (f)	görög nő	[gørøg nøː]
grego (adj)	görög	[gørøg]

Dinamarca (f)	Dánia	[daːniɒ]
dinamarquês (m)	dán	[daːn]
dinamarquesa (f)	dán nő	[daːn nøː]
dinamarquês (adj)	dán	[daːn]
Irlanda (f)	Írország	[iːrorsaːg]
irlandês (m)	ír	[iːr]

irlandesa (f)	ír nő	[i:r nø:]
irlandês (adj)	ír	[i:r]
Islândia (f)	Izland	[izlɒnd]
islandês (m)	izlandi	[izlɒndi]
islandesa (f)	izlandi nő	[izlɒndi nø:]
islandês (adj)	izlandi	[izlɒndi]
Espanha (f)	Spanyolország	[ʃpɒɲolorsa:g]
espanhol (m)	spanyol	[ʃpɒɲol]
espanhola (f)	spanyol nő	[ʃpɒɲol nø:]
espanhol (adj)	spanyol	[ʃpɒɲol]
Itália (f)	Olaszország	[olɒsorsa:g]
italiano (m)	olasz	[olɒs]
italiana (f)	olasz nő	[olɒs nø:]
italiano (adj)	olasz	[olɒs]
Chipre (m)	Ciprus	[tsipruʃ]
cipriota (m)	ciprusi	[tsipruʃi]
cipriota (f)	ciprusi nő	[tsipruʃi nø:]
cipriota (adj)	ciprusi	[tsipruʃi]
Malta (f)	Málta	[ma:ltɒ]
maltês (m)	máltai	[ma:ltɒi]
maltesa (f)	máltai nő	[ma:ltɒi nø:]
maltês (adj)	máltai	[ma:ltɒi]
Noruega (f)	Norvégia	[norve:giɒ]
norueguês (m)	norvég	[norve:g]
norueguesa (f)	norvég nő	[norve:g nø:]
norueguês (adj)	norvég	[norve:g]
Portugal (m)	Portugália	[portuga:liɒ]
português (m)	portugál	[portuga:l]
portuguesa (f)	portugál nő	[portuga:l nø:]
português (adj)	portugál	[portuga:l]
Finlândia (f)	Finnország	[finnorsa:g]
finlandês (m)	finn	[finn]
finlandesa (f)	finn nő	[finn nø:]
finlandês (adj)	finn	[finn]
França (f)	Franciaország	[frɒntsiɒorsa:g]
francês (m)	francia	[frɒntsiɒ]
francesa (f)	francia nő	[frɒntsiɒ nø:]
francês (adj)	francia	[frɒntsiɒ]
Suécia (f)	Svédország	[ʃve:dorsa:g]
sueco (m)	svéd	[ʃve:d]
sueca (f)	svéd nő	[ʃve:d nø:]
sueco (adj)	svéd	[ʃve:d]
Suíça (f)	Svájc	[ʃva:jts]
suíço (m)	svájc	[ʃva:jts]
suíça (f)	svájc nő	[ʃva:jts nø:]

suíço (adj)	svájci	[ʃva:jtsi]
Escócia (f)	Skócia	[ʃko:tsiɒ]
escocês (m)	skót	[ʃko:t]
escocesa (f)	skót nő	[ʃko:t nø:]
escocês (adj)	skót	[ʃko:t]
Vaticano (m)	Vatikán	[vɒtika:n]
Liechtenstein (m)	Liechtenstein	[lihtɛnʃtɒjn]
Luxemburgo (m)	Luxemburg	[luksɛmburg]
Mônaco (m)	Monaco	[monɒko]

235. Europa Central e de Leste

Albânia (f)	Albánia	[ɒlba:niɒ]
albanês (m)	albán	[ɒlba:n]
albanesa (f)	albán nő	[ɒlba:n nø:]
albanês (adj)	albán	[ɒlba:n]
Bulgária (f)	Bulgária	[bulga:riɒ]
búlgaro (m)	bolgár	[bolga:r]
búlgara (f)	bolgár nő	[bolga:r nø:]
búlgaro (adj)	bolgár	[bolga:r]
Hungria (f)	Magyarország	[mɒɟɒrorsa:g]
húngaro (m)	magyar	[mɒɟɒr]
húngara (f)	magyar nő	[mɒɟɒr nø:]
húngaro (adj)	magyar	[mɒɟɒr]
Letônia (f)	Lettország	[lɛttorsa:g]
letão (m)	lett	[lɛtt]
letã (f)	lett nő	[lɛtt nø:]
letão (adj)	lett	[lɛtt]
Lituânia (f)	Litvánia	[litva:niɒ]
lituano (m)	litván	[litva:n]
lituana (f)	litván nő	[litva:n nø:]
lituano (adj)	litván	[litva:n]
Polônia (f)	Lengyelország	[lɛɲɟɛlorsa:g]
polonês (m)	lengyel	[lɛɲɟɛl]
polonesa (f)	lengyel nő	[lɛɲɟɛl nø:]
polonês (adj)	lengyel	[lɛɲɟɛl]
Romênia (f)	Románia	[roma:niɒ]
romeno (m)	román	[roma:n]
romena (f)	román nő	[roma:n nø:]
romeno (adj)	román	[roma:n]
Sérvia (f)	Szerbia	[sɛrbiɒ]
sérvio (m)	szerb	[sɛrb]
sérvia (f)	szerb nő	[sɛrb nø:]
sérvio (adj)	szerb	[sɛrb]
Eslováquia (f)	Szlovákia	[slova:kiɒ]
eslovaco (m)	szlovák	[slova:k]

| eslovaca (f) | szlovák nő | [slovaːk nøː] |
| eslovaco (adj) | szlovák | [slovaːk] |

Croácia (f)	Horvátország	[horvaːtorsaːg]
croata (m)	horvát	[horvaːt]
croata (f)	horvát nő	[horvaːt nøː]
croata (adj)	horvát	[horvaːt]

República (f) Checa	Csehország	[tʃɛorsaːg]
checo (m)	cseh	[tʃɛ]
checa (f)	cseh nő	[tʃɛ nøː]
checo (adj)	cseh	[tʃɛ]

Estônia (f)	Észtország	[eːstorsaːg]
estônio (m)	észt	[eːst]
estônia (f)	észt nő	[eːst nøː]
estônio (adj)	észt	[eːst]

Bósnia e Herzegovina (f)	Bosznia és Hercegovina	[bosniɒ eːʃ hɛntsɛgovinɒ]
Macedônia (f)	Macedónia	[mɒtsɛdoːniɒ]
Eslovênia (f)	Szlovénia	[sloveːniɒ]
Montenegro (m)	Montenegró	[montɛnɛgroː]

236. Países da ex-URSS

Azerbaijão (m)	Azerbajdzsán	[ɒzɛrbɒjdʒaːn]
azeri (m)	azerbajdzsán	[ɒzɛrbɒjdʒaːn]
azeri (f)	azerbajdzsán nő	[ɒzɛrbɒjdʒaːn nøː]
azeri, azerbaijano (adj)	azerbajdzsán	[ɒzɛrbɒjdʒaːn]

Armênia (f)	Örményország	[ørmeːɲorsaːg]
armênio (m)	örmény	[ørmeːɲ]
armênia (f)	örmény nő	[ørmeːɲ nøː]
armênio (adj)	örmény	[ørmeːɲ]

Belarus	Fehéroroszország	[fɛheːrorosorsaːg]
bielorrusso (m)	belorusz	[bɛlorus]
bielorrussa (f)	belorusz nő	[bɛlorus nøː]
bielorrusso (adj)	belorusz	[bɛlorus]

Geórgia (f)	Grúzia	[gruːziɒ]
georgiano (m)	grúz	[gruːz]
georgiana (f)	grúz nő	[gruːz nøː]
georgiano (adj)	grúz	[gruːz]

Cazaquistão (m)	Kazahsztán	[kɒzɒhstaːn]
cazaque (m)	kazah	[kɒzɒh]
cazaque (f)	kazah nő	[kɒzɒh nøː]
cazaque (adj)	kazah	[kɒzɒh]

Quirguistão (m)	Kirgizisztán	[kirgizistaːn]
quirguiz (m)	kirgiz	[kirgiz]
quirguiz (f)	kirgiz nő	[kirgiz nøː]
quirguiz (adj)	kirgiz	[kirgiz]

Moldávia (f)	Moldova	[mɔldovɒ]
moldavo (m)	moldovai	[mɔldovɒi]
moldava (f)	moldovai nő	[mɔldovɒi nø:]
moldavo (adj)	moldovai	[mɔldovɒi]

Rússia (f)	Oroszország	[orosorsa:g]
russo (m)	orosz	[oros]
russa (f)	orosz nő	[oros nø:]
russo (adj)	orosz	[oros]

Tajiquistão (m)	Tádzsikisztán	[ta:dʒikista:n]
tajique (m)	tádzsik	[ta:dʒik]
tajique (f)	tádzsik nő	[ta:dʒik nø:]
tajique (adj)	tádzsik	[ta:dʒik]

Turquemenistão (m)	Türkmenisztán	[tyrkmɛnista:n]
turcomeno (m)	türkmén	[tyrkme:n]
turcomena (f)	türkmén nő	[tyrkme:n nø:]
turcomeno (adj)	türkmén	[tyrkme:n]

Uzbequistão (f)	Üzbegisztán	[yzbɛgista:n]
uzbeque (m)	üzbég	[yzbe:g]
uzbeque (f)	üzbég nő	[yzbe:g nø:]
uzbeque (adj)	üzbég	[yzbe:g]

Ucrânia (f)	Ukrajna	[ukrɒjnɒ]
ucraniano (m)	ukrán	[ukra:n]
ucraniana (f)	ukrán nő	[ukra:n nø:]
ucraniano (adj)	ukrán	[ukra:n]

237. Asia

| Ásia (f) | Ázsia | [a:ʒiɒ] |
| asiático (adj) | ázsiai | [a:ʒiɒi] |

Vietnã (m)	Vietnam	[viɛtnɒm]
vietnamita (m)	vietnami	[viɛtnɒmi]
vietnamita (f)	vietnami nő	[viɛtnɒmi nø:]
vietnamita (adj)	vietnami	[viɛtnɒmi]

Índia (f)	India	[indiɒ]
indiano (m)	indiai	[indiɒi]
indiana (f)	indiai nő	[indiɒi nø:]
indiano (adj)	indiai	[indiɒi]

Israel (m)	Izrael	[izrɒɛl]
israelense (m)	izraeli	[izrɒɛli]
israelita (f)	izraeli nő	[izrɒɛli nø:]
israelense (adj)	izraeli	[izrɒɛli]

judeu (m)	zsidó	[ʒido:]
judia (f)	zsidó nő	[ʒido: nø:]
judeu (adj)	zsidó	[ʒido:]
China (f)	Kína	[ki:nɒ]

chinês (m)	kínai	[ki:nɒi]
chinesa (f)	kínai nő	[ki:nɒi nø:]
chinês (adj)	kínai	[ki:nɒi]
coreano (m)	koreai	[korɛɒi]
coreana (f)	koreai nő	[korɛɒi nø:]
coreano (adj)	koreai	[korɛɒi]
Líbano (m)	Libanon	[libɒnon]
libanês (m)	libanoni	[libɒnoni]
libanesa (f)	libanoni nő	[libɒnoni nø:]
libanês (adj)	libanoni	[libɒnoni]
Mongólia (f)	Mongólia	[moŋgo:liɒ]
mongol (m)	mongol	[moŋgol]
mongol (f)	mongol nő	[moŋgol nø:]
mongol (adj)	mongol	[moŋgol]
Malásia (f)	Malajzia	[mɒlɒjziɒ]
malaio (m)	maláj	[mɒla:j]
malaia (f)	maláj nő	[mɒla:j nø:]
malaio (adj)	maláj	[mɒla:j]
Paquistão (m)	Pakisztán	[pɒkista:n]
paquistanês (m)	pakisztáni	[pɒkista:ni]
paquistanesa (f)	pakisztáni nő	[pɒkista:ni nø:]
paquistanês (adj)	pakisztáni	[pɒkista:ni]
Arábia (f) Saudita	SzaúdArábia	[sɒu:dɒra:biɒ]
árabe (m)	arab	[ɒrɒb]
árabe (f)	arab nő	[ɒrɒb nø:]
árabe (adj)	arab	[ɒrɒb]
Tailândia (f)	Thaiföld	[tɒjføld]
tailandês (m)	thai	[tɒj]
tailandesa (f)	thai nő	[tɒj nø:]
tailandês (adj)	thai	[tɒj]
Taiwan (m)	Tajvan	[tɒjvɒn]
taiwanês (m)	tajvani	[tɒjvɒni]
taiwanesa (f)	tajvani nő	[tɒjvɒni nø:]
taiwanês (adj)	tajvani	[tɒjvɒni]
Turquia (f)	Törökország	[tørøkorsa:g]
turco (m)	török	[tørøk]
turca (f)	török nő	[tørøk nø:]
turco (adj)	török	[tørøk]
Japão (m)	Japán	[jɒpa:n]
japonês (m)	japán	[jɒpa:n]
japonesa (f)	japán nő	[jɒpa:n nø:]
japonês (adj)	japán	[jɒpa:n]
Afeganistão (m)	Afganisztán	[ɒfgɒnista:n]
Bangladesh (m)	Banglades	[bɒŋglɒdɛʃ]
Indonésia (f)	Indonézia	[indone:ziɒ]

Jordânia (f)	Jordánia	[jordaːniɒ]
Iraque (m)	Irak	[irɒk]
Irã (m)	Irán	[iraːn]
Camboja (f)	Kambodzsa	[kɒmbodʒɒ]
Kuwait (m)	Kuvait	[kuvɛjt]

Laos (m)	Laosz	[lɒos]
Birmânia (f)	Mianmar	[miɒnmɒr]
Nepal (m)	Nepál	[nɛpaːl]
Emirados Árabes Unidos	Egyesült Arab Köztársaság	[ɛɟɛʃylt ɒrɒb køztaːrʃɒʃaːg]

Síria (f)	Szíria	[siːriɒ]
Palestina (f)	Palesztína	[pɒlɛstinɒ]
Coreia (f) do Sul	DélKorea	[deːlkorɛɒ]
Coreia (f) do Norte	ÉszakKorea	[eːsɒkkorɛɒ]

238. América do Norte

Estados Unidos da América	Amerikai Egyesült Államok	[ɒmɛrikɒi ɛɟɛʃylt aːllɒmok]
americano (m)	amerikai	[ɒmɛrikɒi]
americana (f)	amerikai nő	[ɒmɛrikɒi nøː]
americano (adj)	amerikai	[ɒmɛrikɒi]

Canadá (m)	Kanada	[kɒnɒdɒ]
canadense (m)	kanadai	[kɒnɒdɒi]
canadense (f)	kanadai nő	[kɒnɒdɒi nøː]
canadense (adj)	kanadai	[kɒnɒdɒi]

México (m)	Mexikó	[mɛksikoː]
mexicano (m)	mexikói	[mɛksikoːi]
mexicana (f)	mexikói nő	[mɛksikoːi nøː]
mexicano (adj)	mexikói	[mɛksikoːi]

239. América Central do Sul

Argentina (f)	Argentína	[ɒrgɛntiːnɒ]
argentino (m)	argentin	[ɒrgɛntin]
argentina (f)	argentin nő	[ɒrgɛntin nøː]
argentino (adj)	argentin	[ɒrgɛntin]

Brasil (m)	Brazília	[brɒziːliɒ]
brasileiro (m)	brazil	[brɒzil]
brasileira (f)	brazil nő	[brɒzil nøː]
brasileiro (adj)	brazil	[brɒzil]

Colômbia (f)	Kolumbia	[kolumbiɒ]
colombiano (m)	kolumbiai	[kolumbiɒi]
colombiana (f)	kolumbiai nő	[kolumbiɒi nøː]
colombiano (adj)	kolumbiai	[kolumbiɒi]
Cuba (f)	Kuba	[kubɒ]
cubano (m)	kubai	[kubɒi]

cubana (f)	kubai nő	[kubɒi nøː]
cubano (adj)	kubai	[kubɒi]

Chile (m)	Chile	[ʧilɛ]
chileno (m)	chilei	[ʧilɛi]
chilena (f)	chilei nő	[ʧilɛi nøː]
chileno (adj)	chilei	[ʧilɛi]

Bolívia (f)	Bolívia	[boliːviɒ]
Venezuela (f)	Venezuela	[vɛnɛzuɛlɒ]
Paraguai (m)	Paraguay	[pɒrɒguɒj]
Peru (m)	Peru	[pɛru]
Suriname (m)	Suriname	[surinɒm]
Uruguai (m)	Uruguay	[uruguɒj]
Equador (m)	Ecuador	[ɛkuɒdor]

Bahamas (f pl)	Bahamaszigetek	[bɒhɒmɒsigɛtɛk]
Haiti (m)	Haiti	[hɒiti]
República Dominicana	Dominikánus Köztársaság	[dominikaːnuʃ køstaːrʃɒʃaːg]
Panamá (m)	Panama	[pɒnɒmɒ]
Jamaica (f)	Jamaica	[jɒmɒjkɒ]

240. Africa

Egito (m)	Egyiptom	[ɛɟiptom]
egípcio (m)	egyiptomi	[ɛɟiptomi]
egípcia (f)	egyiptomi nő	[ɛɟiptomi nøː]
egípcio (adj)	egyiptomi	[ɛɟiptomi]

Marrocos	Marokkó	[mɒrokkoː]
marroquino (m)	marokkói	[mɒrokkoːi]
marroquina (f)	marokkói nő	[mɒrokkoːi nøː]
marroquino (adj)	marokkói	[mɒrokkoːi]

Tunísia (f)	Tunisz	[tunis]
tunisiano (m)	tuniszi	[tunisi]
tunisiana (f)	tuniszi nő	[tunisi nøː]
tunisiano (adj)	tuniszi	[tunisi]

Gana (f)	Ghána	[gaːnɒ]
Zanzibar (m)	Zanzibár	[zɒnzibaːr]
Quênia (f)	Kenya	[kɛɲɒ]
Líbia (f)	Líbia	[liːbiɒ]
Madagascar (m)	Madagaszkár	[mɒdɒgɒskaːr]

Namíbia (f)	Namíbia	[nɒmiːbiɒ]
Senegal (m)	Szenegál	[sɛnɛgaːl]
Tanzânia (f)	Tanzánia	[tɒnzaːniɒ]
África (f) do Sul	DélAfrikai Köztársaság	[deːlɒfrikɒi køstaːrʃɒʃaːg]
africano (m)	afrikai	[ɒfrikɒi]
africana (f)	afrikai nő	[ɒfrikɒi nøː]
africano (adj)	afrikai	[ɒfrikɒi]

241. Austrália. Oceania

Austrália (f)	Ausztrália	[ɒustraːliɒ]
australiano (m)	ausztráliai	[ɒustraːliɒi]
australiana (f)	ausztráliai nő	[ɒustraːliɒi nøː]
australiano (adj)	ausztráliai	[ɒustraːliɒi]
Nova Zelândia (f)	ÚjZéland	[uːjzeːlɒnd]
neozelandês (m)	újzélandi	[uːjzeːlɒndi]
neozelandesa (f)	újzélandi nő	[uːjzeːlɒndi nøː]
neozelandês (adj)	újzélandi	[uːjzeːlɒndi]
Tasmânia (f)	Tasmánia	[tɒsmaːniɒ]
Polinésia (f) Francesa	Francia Polinézia	[frɒntsiɒ polineːziɒ]

242. Cidades

Amesterdã, Amsterdã	Amszterdam	[ɒmstɛrdɒm]
Ancara	Ankara	[ɒŋkɒrɒ]
Atenas	Athén	[ɒteːn]
Bagdade	Bagdad	[bɒgdɒd]
Bancoque	Bangkok	[bɒŋgkok]
Barcelona	Barcelona	[bɒrsɛlonɒ]
Beirute	Bejrút	[bɛjruːt]
Berlim	Berlin	[bɛrlin]
Bonn	Bonn	[bonn]
Bordéus	Bordó	[bordoː]
Bratislava	Pozsony	[poʒoɲ]
Bruxelas	Brüsszel	[bryssɛl]
Bucareste	Bukarest	[bukɒrɛst]
Budapeste	Budapest	[budɒpɛʃt]
Cairo	Kairó	[kɒiroː]
Calcutá	Kalkutta	[kɒlkuttɒ]
Chicago	Chicago	[ʧikogo]
Cidade do México	Mexikó	[mɛksikoː]
Copenhague	Koppenhága	[koppɛnhaːgɒ]
Dar es Salaam	DaresSalaam	[dɒrɛssɒlaːm]
Deli	Delhi	[dɛli]
Dubai	Dubai	[dubɒj]
Dublim	Dublin	[dublin]
Düsseldorf	Düsseldorf	[dyssɛldorf]
Estocolmo	Stockholm	[stokolm]
Florença	Firenze	[firɛnzɛ]
Frankfurt	Frankfurt	[frɒŋkfurt]
Genebra	Genf	[gɛnf]
Haia	Hága	[haːgɒ]
Hamburgo	Hamburg	[hɒmburg]
Hanói	Hanoi	[hɒnoj]

Havana	Havanna	[hɒvɒnnɒ]
Helsinque	Helsinki	[hɛlsiŋki]
Hiroshima	Hirosima	[hirosimɒ]
Hong Kong	Hongkong	[hoŋgkoŋ]
Istambul	Isztambul	[istɒmbul]

Jerusalém	Jeruzsálem	[jɛruʒaːlɛm]
Kiev, Quieve	Kijev	[kiːjɛv]
Kuala Lumpur	Kuala Lumpur	[kuɒlɒ lumpur]
Lion	Lyon	[lion]
Lisboa	Lisszabon	[lissɒbon]

Londres	London	[london]
Los Angeles	LosAngeles	[losɒnʒɛlɛs]
Madrid	Madrid	[mɒdrid]
Marselha	Marseille	[mɒrsɛjː]
Miami	Miami	[miɒmi]

Montreal	Montreal	[monrɛɒl]
Moscou	Moszkva	[moskvɒ]
Mumbai	Bombay, Mumbai	[bombɛj], [mumbɒj]
Munique	München	[mynhɛn]
Nairóbi	Nairobi	[nɒjrobi]
Nápoles	Nápoly	[naːpoli]

Nice	Nizza	[nitsɒ]
Nova York	New York	[ɲy jork]
Oslo	Oslo	[oslo]
Ottawa	Ottawa	[ottɒvɒ]
Paris	Párizs	[paːriʒ]

Pequim	Peking	[pɛkiŋg]
Praga	Prága	[praːgɒ]
Rio de Janeiro	Rio de Janeiro	[rio dɛ ʒɒnɛjro]
Roma	Róma	[roːmɒ]
São Petersburgo	Szentpétervár	[sɛntpeːtɛrvaːr]
Seul	Szöul	[søul]

Singapura	Szingapúr	[siŋgɒpuːr]
Sydney	Sydney	[sidnɛj]
Taipé	Tajpej	[tɒjpɛj]
Tóquio	Tokió	[tokioː]
Toronto	Toronto	[toronto]

Varsóvia	Varsó	[vɒrʃoː]
Veneza	Velence	[vɛlɛntsɛ]
Viena	Bécs	[beːtʃ]
Washington	Washington	[vɒʃiŋgton]
Xangai	Sanghaj	[ʃɒŋghɒj]

243. Política. Governo. Parte 1

| política (f) | politika | [politikɒ] |
| político (adj) | politikai | [politikɒi] |

político (m)	politikus	[politikuʃ]
estado (m)	állam	[aːllɒm]
cidadão (m)	állampolgár	[aːllɒmpolgaːr]
cidadania (f)	állampolgárság	[aːllɒmpolgaːrʃaːg]

| brasão (m) de armas | nemzeti címer | [nɛmzɛti tsiːmɛr] |
| hino (m) nacional | állami himnusz | [aːllɒmi himnus] |

governo (m)	kormány	[kormaːɲ]
Chefe (m) de Estado	államfő	[aːllɒɱføː]
parlamento (m)	parlament	[pɒrlɒmɛnt]
partido (m)	párt	[paːrt]

| capitalismo (m) | tőkés rendszer | [tøːkeːʃ rɛndsɛr] |
| capitalista (adj) | tőkés | [tøːkeːʃ] |

| socialismo (m) | szocializmus | [sotsiɒlizmuʃ] |
| socialista (adj) | szocialista | [sotsiɒliʃtɒ] |

comunismo (m)	kommunizmus	[kommunizmuʃ]
comunista (adj)	kommunista	[kommuniʃtɒ]
comunista (m)	kommunista	[kommuniʃtɒ]

democracia (f)	demokrácia	[dɛmokraːtsiɒ]
democrata (m)	demokrata	[dɛmokrɒtɒ]
democrático (adj)	demokratikus	[dɛmokrɒtikuʃ]
Partido (m) Democrático	demokrata párt	[dɛmokrɒtɒ paːrt]

| liberal (m) | liberális párt tagja | [libɛraːliʃ paːrt tɒgjɒ] |
| liberal (adj) | liberális | [libɛraːliʃ] |

| conservador (m) | konzervatív párt tagja | [konzɛrvɒtiːv paːrt tɒgjɒ] |
| conservador (adj) | konzervatív | [konzɛrvɒtiːv] |

república (f)	köztársaság	[køstaːrʃɒʃaːg]
republicano (m)	köztársaságpárti	[køstaːrʃɒʃaːgpaːrti]
Partido (m) Republicano	köztársaságpárt	[køstaːrʃɒʃaːgpaːrt]

eleições (f pl)	választások	[vaːlɒstaːʃok]
eleger (vt)	választ	[vaːlɒst]
eleitor (m)	választó	[vaːlɒstoː]
campanha (f) eleitoral	választási kampány	[vaːlɒstaːʃi kɒmpaːɲ]

votação (f)	szavazás	[sɒvɒzaːʃ]
votar (vi)	szavaz	[sɒvɒz]
sufrágio (m)	szavazási jog	[sɒvɒzaːʃi jog]

candidato (m)	jelölt	[jɛløltʃ]
candidatar-se (vi)	jelölteti magát	[jɛløltɛti mɒgaːt]
campanha (f)	kampány	[kɒmpaːɲ]

| da oposição | ellenzéki | [ɛllɛnzeːki] |
| oposição (f) | ellenzék | [ɛllɛnzeːk] |

| visita (f) | látogatás | [laːtogɒtaːʃ] |
| visita (f) oficial | hivatalos látogatás | [hivɒtɒloʃ laːtogɒtaːʃ] |

internacional (adj)	nemzetközi	[nɛmzɛtkøzi]
negociações (f pl)	tárgyalások	[taːrjolaːʃok]
negociar (vi)	tárgyal	[taːrjol]

244. Política. Governo. Parte 2

sociedade (f)	társaság	[taːrʃɒʃaːg]
constituição (f)	alkotmány	[ɒlkotmaːɲ]
poder (ir para o ~)	hatalom	[hɒtɒlom]
corrupção (f)	korrupció	[korruptsioː]

| lei (f) | törvény | [tørveːɲ] |
| legal (adj) | törvényes | [tørveːnɛʃ] |

| justeza (f) | igazság | [igɒʃaːg] |
| justo (adj) | igazságos | [igɒʃaːgoʃ] |

comitê (m)	bizottság	[bizottʃaːg]
projeto-lei (m)	törvényjavaslat	[tørveːɲɒvɒʃlɒt]
orçamento (m)	költségvetés	[køltʃeːgvɛteːʃ]
política (f)	politika	[politikɒ]
reforma (f)	reform	[rɛform]
radical (adj)	radikális	[rɒdikaːliʃ]

força (f)	hatalom	[hɒtɒlom]
poderoso (adj)	hatalmos	[hɒtɒlmoʃ]
partidário (m)	hív	[hiːv]
influência (f)	hatás	[hɒtaːʃ]

regime (m)	rendszer	[rɛndsɛr]
conflito (m)	konfliktus	[konfliktuʃ]
conspiração (f)	összeesküvés	[øssɛːʃkyveːʃ]
provocação (f)	provokáció	[provokaːtsioː]

derrubar (vt)	letaszít	[lɛtɒsiːt]
derrube (m), queda (f)	letaszítás	[lɛtɒsiːtaːʃ]
revolução (f)	forradalom	[forrɒdɒlom]

| golpe (m) de Estado | államcsíny | [aːllɒmtʃiːɲ] |
| golpe (m) militar | katonai puccs | [kɒtonɒi putʃ] |

crise (f)	válság	[vaːlʃaːg]
recessão (f) econômica	gazdasági hanyatlás	[gɒzdɒʃaːgi hɒɲɒtlaːʃ]
manifestante (m)	felvonuló	[fɛlvonuloː]
manifestação (f)	felvonulás	[fɛlvonulaːʃ]
lei (f) marcial	hadiállapot	[hɒdiaːllɒpot]
base (f) militar	támaszpont	[taːmɒspont]

| estabilidade (f) | szilárdság | [silaːrdʃaːg] |
| estável (adj) | szilárd | [silaːrd] |

exploração (f)	kizsákmányolás	[kiʒaːkmaːnøla:ʃ]
explorar (vt)	kizsákmányol	[kiʒaːkmaːnøl]
racismo (m)	fajelmélet	[fɒjɛlmeːlɛt]

racista (m)	fajvédő	[fɒjveːdøː]
fascismo (m)	fasizmus	[fɒʃizmuʃ]
fascista (m)	fasiszta	[fɒʃistɒ]

245. Países. Diversos

estrangeiro (m)	külföldi	[kylføldi]
estrangeiro (adj)	idegen	[idɛgɛn]
no estrangeiro	külföldön	[kylføldøn]

emigrante (m)	emigráns	[ɛmigraːnʃ]
emigração (f)	emigrálás	[ɛmigraːlaːʃ]
emigrar (vi)	emigrál	[ɛmigraːl]

Ocidente (m)	a Nyugat	[ɒ ɲugɒt]
Oriente (m)	a Kelet	[ɒ kɛlɛt]
Extremo Oriente (m)	TávolKelet	[taːvolkɛlɛt]
civilização (f)	civilizáció	[tsivilizaːtsioː]
humanidade (f)	emberiség	[ɛmbɛriʃeːg]
mundo (m)	világ	[vilaːg]
paz (f)	béke	[beːkɛ]
mundial (adj)	világ	[vilaːg]

pátria (f)	haza	[hɒzɒ]
povo (população)	nép	[neːp]
população (f)	lakosság	[lɒkoʃaːg]
gente (f)	emberek	[ɛmbɛrɛk]
nação (f)	nemzet	[nɛmzɛt]
geração (f)	nemzedék	[nɛmzɛdeːk]
território (m)	terület	[tɛrylɛt]
região (f)	régió	[reːgioː]
estado (m)	állam	[aːllɒm]

tradição (f)	hagyomány	[hɒɟømaːɲ]
costume (m)	szokás	[sokaːʃ]
ecologia (f)	ökológia	[økoloːgiɒ]

índio (m)	indián	[indiaːn]
cigano (m)	cigány	[tsigaːɲ]
cigana (f)	cigány nő	[tsigaːɲ nøː]
cigano (adj)	cigány	[tsigaːɲ]

império (m)	birodalom	[birodɒlom]
colônia (f)	gyarmat	[ɟormɒt]
escravidão (f)	rabság	[rɒbʃaːg]
invasão (f)	invázió	[invaːzioː]
fome (f)	éhség	[eːhʃeːg]

246. Grupos religiosos mais importantes. Confissões

| religião (f) | vallás | [vɒllaːʃ] |
| religioso (adj) | vallásos | [vɒllaːʃoʃ] |

Portuguese	Hungarian	Pronunciation
crença (f)	hit	[hit]
crer (vt)	hisz	[his]
crente (m)	istenhívő	[iʃtɛnhiːvøː]
ateísmo (m)	ateizmus	[ɒtɛizmuʃ]
ateu (m)	ateista	[ɒtɛiʃtɒ]
cristianismo (m)	kereszténység	[kɛrɛsteːɲʃeːg]
cristão (m)	keresztény	[kɛrɛsteːɲ]
cristão (adj)	keresztény	[kɛrɛsteːɲ]
catolicismo (m)	katolicizmus	[kɒtolitsizmuʃ]
católico (m)	katolikus	[kɒtolikuʃ]
católico (adj)	katolikus	[kɒtolikuʃ]
protestantismo (m)	protestantizmus	[protɛʃtɒntizmuʃ]
Igreja (f) Protestante	protestáns egyház	[protɛstaːnʃ ɛɟhaːz]
protestante (m)	protestáns	[protɛstaːnʃ]
ortodoxia (f)	igazhitűség	[igɒzhityːseːg]
Igreja (f) Ortodoxa	ortodox egyház	[ortodoks ɛchaːz]
ortodoxo (m)	ortodox	[ortodoks]
presbiterianismo (m)	presbiteriánus egyház	[prɛʃbitɛriaːnuʃ ɛɟhaːz]
Igreja (f) Presbiteriana	presbiteriánus egyház	[prɛʃbitɛriaːnuʃ ɛɟhaːz]
presbiteriano (m)	presbiteriánus	[prɛʃbitɛriaːnuʃ]
luteranismo (m)	lutheránus egyház	[lutɛraːnuʃ ɛɟhaːz]
luterano (m)	lutheránus	[lutɛraːnuʃ]
Igreja (f) Batista	baptizmus	[bɒptizmuʃ]
batista (m)	baptista	[bɒptiʃtɒ]
Igreja (f) Anglicana	anglikán egyház	[ɒŋglikaːn ɛɟhaːz]
anglicano (m)	anglikán	[ɒŋglikaːn]
mormonismo (m)	mormon vallás	[mormon vɒllaːʃ]
mórmon (m)	mormon	[mormon]
Judaísmo (m)	judaizmus	[judɒizmuʃ]
judeu (m)	zsidó férfi	[ʒidoː feːrfi]
budismo (m)	buddhizmus	[buddizmuʃ]
budista (m)	buddhista	[buddiʃtɒ]
hinduísmo (m)	hinduizmus	[hinduizmuʃ]
hindu (m)	hinduista	[induiʃtɒ]
Islã (m)	iszlám	[islaːm]
muçulmano (m)	muzulmán	[muzulmaːn]
muçulmano (adj)	muzulmán	[muzulmaːn]
xiismo (m)	síita vallás	[ʃiːitɒ vɒllaːʃ]
xiita (m)	síita hívő	[ʃiːitɒ hiːvøː]
sunismo (m)	szunnita vallás	[sunnitɒ vɒllaːʃ]
sunita (m)	szunnita	[sunnitɒ]

247. Religiões. Padres

padre (m)	pap	[pɒp]
Papa (m)	a római pápa	[ɒ roːmɒi paːpɒ]
monge (m)	barát	[bɒraːt]
freira (f)	apáca	[ɒpaːtsɒ]
pastor (m)	lelki pásztor	[lɛlki paːstor]
abade (m)	apát	[ɒpaːt]
vigário (m)	vikárius	[vikaːriuʃ]
bispo (m)	püspök	[pyʃpøk]
cardeal (m)	bíboros	[biːboroʃ]
pregador (m)	prédikátor	[preːdikaːtor]
sermão (m)	prédikáció	[preːdikaːtsioː]
paroquianos (pl)	parókia	[pɒroːkiɒ]
crente (m)	istenhívő	[iʃtɛnhiːvøː]
ateu (m)	ateista	[ɒtɛiʃtɒ]

248. Fé. Cristianismo. Islão

Adão	Ádám	[aːdaːm]
Eva	Éva	[eːvɒ]
Deus (m)	Isten	[iʃtɛn]
Senhor (m)	Úr	[uːr]
Todo Poderoso (m)	Mindenható	[mindɛnhɒtoː]
pecado (m)	bűn	[byːn]
pecar (vi)	bűnt követ el	[byːnt køvɛt ɛl]
pecador (m)	bűnös	[byːnøʃ]
pecadora (f)	bűnös nő	[byːnøʃ nøː]
inferno (m)	pokol	[pokol]
paraíso (m)	paradicsom	[pɒrɒditʃom]
Jesus	Jézus	[jeːzuʃ]
Jesus Cristo	Jézus Krisztus	[jeːzuʃ kristuʃ]
Espírito (m) Santo	szentlélek	[sɛntleːlɛk]
Salvador (m)	Megváltó	[mɛgvaːltoː]
Virgem Maria (f)	Szűzanya	[syːzɒɲɒ]
Diabo (m)	ördög	[ørdøg]
diabólico (adj)	ördögi	[ørdøgi]
Satanás (m)	sátán	[ʃaːtaːn]
satânico (adj)	sátáni	[ʃaːtaːni]
anjo (m)	angyal	[ɒɲɟɒl]
anjo (m) da guarda	őrangyal	[øːrɒɲɟɒl]
angelical	angyali	[ɒɲɟɒli]

apóstolo (m)	apostol	[ɒpoʃtol]
arcanjo (m)	arkangyal	[ɒrkɒɲɟɒl]
anticristo (m)	Antikrisztus	[ɒntikristuʃ]
Igreja (f)	Egyház	[ɛɟha:z]
Bíblia (f)	Biblia	[bibliɒ]
bíblico (adj)	bibliai	[bibliɒi]
Velho Testamento (m)	Ószövetség	[o:søvɛtʃe:g]
Novo Testamento (m)	Újszövetség	[u:jsøvɛtʃe:g]
Evangelho (m)	evangélium	[ɛvɒnge:lium]
Sagradas Escrituras (f pl)	szentírás	[sɛnti:ra:ʃ]
Céu (sete céus)	mennyország	[mɛɲɲorsa:g]
mandamento (m)	parancs	[pɒrɒntʃ]
profeta (m)	próféta	[pro:fe:tɒ]
profecia (f)	jóslat	[jo:ʃlɒt]
Alá (m)	Allah	[ɒllɒh]
Maomé (m)	Mohamed	[mohɒme:d]
Alcorão (m)	Korán	[kora:n]
mesquita (f)	mecset	[mɛtʃɛt]
mulá (m)	mullah	[mullɒ]
oração (f)	ima	[imɒ]
rezar, orar (vi)	imádkozik	[ima:dkozik]
peregrinação (f)	zarándoklat	[zɒra:ndoklɒt]
peregrino (m)	zarándok	[zɒra:ndok]
Meca (f)	Mekka	[mɛkkɒ]
igreja (f)	templom	[tɛmplom]
templo (m)	templom	[tɛmplom]
catedral (f)	székesegyház	[se:kɛʃɛɟha:z]
gótico (adj)	gótikus	[go:tikuʃ]
sinagoga (f)	zsinagóga	[ʒinɒgo:gɒ]
mesquita (f)	mecset	[mɛtʃɛt]
capela (f)	kápolna	[ka:polnɒ]
abadia (f)	apátság	[ɒpa:tʃa:g]
convento (m)	zárda	[za:rdɒ]
monastério (m)	kolostor	[kolostor]
sino (m)	harang	[hɒrɒŋg]
campanário (m)	harangtorony	[hɒrɒŋktoroɲ]
repicar (vi)	cseng	[tʃɛŋg]
cruz (f)	kereszt	[kɛrɛst]
cúpula (f)	kupola	[kupolɒ]
ícone (m)	ikon	[ikon]
alma (f)	lélek	[le:lɛk]
destino (m)	sors	[ʃorʃ]
mal (m)	gonosz	[gonos]
bem (m)	jó	[jo:]
vampiro (m)	vámpír	[va:mpi:r]

bruxa (f)	boszorkány	[bosorkaːɲ]
demônio (m)	démon	[deːmon]
espírito (m)	lélek	[leːlɛk]

| redenção (f) | levezeklés | [lɛvɛzɛkleːʃ] |
| redimir (vt) | levezekel | [lɛvɛzɛkɛl] |

missa (f)	istentisztelet	[iʃtɛntistɛlɛt]
celebrar a missa	celebrál	[tsɛlɛbraːl]
confissão (f)	gyónás	[ɟøːnaːʃ]
confessar-se (vr)	gyón	[ɟøːn]

santo (m)	szent	[sɛnt]
sagrado (adj)	szent	[sɛnt]
água (f) benta	szenteltvíz	[sɛntɛltviːz]

ritual (m)	rítus	[riːtuʃ]
ritual (adj)	rituális	[rituaːliʃ]
sacrifício (m)	áldozati szertartás	[aːldozɒti sɛrtɒrtaːʃ]

superstição (f)	babona	[bɒbonɒ]
supersticioso (adj)	babonás	[bɒbonaːʃ]
vida (f) após a morte	túlvilág	[tuːlvilaːg]
vida (f) eterna	örökélet	[ørøkeːlɛt]

TEMAS DIVERSOS

249. Várias palavras úteis

ajuda (f)	segítség	[ʃɛgiːtʃeːg]
barreira (f)	akadály	[ɒkɒdaːj]
base (f)	alap	[ɒlɒp]
categoria (f)	kategória	[kɒtɛgoːriɒ]
causa (f)	ok	[ok]

coincidência (f)	egybeesés	[ɛɟbɛɛʃeːʃ]
coisa (f)	holmi	[holmi]
começo, início (m)	kezdet	[kɛzdɛt]
cômodo (ex. poltrona ~a)	kényelmes	[keːnɛlmɛʃ]
comparação (f)	összehasonlítás	[øssɛhɒʃonliːtaːʃ]

compensação (f)	térítés	[teːriːteːʃ]
crescimento (m)	növekedés	[nøvɛkɛdeːʃ]
desenvolvimento (m)	fejlődés	[fɛjløːdeːʃ]
diferença (f)	különbség	[kylønbʃeːg]
efeito (m)	hatás	[hɒtaːʃ]

elemento (m)	elem	[ɛlɛm]
equilíbrio (m)	mérleg	[meːrlɛg]
erro (m)	hiba	[hibɒ]
esforço (m)	erőfeszítés	[ɛrøːfɛsiːteːʃ]
estilo (m)	stílus	[ʃtiːluʃ]

exemplo (m)	példa	[peːldɒ]
fato (m)	tény	[teːɲ]
fim (m)	vég	[veːg]
forma (f)	forma	[formɒ]

frequente (adj)	gyakori	[ɟɒkori]
fundo (ex. ~ verde)	háttér	[haːtteːr]
gênero (tipo)	fajta	[fɒjtɒ]
grau (m)	fokozat	[fokozɒt]
ideal (m)	eszménykép	[ɛsmeːɲkeːp]

labirinto (m)	labirintus	[lɒbirintuʃ]
modo (m)	módszer	[moːdsɛr]
momento (m)	pillanat	[pillɒnɒt]
objeto (m)	tárgy	[taːrɟ]
obstáculo (m)	akadály	[ɒkɒdaːj]

original (m)	az eredeti	[ɒz ɛrɛdɛti]
padrão (adj)	szabványos	[sɒbvaːnøʃ]
padrão (m)	szabvány	[sɒbvaːɲ]
paragem (pausa)	szünet	[synɛt]
parte (f)	rész	[reːs]

partícula (f)	részecske	[reːsɛtʃkɛ]
pausa (f)	szünet	[synɛt]
posição (f)	helyzet	[hɛjzɛt]
princípio (m)	elv	[ɛlv]
problema (m)	probléma	[probleːmɒ]
processo (m)	folyamat	[fojɒmɒt]
progresso (m)	haladás	[hɒlɒdaːʃ]
propriedade (qualidade)	sajátosság	[ʃɒjaːtoʃaːg]
reação (f)	reakció	[rɛɒktsioː]
risco (m)	kockázat	[kotskaːzɒt]
ritmo (m)	tempó	[tɛmpoː]
segredo (m)	titok	[titok]
série (f)	sorozat	[ʃorozɒt]
sistema (m)	rendszer	[rɛndsɛr]
situação (f)	helyzet	[hɛjzɛt]
solução (f)	megoldás	[mɛgoldaːʃ]
tabela (f)	táblázat	[taːblaːzɒt]
termo (ex. ~ técnico)	szakkifejezés	[sɒkkifɛjɛzeːʃ]
tipo (m)	típus	[tiːpuʃ]
urgente (adj)	sürgős	[ʃyrgøːʃ]
urgentemente	sürgősen	[ʃyrgøːʃɛn]
utilidade (f)	haszon	[hɒson]
variante (f)	változat	[vaːltozɒt]
variedade (f)	választás	[vaːlostaːʃ]
verdade (f)	igazság	[igɒʃaːg]
vez (f)	sor	[ʃor]
zona (f)	övezet	[øvɛzɛt]

250. Modificadores. Adjetivos. Parte 1

aberto (adj)	nyitott	[ɲitott]
afetuoso (adj)	gyengéd	[ɟɛŋgeːd]
afiado (adj)	éles	[eːlɛʃ]
agradável (adj)	kellemes	[kɛllɛmɛʃ]
agradecido (adj)	hálás	[haːlaːʃ]
alegre (adj)	vidám	[vidaːm]
alto (ex. voz ~a)	hangos	[hɒŋgoʃ]
amargo (adj)	keserű	[kɛʃɛryː]
amplo (adj)	tágas	[taːgɒʃ]
antigo (adj)	ősi	[øːʃi]
apropriado (adj)	alkalmas	[ɒlkɒlmɒʃ]
arriscado (adj)	kockázatos	[kotskaːzɒtoʃ]
artificial (adj)	mesterséges	[mɛʃtɛrʃeːgɛʃ]
azedo (adj)	savanyú	[ʃɒvɒnjuː]
baixo (voz ~a)	halk	[hɒlk]
barato (adj)	olcsó	[oltʃoː]

belo (adj)	gyönyörű	[ɟøɲøry:]
bom (adj)	jó	[jo:]
bondoso (adj)	kedves	[kɛdvɛʃ]
bonito (adj)	szép	[se:p]
bronzeado (adj)	lesült	[lɛʃylt]
burro, estúpido (adj)	buta	[butɒ]

calmo (adj)	nyugodt	[ɲugott]
cansado (adj)	fáradt	[fa:rɒtt]
cansativo (adj)	fárasztó	[fa:rɒsto:]
carinhoso (adj)	gondos	[gondoʃ]
caro (adj)	drága	[dra:gɒ]

cego (adj)	vak	[vɒk]
central (adj)	közepes	[køzɛpɛʃ]
cerrado (ex. nevoeiro ~)	sűrű	[ʃy:ry:]
cheio (xícara ~a)	telt	[tɛlt]

civil (adj)	polgári	[polga:ri]
clandestino (adj)	titokban	[titogbɒn]
claro (explicação ~a)	világos	[vila:goʃ]
claro (pálido)	világos	[vila:goʃ]

compatível (adj)	összeegyeztethető	[øssɛɛɟɛztɛthɛtø:]
comum, normal (adj)	szokásos	[soka:ʃoʃ]
congelado (adj)	fagyasztott	[fɒɟostott]
conjunto (adj)	együttes	[ɛɟyttɛʃ]
considerável (adj)	jelentős	[jɛlɛntø:ʃ]

contente (adj)	elégedett	[ɛle:gɛdɛtt]
contínuo (adj)	hosszú	[hossu:]
contrário (ex. o efeito ~)	ellentétes	[ɛllɛnte:tɛʃ]
correto (resposta ~a)	helyes	[hɛjɛʃ]
cru (não cozinhado)	nyers	[ɲɛrʃ]

curto (adj)	rövid	[røvid]
de curta duração	rövid ideig tartó	[røvid idɛig tɒrto:]
de sol, ensolarado	napos	[nɒpoʃ]
de trás	hátsó	[ha:ʧo:]
denso (fumaça ~a)	sűrű	[ʃy:ry:]

desanuviado (adj)	felhőtlen	[fɛlhø:tlɛg]
descuidado (adj)	hanyag	[hɒɲɒg]
diferente (adj)	különféle	[kylønfe:lɛ]
difícil (decisão)	nehéz	[nɛhe:z]
difícil, complexo (adj)	bonyolult	[bonølult]

direito (lado ~)	jobb	[jobb]
distante (adj)	távoli	[ta:voli]
diverso (adj)	különböző	[kylønbøzø:]
doce (açucarado)	édes	[e:dɛʃ]
doce (água)	édes	[e:dɛʃ]

doente (adj)	beteg	[bɛtɛg]
duro (material ~)	kemény	[kɛme:ɲ]
educado (adj)	udvarias	[udvɒriɒʃ]

encantador (agradável)	kedves	[kɛdvɛʃ]
enigmático (adj)	titokzatos	[titogzɒtoʃ]
enorme (adj)	hatalmas	[hɒtɒlmɒʃ]
escuro (quarto ~)	sötét	[ʃøte:t]
especial (adj)	speciális	[ʃpɛtsia:liʃ]
esquerdo (lado ~)	bal	[bɒl]
estrangeiro (adj)	idegen	[idɛgɛn]
estreito (adj)	keskeny	[kɛʃkɛɲ]
exato (montante ~)	pontos	[pontoʃ]
excelente (adj)	kiváló	[kiva:lo:]
excessivo (adj)	túlzott	[tu:lzott]
externo (adj)	külső	[kylʃø:]
fácil (adj)	egyszerű	[ɛcsɛry:]
faminto (adj)	éhes	[e:hɛʃ]
fechado (adj)	zárt	[za:rt]
feliz (adj)	boldog	[boldog]
fértil (terreno ~)	termékeny	[tɛrme:kɛɲ]
forte (pessoa ~)	erős	[ɛrø:ʃ]
fraco (luz ~a)	homályos	[homa:joʃ]
frágil (adj)	törékeny	[tøre:kɛɲ]
fresco (pão ~)	friss	[friʃ]
fresco (tempo ~)	hűvös	[hy:vøʃ]
frio (adj)	hideg	[hidɛg]
gordo (alimentos ~s)	zsíros	[ʒi:roʃ]
gostoso, saboroso (adj)	finom	[finom]
grande (adj)	nagy	[nɒɟ]
gratuito, grátis (adj)	ingyenes	[iɲɟɛnɛʃ]
grosso (camada ~a)	vastag	[vɒʃtɒg]
hostil (adj)	ellenséges	[ɛllɛnʃe:gɛʃ]

251. Modificadores. Adjetivos. Parte 2

igual (adj)	egyforma	[ɛɟformɒ]
imóvel (adj)	mozdulatlan	[mozdulɒtlɒn]
importante (adj)	fontos	[fontoʃ]
impossível (adj)	lehetetlen	[lɛhɛtɛtlɛn]
incompreensível (adj)	érthetetlen	[e:rthɛtɛtlɛn]
indigente (muito pobre)	koldus	[kolduʃ]
indispensável (adj)	szükséges	[sykʃe:gɛʃ]
inexperiente (adj)	tapasztalatlan	[tɒpɒstɒlɒtlɒn]
infantil (adj)	gyermek	[ɟɛrmɛk]
ininterrupto (adj)	szakadatlan	[sɒkɒdɒtlɒn]
insignificante (adj)	jelentéktelen	[jɛlɛnte:ktɛlɛn]
inteiro (completo)	egész	[ɛge:s]
inteligente (adj)	okos	[okoʃ]
interno (adj)	belső	[bɛlʃø:]
jovem (adj)	fiatal	[fiɒtɒl]

largo (caminho ~)	széles	[seːlɛʃ]
legal (adj)	törvényes	[tørveːnɛʃ]
leve (adj)	könnyű	[kønɲyː]

limitado (adj)	korlátozott	[korlaːtozott]
limpo (adj)	tiszta	[tistɒ]
líquido (adj)	folyékony	[fojeːkoɲ]
liso (adj)	sima	[ʃimɒ]
liso (superfície ~a)	sík	[ʃiːk]

livre (adj)	szabad	[sɒbɒd]
longo (ex. cabelo ~)	hosszú	[hossuː]
maduro (ex. fruto ~)	érett	[eːrɛtt]
magro (adj)	sovány	[ʃovaːɲ]
mais próximo (adj)	legközelebbi	[lɛgkøzɛlɛbbi]

mais recente (adj)	elmúlt	[ɛlmuːlt]
mate (adj)	tompa fényű	[tompɒ feːɲ]
mau (adj)	rossz	[ross]
meticuloso (adj)	pontos	[pontoʃ]
míope (adj)	rövidlátó	[røvidlaːtoː]

mole (adj)	puha	[puhɒ]
molhado (adj)	vizes	[vizɛʃ]
moreno (adj)	barna	[bɒrnɒ]
morto (adj)	halott	[hɒlott]
muito magro (adj)	sovány	[ʃovaːɲ]

não difícil (adj)	könnyű	[kønɲyː]
não é clara (adj)	homályos	[homaːjoʃ]
não muito grande (adj)	kicsiny	[kitʃiɲ]
natal (país ~)	szülő	[syløː]
necessário (adj)	szükséges	[sykʃeːgɛʃ]

negativo (resposta ~a)	nemleges	[nɛmlɛgɛʃ]
nervoso (adj)	ideges	[idɛgɛʃ]
normal (adj)	normális	[normaːliʃ]
novo (adj)	új	[uːj]
o mais importante (adj)	legfontosabb	[lɛgfontoʃɒbb]

obrigatório (adj)	kötelező	[køtɛlɛzøː]
original (incomum)	eredeti	[ɛrɛdɛti]
passado (adj)	elmúlt	[ɛlmuːlt]
pequeno (adj)	kicsi	[kitʃi]
perigoso (adj)	veszélyes	[vɛseːjɛʃ]

permanente (adj)	állandó	[aːllɒndoː]
perto (adj)	közeli	[køzɛli]
pesado (adj)	súlyos	[ʃuːjoʃ]
pessoal (adj)	személyi	[sɛmeːji]
plano (ex. ecrã ~ a)	lapos	[lɒpoʃ]

pobre (adj)	szegény	[sɛgeːɲ]
pontual (adj)	pontos	[pontoʃ]
possível (adj)	lehetséges	[lɛhɛtʃeːgɛʃ]
pouco fundo (adj)	sekély	[ʃɛkeːj]

presente (ex. momento ~)	jelen	[jɛlɛn]
primeiro (principal)	alapvető	[ɒlɒpvɛtø:]
principal (adj)	fő	[fø:]
privado (adj)	magán	[mɒgɑ:n]
provável (adj)	valószínű	[vɒlo:si:ny:]
próximo (adj)	közeli	[køzɛli]
público (adj)	társadalmi	[tɑ:rʃɒdɒlmi]
quente (cálido)	meleg	[mɛlɛg]
quente (morno)	meleg	[mɛlɛg]
rápido (adj)	gyors	[ɟorʃ]
raro (adj)	ritka	[ritkɒ]
remoto, longínquo (adj)	távoli	[tɑ:voli]
reto (linha ~a)	egyenes	[ɛɟɛnɛʃ]
salgado (adj)	sós	[ʃo:ʃ]
satisfeito (adj)	elégedett	[ɛle:gɛdɛtt]
seco (roupa ~a)	száraz	[sɑ:rɒz]
seguinte (adj)	következő	[køvɛtkɛzø:]
seguro (não perigoso)	biztonságos	[bistonʃɑ:goʃ]
similar (adj)	hasonló	[hɒʃonlo:]
simples (fácil)	egyszerű	[ɛcsɛry:]
soberbo, perfeito (adj)	kitűnő	[kity:nø:]
sólido (parede ~a)	tartós	[tɒrto:ʃ]
sombrio (adj)	sötét	[ʃøte:t]
sujo (adj)	piszkos	[piskoʃ]
superior (adj)	legfelső	[lɛgfɛlʃø:]
suplementar (adj)	pótló	[po:tlo:]
tranquilo (adj)	csendes	[ʧɛndɛʃ]
transparente (adj)	átlátszó	[ɑ:tlɑ:tso:]
triste (pessoa)	szomorú	[somoru:]
triste (um ar ~)	szomorú	[somoru:]
último (adj)	utolsó	[utolʃo:]
úmido (adj)	nedves	[nɛdvɛʃ]
único (adj)	egyedi	[ɛɟɛdi]
usado (adj)	használt	[hɒsnɑ:lt]
vazio (meio ~)	üres	[yrɛʃ]
velho (adj)	öreg	[ørɛg]
vizinho (adj)	szomszédos	[somse:doʃ]

500 VERBOS PRINCIPAIS

252. Verbos A-B

abraçar (vt)	megölel	[mɛgølɛl]
abrir (vt)	nyit	[ɲit]
acalmar (vt)	nyugtat	[ɲugtɒt]
acariciar (vt)	simogat	[ʃimogɒt]
acenar (com a mão)	integet	[intɛgɛt]
acender (~ uma fogueira)	meggyújt	[mɛɟɟu:jt]
achar (vt)	hisz	[his]
acompanhar (vt)	kísér	[ki:ʃe:r]
aconselhar (vt)	tanácsol	[tɒna:ʧol]
acordar, despertar (vt)	ébreszt	[e:brɛst]
acrescentar (vt)	hozzáad	[hozza:ɒd]
acusar (vt)	vádol	[va:dol]
adestrar (vt)	idomít	[idomi:t]
adivinhar (vt)	kitalál	[kitɒla:l]
admirar (vt)	megcsodál	[mɛkʧoda:l]
adorar (~ fazer)	szeret	[sɛrɛt]
advertir (vt)	figyelmeztet	[fiɟɛlmɛztɛt]
afirmar (vt)	állít	[a:lli:t]
afogar-se (vr)	vízbe fúl	[vi:zbɛ fu:l]
afugentar (vt)	elkerget	[ɛlkɛrgɛt]
agir (vi)	cselekszik	[ʧɛlɛksik]
agitar, sacudir (vt)	ráz	[ra:z]
agradecer (vt)	köszön	[køsøn]
ajudar (vt)	segít	[ʃɛgi:t]
alcançar (objetivos)	elér	[ɛle:r]
alimentar (dar comida)	etet	[ɛtɛt]
almoçar (vi)	ebédel	[ɛbe:dɛl]
alugar (~ o barco, etc.)	kibérel	[kibe:rɛl]
alugar (~ um apartamento)	bérel	[be:rɛl]
amar (pessoa)	szeret	[sɛrɛt]
amarrar (vt)	összeköt	[øssɛkøt]
ameaçar (vt)	fenyeget	[fɛɲɛgɛt]
amputar (vt)	csonkol	[ʧoŋkol]
anotar (escrever)	megjegyez	[mɛgjɛɟɛz]
anotar (escrever)	feljegyez	[fɛljɛɟɛz]
anular, cancelar (vt)	visszavon	[vissɒvon]
apagar (com apagador, etc.)	letöröl	[lɛtørøl]
apagar (um incêndio)	elolt	[ɛlolt]

apaixonar-se ...	beleszeret	[bɛlɛsɛrɛt]
aparecer (vi)	megjelenik	[mɛgjɛlɛnik]
aplaudir (vi)	tapsol	[tɒpʃol]

apoiar (vt)	támogat	[taːmogɒt]
apontar para ...	céloz	[tseːloz]
apresentar	bemutat	[bɛmutɒt]
(alguém a alguém)		
apresentar (Gostaria de ~)	bemutat	[bɛmutɒt]

apressar (vt)	sürget	[ʃyrgɛt]
apressar-se (vr)	siet	[ʃiɛt]
aproximar-se (vr)	közeledik	[køzɛlɛdik]
aquecer (vt)	melegít	[mɛlɛgiːt]

arrancar (vt)	letép	[lɛteːp]
arranhar (vt)	kapar	[kɒpɒr]
arrepender-se (vr)	sajnál	[ʃɒjnaːl]
arriscar (vt)	megkockáztat	[mɛgkotskaːztɒt]

arrumar, limpar (vt)	takarít	[tɒkɒriːt]
aspirar a ...	igyekszik	[iɟɛksik]
assinar (vt)	aláír	[ɒlaːiːr]
assistir (vt)	segédkezik	[ʃɛgeːdkɛzik]
atacar (vt)	támad	[taːmɒd]

atar (vt)	odaköt	[odɒkøt]
atracar (vi)	kiköt	[kikøt]
aumentar (vi)	növekszik	[nøvɛksik]
aumentar (vt)	növel	[nøvɛl]

avançar (vi)	előrehalad	[ɛløːrɛhɒlɒd]
avistar (vt)	meglát	[mɛglaːt]
baixar (guindaste, etc.)	leenged	[lɛɛŋgɛd]
barbear-se (vr)	borotválkozik	[borotvaːlkozik]
basear-se (vr)	alapul	[ɒlɒpul]

bastar (vi)	elég van	[ɛleːg vɒn]
bater (à porta)	kopog	[kopog]
bater (espancar)	üt	[yt]
bater-se (vr)	verekedik	[vɛrɛkɛdik]

beber, tomar (vt)	iszik	[isik]
brilhar (vi)	fénylik	[feːɲlik]
brincar, jogar (vi, vt)	játszik	[jaːtsik]
buscar (vt)	keres	[kɛrɛʃ]

253. Verbos C-D

caçar (vi)	vadászik	[vɒdaːsik]
calar-se (parar de falar)	elhallgat	[ɛlhɒllgɒt]
calcular (vt)	számol	[saːmol]
carregar (o caminhão, etc.)	megrak	[mɛgrɒk]
carregar (uma arma)	megtölt	[mɛgtølt]

casar-se (vr)	feleségül vesz	[fɛlɛʃeːgyl vɛs]
causar (vt)	okoz	[okoz]
cavar (vt)	ás	[aːʃ]

ceder (não resistir)	enged	[ɛŋgɛd]
cegar, ofuscar (vt)	megvakít	[mɛgvɒkiːt]
censurar (vt)	szemrehányást tesz	[sɛmrɛhaːnjaːʃt tɛs]
chamar (~ por socorro)	hív	[hiːv]

chamar (alguém para ...)	hív	[hiːv]
chegar (a algum lugar)	elér	[ɛleːr]
chegar (vi)	érkezik	[eːrkɛzik]
cheirar (~ uma flor)	szagol	[sɒgol]

cheirar (tem o cheiro)	illatozik	[illɒtozik]
chorar (vi)	sír	[ʃiːr]
citar (vt)	idéz	[ideːz]
colher (flores)	letép	[lɛteːp]

colocar (vt)	tesz	[tɛs]
combater (vi, vt)	harcol	[hɒrtsol]
começar (vt)	kezd	[kɛzd]
comer (vt)	eszik	[ɛsik]
comparar (vt)	összehasonlít	[øssɛhɒʃonliːt]

compensar (vt)	kompenzál	[kompɛnzaːl]
competir (vi)	versenyez	[vɛrʃɛnɛz]
complicar (vt)	bonyolít	[bonøliːt]
compor (~ música)	szerez	[sɛrɛz]

comportar-se (vr)	viselkedik	[viʃɛlkɛdik]
comprar (vt)	vásárol	[vaːʃaːrol]
comprometer (vt)	kompromittál	[kompromittaːl]
concentrar-se (vr)	összpontosul	[øsspontoʃul]
concordar (dizer "sim")	beleegyezik	[bɛlɛɛɟɛzik]

condecorar (dar medalha)	kitüntet	[kityntɛt]
confessar-se (vr)	bevall	[bɛvɒll]
confiar (vt)	rábíz	[raːbiːz]
confundir (equivocar-se)	összetéveszt	[øssɛteːvɛst]
conhecer (vt)	ismer	[iʃmɛr]

conhecer-se (vr)	megismerkedik	[mɛgiʃmɛrkɛdik]
consertar (vt)	rendbe hoz	[rɛndbɛ hoz]
consultar ...	tanácskozik ... vel	[tɒnaːtʃkozik ... vɛl]
contagiar-se com ...	fertőződik	[fɛrtøːzøːdik]

contar (vt)	mesél	[mɛʃeːl]
contar com ...	számít ...re	[saːmiːt ...rɛ]
continuar (vt)	folytat	[fojtɒt]
contratar (vt)	felvesz	[fɛlvɛs]

controlar (vt)	ellenőriz	[ɛllɛnøːriz]
convencer (vt)	meggyőz	[mɛɟɟøːz]
convidar (vt)	meghív	[mɛghiːv]
cooperar (vi)	együttműködik	[ɛɟyttmyːkødik]

coordenar (vt)	koordinál	[koordina:l]
corar (vi)	elpirul	[ɛlpirul]
correr (vi)	fut	[fut]
corrigir (~ um erro)	javít	[jɒvi:t]
cortar (com um machado)	levág	[lɛva:g]
cortar (com uma faca)	levág	[lɛva:g]
cozinhar (vt)	készít	[ke:si:t]
crer (pensar)	hisz	[his]
criar (vt)	teremt	[tɛrɛmt]
cultivar (~ plantas)	termel	[tɛrmɛl]
cuspir (vi)	köpköd	[køpkød]
custar (vt)	kerül	[kɛryl]
dar banho, lavar (vt)	fürdet	[fyrdɛt]
datar (vi)	keltez	[kɛltɛz]
decidir (vt)	eldönt	[ɛldønt]
decorar (enfeitar)	díszít	[di:si:t]
dedicar (vt)	szentel	[sɛntɛl]
defender (vt)	véd	[ve:d]
defender-se (vr)	védekezik	[ve:dɛkɛzik]
deixar (~ a mulher)	elhagy	[ɛlhɒɟ]
deixar (esquecer)	elhagy	[ɛlhɒɟ]
deixar (permitir)	megenged	[mɛgɛŋgɛd]
deixar cair (vt)	leejt	[lɛɛjt]
denominar (vt)	nevez	[nɛvɛz]
denunciar (vt)	besúg	[bɛʃu:g]
depender de ...	függ	[fygg]
derramar (~ líquido)	kiönt	[kiønt]
desaparecer (vi)	eltűnik	[ɛlty:nik]
desatar (vt)	elold	[ɛlold]
desatracar (vi)	elold	[ɛlold]
descansar (um pouco)	pihen	[pihɛn]
descer (para baixo)	lemegy	[lɛmɛɟ]
descobrir (novas terras)	felfedez	[fɛlfɛdɛz]
descolar (avião)	felszáll	[fɛlsa:ll]
desculpar (vt)	bocsát	[botʃa:t]
desculpar-se (vr)	bocsánatot kér	[botʃa:nɒtot ke:r]
desejar (vt)	óhajt	[o:hɒjt]
desempenhar (papel)	játszik	[ja:tsik]
desligar (vt)	elolt	[ɛlolt]
desprezar (vt)	lenéz	[lɛne:z]
destruir (documentos, etc.)	megsemmisít	[mɛgʃɛmmiʃi:t]
dever (vi)	kell	[kɛll]
devolver (vt)	visszaküld	[vissɒkyld]
direcionar (vt)	irányít	[ira:ni:t]
dirigir (~ um carro)	autót vezet	[ɒuto:t vɛzɛt]
dirigir (~ uma empresa)	irányít	[ira:ni:t]

| dirigir-se (a um auditório, etc.) | címez | [tsi:mɛz] |
| discutir (notícias, etc.) | megbeszél | [mɛgbɛse:l] |

disparar, atirar (vi)	tüzel	[tyzɛl]
distribuir (folhetos, etc.)	terjeszt	[tɛrjɛst]
distribuir (vt)	szétoszt	[se:tost]
divertir (vt)	szórakoztat	[so:rɒkoztɒt]

divertir-se (vr)	szórakozik	[so:rɒkozik]
dividir (mat.)	oszt	[ost]
dizer (vt)	mond	[mond]
dobrar (vt)	megkettőz	[mɛgkɛttø:z]
duvidar (vt)	kételkedik	[ke:tɛlkɛdik]

254. Verbos E-J

elaborar (uma lista)	összeállít	[øssɛa:lli:t]
elevar-se acima de ...	emelkedik	[ɛmɛlkɛdik]
eliminar (um obstáculo)	elhárít	[ɛlha:ri:t]
embrulhar (com papel)	becsomagol	[bɛtʃomɒgol]

emergir (submarino)	felmerül	[fɛlmɛryl]
emitir (~ cheiro)	áraszt	[a:rɒst]
empreender (vt)	vállalkozik	[va:llɒlkozik]
empurrar (vt)	lök	[løk]

encabeçar (vt)	vezet	[vɛzɛt]
encher (~ a garrafa, etc.)	tölt	[tølt]
encontrar (achar)	talál	[tɒla:l]
enganar (vt)	csal	[tʃɒl]

ensinar (vt)	tanít	[tɒni:t]
entediar-se (vr)	unatkozik	[unɒtkozik]
entender (vt)	ért	[e:rt]
entrar (na sala, etc.)	bejön	[bɛjøn]

enviar (uma carta)	felad	[fɛlɒd]
equipar (vt)	felszerel	[fɛlsɛrɛl]
errar (enganar-se)	hibázik	[hiba:zik]
escolher (vt)	választ	[va:lɒst]

esconder (vt)	rejt	[rɛjt]
escrever (vt)	ír	[i:r]
escutar (vt)	hallgat	[hɒllgɒt]
escutar atrás da porta	hallgatózik	[hɒllgɒto:zik]
esmagar (um inseto, etc.)	szétnyom	[se:tnøm]

esperar (aguardar)	vár	[va:r]
esperar (contar com)	vár	[va:r]
esperar (ter esperança)	remél	[rɛme:l]
espreitar (vi)	megles	[mɛglɛʃ]
esquecer (vt)	elfelejt	[ɛlfɛlɛjt]
estar	fekszik	[fɛksik]

estar convencido	meggyőződik	[mɛɟɟøːzøːdik]
estar deitado	fekszik	[fɛksik]
estar perplexo	megdöbbent	[mɛgdøbbɛnt]
estar preocupado	nyugtalankodik	[ɲugtɒlɒŋkodik]
estar sentado	ül	[yl]

estremecer (vi)	megrezzen	[mɛgrɛzzɛn]
estudar (vt)	tanul	[tɒnul]
evitar (~ o perigo)	kitér	[kiteːr]
examinar (~ uma proposta)	elbírál	[ɛlbiːrɑːl]

exigir (vt)	követel	[køvɛtɛl]
existir (vi)	létezik	[leːtɛzik]
explicar (vt)	magyaráz	[mɒɟɒrɑːz]
expressar (vt)	kifejez	[kifɛjɛz]

expulsar (~ da escola, etc.)	kizár	[kizaːr]
facilitar (vt)	enyhít	[ɛɲhiːt]
falar com ...	beszél ... vel	[bɛseːl ... vɛl]
faltar (a la escuela, etc.)	elmulaszt	[ɛlmulɒst]

fascinar (vt)	elbájol	[ɛlbaːjol]
fatigar (vt)	fáraszt	[faːrɒst]
fazer (vt)	csinál	[tʃinaːl]
fazer lembrar	emlékeztet	[ɛmleːkɛztɛt]
fazer piadas	viccel	[vitsɛl]

fazer publicidade	reklámoz	[rɛklaːmoz]
fazer uma tentativa	próbál	[proːbaːl]
fechar (vt)	bezár	[bɛzaːr]
felicitar (vt)	gratulál	[grɒtulaːl]

ficar cansado	elfárad	[ɛlfaːrɒd]
ficar em silêncio	hallgat	[hɒllgɒt]
ficar pensativo	elgondolkozik	[ɛlgondolkozik]
forçar (vt)	kényszerít	[keːɲsɛriːt]
formar (vt)	alakít	[ɒlɒkiːt]

gabar-se (vr)	dicsekedik	[ditʃɛkɛdik]
garantir (vt)	biztosít	[bistoʃiːt]
gostar (apreciar)	tetszik	[tɛtsik]
gritar (vi)	kiabál	[kiɒbaːl]

guardar (fotos, etc.)	őriz	[øːriz]
guardar (no armário, etc.)	eltesz	[ɛltɛs]
guerrear (vt)	harcol	[hɒrtsol]
herdar (vt)	örököl	[ørøkøl]
iluminar (vt)	világít	[vilaːgiːt]

imaginar (vt)	elképzel	[ɛlkeːpzɛl]
imitar (vt)	utánoz	[utaːnoz]
implorar (vt)	könyörög	[køɲørøg]
importar (vt)	importál	[importaːl]

indicar (~ o caminho)	mutat	[mutɒt]
indignar-se (vr)	felháborodik	[fɛlhaːborodik]

infetar, contagiar (vt)	megfertőz	[mɛgfɛrtøːz]
influenciar (vt)	hat	[hɒt]
informar (~ a policia)	közöl	[køzøl]

informar (vt)	tájékoztat	[taːjeːkoztɒt]
informar-se (~ sobre)	megtud	[mɛgtud]
inscrever (na lista)	beír	[bɛiːr]
inserir (vt)	betesz	[bɛtɛs]

insinuar (vt)	céloz	[tseːloz]
insistir (vi)	ragaszkodik	[rɒgɒskodik]
inspirar (vt)	lelkesít	[lɛlkɛʃiːt]
instruir (ensinar)	kiképez	[kikeːpɛz]

insultar (vt)	megsért	[mɛgʃeːrt]
interessar (vt)	érdekel	[eːrdɛkɛl]
interessar-se (vr)	érdeklődik	[eːrdɛkløːdik]
intervir (vi)	beleavatkozik	[bɛlɛɒvɒtkozik]
invejar (vt)	irigyel	[iriɟɛl]

inventar (vt)	feltalál	[fɛltɒlaːl]
ir (a pé)	megy	[mɛɟ]
ir (de carro, etc.)	utazik	[utɒzik]
ir nadar	fürdik	[fyrdik]

ir para a cama	lefekszik	[lɛfɛksik]
irritar (vt)	felingerel	[fɛliŋgɛrɛl]
irritar-se (vr)	felingerel	[fɛliŋgɛrɛl]
isolar (vt)	elszigetel	[ɛlsigɛtɛl]

jantar (vi)	vacsorázik	[vɒtʃoraːzik]
jogar, atirar (vt)	dob	[dob]
juntar, unir (vt)	egyesít	[ɛɟɛʃiːt]
juntar-se a ...	csatlakozik	[tʃɒtlɒkozik]

255. Verbos L-P

lançar (novo projeto, etc.)	beindít	[bɛindiːt]
lavar (vt)	mos	[moʃ]
lavar a roupa	mos	[moʃ]
lavar-se (vr)	mosakodik	[moʃɒkodik]

lembrar (vt)	emlékszik	[ɛmleːksik]
ler (vt)	olvas	[olvɒʃ]
levantar-se (vr)	felkel	[fɛlkɛl]
levar (ex. leva isso daqui)	elvisz	[ɛlvis]

libertar (cidade, etc.)	felszabadít	[fɛlsɒbɒdiːt]
ligar (~ o radio, etc.)	bekapcsol	[bɛkɒptʃol]
limitar (vt)	korlátoz	[korlaːtoz]
limpar (eliminar sujeira)	tisztít	[tistiːt]
limpar (tirar o calcário, etc.)	megtisztít	[mɛgtistiːt]
lisonjear (vt)	hízeleg	[hiːzɛlɛg]
livrar-se de ...	megszabadul	[mɛgsɒbɒdul]

lutar (combater)	harcol	[hɒrtsol]
lutar (esporte)	birkózik	[birko:zik]
marcar (com lápis, etc.)	megjelöl	[mɛgjɛløl]
matar (vt)	megöl	[mɛgøl]
memorizar (vt)	kívülről megtanulni	[ki:vylrø:l mɛgtanulni]
mencionar (vt)	megemlít	[mɛgɛmli:t]
mentir (vi)	hazudik	[hɒzudik]
merecer (vt)	érdemel	[e:rdɛmɛl]
mergulhar (vi)	lemerül	[lɛmɛryl]
misturar (vt)	összekever	[øssɛkɛvɛr]
morar (vt)	lakik	[lɒkik]
mostrar (vt)	mutat	[mutɒt]
mover (vt)	eltol	[ɛltol]
mudar (modificar)	változtat	[va:ltoztɒt]
multiplicar (mat.)	megszoroz	[mɛgsoroz]
nadar (vi)	úszik	[u:sik]
negar (vt)	tagad	[tɒgɒd]
negociar (vi)	tárgyal	[ta:rɟol]
nomear (função)	kijelöl	[kijɛløl]
obedecer (vt)	engedelmeskedik	[ɛŋgɛdɛlmɛʃkɛdik]
objetar (vt)	ellentmond	[ɛllɛntmond]
observar (vt)	figyel	[fiɟɛl]
ofender (vt)	megsért	[mɛgʃe:rt]
olhar (vt)	néz	[ne:z]
omitir (vt)	kihagy	[kihɒɟ]
ordenar (mil.)	parancsol	[pɒrɒntʃol]
organizar (evento, etc.)	rendez	[rɛndɛz]
ousar (vt)	merészel	[mɛre:sɛl]
ouvir (vt)	hall	[hɒll]
pagar (vt)	fizet	[fizɛt]
parar (para descansar)	megáll	[mɛga:ll]
parar, cessar (vt)	abbahagy	[ɒbbɒhɒɟ]
parecer-se (vr)	hasonlít	[hɒʃonli:t]
participar (vi)	részt vesz	[re:st vɛs]
partir (~ para o estrangeiro)	elutazik	[ɛlutɒzik]
passar (vt)	elhalad	[ɛlhɒlɒd]
passar a ferro	vasal	[vɒʃol]
pecar (vi)	bűnt követ el	[by:nt køvɛt ɛl]
pedir (comida)	rendel	[rɛndɛl]
pedir (um favor, etc.)	kér	[ke:r]
pegar (tomar com a mão)	fog	[fog]
pegar (tomar)	vesz	[vɛs]
pendurar (cortinas, etc.)	akaszt	[ɒkɒst]
penetrar (vt)	behatol	[bɛhɒtol]
pensar (vi, vt)	gondol	[gondol]
pentear-se (vr)	fésül	[fe:ʃyl]

| perceber (ver) | észrevesz | [eːsrɛvɛs] |
| perder (o guarda-chuva, etc.) | elveszít | [ɛlvɛsiːt] |

perdoar (vt)	bocsát	[botʃaːt]
permitir (vt)	enged	[ɛŋɡɛd]
pertencer a ...	tartozik	[tɒrtozik]
perturbar (vt)	zavar	[zɒvɒr]

pesar (ter o peso)	lemér	[lɛmeːr]
pescar (vt)	halat fog	[hɒlɒt fog]
planejar (vt)	tervez	[tɛrvɛz]
poder (~ fazer algo)	tud	[tud]

pôr (posicionar)	elhelyez	[ɛlhɛjɛz]
possuir (uma casa, etc.)	birtokol	[birtokol]
predominar (vi, vt)	dominál	[dominaːl]
preferir (vt)	többre becsül	[tøbbrɛ bɛtʃyl]

preocupar (vt)	nyugtalanít	[ɲugtɒlɒniːt]
preocupar-se (vr)	háborog	[haːborog]
preparar (vt)	előkészít	[ɛløːkeːsiːt]
preservar (ex. ~ a paz)	megőriz	[mɛɡøːriz]

prever (vt)	előre lát	[ɛløːrɛ laːt]
privar (vt)	megfoszt	[mɛgfost]
proibir (vt)	megtilt	[mɛgtilt]
projetar, criar (vt)	tervez	[tɛrvɛz]
prometer (vt)	ígér	[iːgeːr]

pronunciar (vt)	kiejt	[kiɛjt]
propor (vt)	ajánl	[ɒjaːnl]
proteger (a natureza)	őriz	[øːriz]
protestar (vi)	tiltakozik	[tiltɒkozik]

provar (~ a teoria, etc.)	bebizonyít	[bɛbizoniːt]
provocar (vt)	provokál	[provokaːl]
punir, castigar (vt)	büntet	[byntɛt]
puxar (vt)	húz	[huːz]

256. Verbos Q-Z

quebrar (vt)	tör	[tør]
queimar (vt)	éget	[eːgɛt]
queixar-se (vr)	panaszkodik	[pɒnɒskodik]
querer (desejar)	akar	[ɒkɒr]

rachar-se (vr)	megrepedezik	[mɛgrɛpɛdɛzik]
ralhar, repreender (vt)	szid	[sid]
realizar (vt)	végrehajt	[veːgrɛhɒjt]
recomendar (vt)	tanácsol	[tɒnaːtʃol]

reconhecer (identificar)	megismer	[mɛgiʃmɛr]
reconhecer (o erro)	beismer	[bɛiʃmɛr]
recordar, lembrar (vt)	emlékszik	[ɛmleːksik]

| recuperar-se (vr) | felgyógyul | [fɛʎøːɟyl] |
| recusar (~ alguém) | elutasít | [ɛlutɒʃiːt] |

reduzir (vt)	csökkent	[tʃøkkɛnt]
refazer (vt)	ismétel	[iʃmeːtɛl]
reforçar (vt)	megszilárdít	[mɛgsilaːrdiːt]
refrear (vt)	visszatart	[vissɒtɒrt]

regar (plantas)	öntöz	[øntøz]
remover (~ uma mancha)	eltávolít	[ɛltaːvoliːt]
reparar (vt)	javít	[jɒviːt]
repetir (dizer outra vez)	ismétel	[iʃmeːtɛl]

reportar (vt)	bejelent	[bɛjɛlɛnt]
reservar (~ um quarto)	lefoglal	[lɛfoglɒl]
resolver (o conflito)	elrendez	[ɛlrɛndɛz]
resolver (um problema)	megold	[mɛgold]

respirar (vi)	lélegzik	[leːlɛgzik]
responder (vt)	válaszol	[vaːlɒsol]
rezar, orar (vi)	imádkozik	[imaːdkozik]
rir (vi)	nevet	[nɛvɛt]
romper-se (corda, etc.)	szétszakad	[seːtsɒkɒd]

roubar (vt)	lop	[lop]
saber (vt)	tud	[tud]
sair (~ de casa)	kimegy	[kimɛɟ]
sair (ser publicado)	megjelenik	[mɛgjɛlɛnik]

salvar (resgatar)	megment	[mɛgmɛnt]
satisfazer (vt)	eleget tesz	[ɛlɛgɛt tɛs]
saudar (vt)	üdvözöl	[ydvøzøl]
secar (vt)	szárít	[saːriːt]
seguir (~ alguém)	követ	[køvɛt]

selecionar (vt)	kiválaszt	[kivaːlɒst]
semear (vt)	elvet	[ɛlvɛt]
sentar-se (vr)	leül	[lɛyl]
sentenciar (vt)	elítél	[ɛliːteːl]
sentir (vt)	érez	[eːrɛz]

ser diferente	eltér	[ɛlteːr]
ser indispensável	szükség van ...re	[sykʃeːg vɒn ...rɛ]
ser necessário	szükség van ...re	[sykʃeːg vɒn ...rɛ]

ser preservado	megmarad	[mɛgmɒrɒd]
ser, estar	van	[vɒn]
servir (restaurant, etc.)	kiszolgál	[kisolgaːl]
servir (roupa, caber)	megfelel	[mɛgfɛlɛl]

significar (palavra, etc.)	jelent	[jɛlɛnt]
significar (vt)	jelent	[jɛlɛnt]
simplificar (vt)	egyszerűsít	[ɛcsɛryːʃiːt]
sofrer (vt)	szenved	[sɛnvɛd]
sonhar (~ com)	ábrándozik	[aːbraːndozik]
sonhar (ver sonhos)	álmodik	[aːlmodik]

Portuguese	Hungarian	Pronunciation
soprar (vi)	fúj	[fu:j]
sorrir (vi)	mosolyog	[moʃojog]
subestimar (vt)	aláértékel	[ɒlaːeːrteːkɛl]
sublinhar (vt)	aláhúz	[ɒlaːhuːz]
sujar-se (vr)	bepiszkolódik	[bɛpiskoloːdik]
superestimar (vt)	túlértékel	[tuːleːrteːkɛl]
supor (vt)	feltesz	[fɛltɛs]
suportar (as dores)	elvisel	[ɛlvisɛl]
surpreender (vt)	meglep	[mɛglɛp]
surpreender-se (vr)	csodálkozik	[tʃodaːlkozik]
suspeitar (vt)	gyanúsít	[ɟonuːʃiːt]
suspirar (vi)	sóhajt	[ʃoːhɒjt]
tentar (~ fazer)	próbál	[proːbaːl]
ter (vt)	van	[vɒn]
ter medo	fél	[feːl]
terminar (vt)	befejez	[bɛfɛjɛz]
tirar (vt)	levesz	[lɛvɛs]
tirar cópias	sokszoroz	[ʃoksoroz]
tirar fotos, fotografar	fényképez	[feːɲkeːpɛz]
tirar uma conclusão	következtetésre jut	[køvɛtkɛstɛteːʃrɛ jut]
tocar (com as mãos)	érint	[eːrint]
tomar café da manhã	reggelizik	[rɛggɛlizik]
tomar emprestado	kölcsönkér	[køltʃønkeːr]
tornar-se (ex. ~ conhecido)	válik	[vaːlik]
trabalhar (vi)	dolgozik	[dolgozik]
traduzir (vt)	fordít	[fordiːt]
transformar (vt)	átalakít	[aːtɒlɒkiːt]
tratar (a doença)	gyógyít	[ɟøːɟiːt]
trazer (vt)	hoz	[hoz]
treinar (vt)	edzeni	[ɛdzi]
treinar-se (vr)	edzeni magát	[ɛdzi mɒgaːt]
tremer (de frio)	remeg	[rɛmɛg]
trocar (vt)	kicserél	[kitʃɛreːl]
trocar, mudar (vt)	cserél	[tʃɛreːl]
usar (uma palavra, etc.)	használ	[hɒsnaːl]
utilizar (vt)	használ	[hɒsnaːl]
vacinar (vt)	beolt	[bɛolt]
vender (vt)	elad	[ɛlɒd]
verter (encher)	beönt	[bɛønt]
vingar (vt)	megbosszul	[mɛgbossul]
virar (~ para a direita)	fordul	[fordul]
virar (pedra, etc.)	megfordít	[mɛgfordiːt]
virar as costas	elfordul	[ɛlfordul]
viver (vi)	él	[eːl]
voar (vi)	repül	[rɛpyl]
voltar (vi)	visszatér	[vissɒteːr]

votar (vi)	szavaz	[sɒvɒz]
zangar (vt)	megharagít	[mɛghɒrɒgi:t]
zangar-se com ...	haragszik ...re	[hɒrɒgsik ...rɛ]
zombar (vt)	gúnyol	[gu:nøl]

www.ingramcontent.com/pod-product-compliance
Lightning Source LLC
Chambersburg PA
CBHW062052080426
42734CB00012B/2624